JN144905

アーミッシュの馬車の相違

馬車の用途は乗り物、道具の運搬用、農耕用などがある。ペンシルベニア州、ランカスター郡のアーミッシュの馬車の色はグレーである。一方、オハイオ州ホームズ郡とインディアナ州エルクハート郡、ラグレンジ郡の馬車の色は黒である。違いはホームズ郡の馬車は縁取りも黒であるが、エルクハート郡、ラグレンジ郡の馬車の縁取りは白である。インディアナ州の馬車は乗り物として認可されたライセンス・プレートを後部につけなければいけない。馬車の色は他の地域、州で様々であり、例えばペンシルベニア州のミフリン郡ではアーミッシュが分派しているため、教会戒律に応じて、黒色の馬車、黄色の馬車、白色の馬車を見ることができる。全米での馬車の左右にはサイドミラーをつけていることが多い。また警告システムの赤ランプも後部に装着していることが多い。旧派アーミッシュの馬車は三角形の赤色の反射テープを基本的に後部につけている（これさえも派手であるという理由で拒否している教会区も存在する）。これは自動車との衝突を避けるためである。馬車の形態は各教会区で決められているため、千差万別である。オープンバギーを許可している教会区もある。詳しくは、Doyle Yoder and Leslie A. Kelly, *America's Amish Country* (Berlin OH, America's Amish Country Publications, 1992).

ペンシルベニア州ランカスター郡の馬車

オハイオ州ホームズ郡の馬車

インディアナ州エルクハート郡の馬車

インディアナ州ラグレンジ郡のオープンバギー

ペンシルベニア州ランカスター郡のアーミッシュの結婚式

従来、アーミッシュは農業従事者であった。したがって収穫期後の11月、12月に結婚式を執り行うのが慣習であり、現在でもその習慣はアーミッシュの人々の間で残っている。通常火曜日か木曜日に花嫁の家で結婚式が執り行われる。

ペンシルベニア州ランカスター郡のアーミッシュの墓地

アーミッシュの墓地はシンプルな低めの墓石が並んでおり、墓地全体としてのシンプルさが著しい。

アーミッシュとフッタライト

The Amish and The Hutterites

近代化への対応と生き残り戦略

小坂幸三

Kosaka Kozo

明石書店

アーミッシュとフッタライト
近代化への対応と生き残り戦略

目　次

第7章　旧派アーミッシュと区域規制
――ペンシルベニア州ランカスター郡における事例研究――

第8章　アーミッシュ・ビジネスの展開
――ペンシルベニア州ランカスター郡の場合――

はしがき

本書は筆者の長年にわたる研究生活の半分以上を占める一六年間のアーミッシュ研究の集大成であり、一四本の学術論文から成り立っている。ペンシルベニア州（Commonwealth of Pennsylvania）ランカスター郡（Lancaster County）での一九七〇年代以降のアーミッシュのアメリカ合衆国における近代化への対応を中心として、様々な変化刷新との軋轢のなかでアーミッシュがどのように変化してきたかの過程を捉えている。また同じ再洗礼派に属するフッタライトをも視野に入れて、アーミッシュとフッタライトとの比較研究も扱っている。

本書は一九八〇年代、一九九〇年代、二〇〇〇年代前半の日本におけるアーミッシュ研究の大部分を網羅しており、筆者としては一九七七年の坂井信夫氏の『アーミシュ研究』以来の日本における学術的なアーミッシュ研究本のなかの一冊になると思う。単著論文集であるため、文章の一部に記述が重複している部分があるがご海容願いたい。全編を読んでいただきたいが各論文のみでも完結しており、一部興味がある論文のみを読むという方法もある。

先行研究の文献に関しては本書の第10章に詳しく論じているので、その部分を参考にしていただきたいが、北米でのアーミッシュに関する受け取り方を簡略に述べる。アーミッシュに関する初の本格的な学術書はアメリカ合衆国農務省主催による六地方の農村研究の第四編であるウォルター・コルモーゲン（Walter M. Kollmorgen）のペンシルベニア州ランカスター郡における旧派アーミッシュ（Old Order Amish）研究である。この研究においてコルモーゲンは現地に四カ月間住み込んで現地調査を行い、初めてアーミッシュの生活と文化の全体像を明らかにした。農業がアーミッシュ農民が土地と深く結びついているのは長い農業実践の伝統からだけではない。「アーミッシュにとって『この世』からの分離の実践が遂行されるための不可欠なものである」とコルモーゲンは述べている。一九六三年に出版されたアーミッシュ出身の社会学者ジョン・ホステトラー（John A. Hostetler）による『アーミッシュの社会』はアーミッシュ研究の初期の決定版であるが、ホステトラーはアーミッシュ社会を民俗社会（Folk Society）と規定して、対面的接触によって機能する伝統的生活に強く執着する宗教―農業共同体であると述べた。一九六〇年代後半から一九七〇年代に入りベトナム戦争への厭戦気分の高まりとともに、米国内でも近代文明の弊害が公害、騒音、自然破壊などの現象としてはっきり現れてきた。また、機械文明や物質文明の生活に反するコミュニティを作ろうとするヒッピー族のような若者が出現する時代風潮になってきた。特に一九七二年のウィスコンシン州（State of Wisconsin）対ヨーダー（Yoder）での連邦最高裁判所の判決でアーミッシュ児童に対する八学年以上の義務教育の強制は憲法修正第一条で保障された宗教の自由を侵害するとしてアーミッシュ側の勝訴となった裁判は全米で注目され、アーミッシュの特異な文化形態を広く全米に知らしめることとなった。また一九七三年のエネルギー危機などの影響もあり、この時期にアーミッシュから何が学べるかという論調の記事や論文が出始めた。

レビー・ミラー（Levi Miller）は「今日のためのアーミッシュの声」（一九七三年）の論文で、教育、生活スタイル、福音主義、エコロジーの四分野でアーミッシュから多くを学べると主張した。特にエコロジーに関してミラーは「アーミッシュの最も重要なエコロジーに対する声明はもっと多くをと人々が言っている時にもう十分だと言える能力である。……数かぎりない近代文明の利器に否と言えることだ」と述べている。

一九八〇年代に入るとアーミッシュへの関心はさらに過熱する。アーミッシュ的生活スタイルに学べという論調はさらに強まる。トーマス・フォスター（Thomas W. Foster）は「アーミッシュ社会」（一九八一年）の論文で旧派アーミッシュは馬車や伝統的な服装などで後進的な人々と思われがちであるが彼らこそ産業社会の落とし穴を避けており、来るべき脱工業社会のモデルを提示していると主張している。アーミッシュのすぐれた研究者マーク・オルスハン（Marc A. Olshan）は「近代性、民俗社会、旧派アーミッシュ」（一九八一年）の論文で旧派アーミッシュは伝統を固守し近代文明を拒絶している保守的な人々ではなく、実は自らの文化体系を維持するために、文明の利器を主体的に取捨選択し、利用できる人々であると議論している。ここにおいてアーミッシュのイメージは保守的後進性のある時代の遺物的存在から未来のモデルにもなり得るポジティブなイメージに百八十度転換している。

一九八五年にアメリカで公開された映画『刑事ジョンブック　目撃者』（Witness）がアーミッシュ

ブームに拍車をかけることになる。一九七〇年代からホステトラーを第一人者としてアーミッシュ研究の幅と奥行きが広がり始めたが、一九八〇代に入り若手の社会学者や文化人類学者がアーミッシュ研究に乗り出し、様々な角度からアーミッシュ文化を検証する実証的な論文が出てきた。特にペンシルベニア州ランカスター郡のアーミッシュに関してはドナルド・クレイビル（Donald B. Kraybill）が『アーミッシュ文化の謎』（一九八九年）を出版して、アーミッシュの農業以外への職業分野での活躍や文明の利器の限定的活用などランカスター郡のアーミッシュ社会の現状を、研究によって蓄積されてきた第二次資料の文献も活用して、広範囲に分析した。この『アーミッシュ文化の謎』を契機に一九九〇年代に入ると、本格的学術書が次々と出版されるようになり、アーミッシュの歴史、アーミッシュと政府との問題、アーミッシュと近代との相克、アーミッシュの職業などアーミッシュの多様性が検証されるようになった。一方、一般読者向けのアーミッシュの写真集も一九九〇年代に入り続々と出版され、アーミッシュ人気の高まりを示している。

参考文献は各論文の注を参考にしていただきたいが、参考文献の概略だけを簡潔に述べる。

一次資料はアーミッシュ、メノナイト（Mennonites）に関しては、現地でのアーミッシュやメノナイトの人々との直接の面談、アーミッシュ住所録、各種アーミッシュ委員会関連の議事録や *Mennonite Year Book & Directory*（毎年発行されて、情報が更新される）、ランカスター郡の *Lancaster New Era* や *Intelligencer Journal* などの地元新聞、各種パンフレット類、現地での手書きのリーフレットなどである。その他ペンシルベニア州の *The Philadelphia Inquirer* などの現地新聞、*The New York Times, The Washington Post* なども参考にした。フッタライトに関してはカナダ、アルバータ州議会委員会のレポート、同州議会フッタライト調査委員会のレポートなどやカルガリー市の現地新聞 *The Calgary Herald* などである。写真も現地で一〇〇〇枚以上は筆者自らが撮っており、本書でも各論文に関係する約四〇枚の写真を厳選して載せておく。

二次資料はアーミッシュ、メノナイト、フッタライトに関する各種博士論文、各種学術誌のアーミッシュ、メノナイト、フッタライトに関係する論文類、特に、*Mennonite Quarterly Review* や *Pennsylvania Mennonite Heritage* などの学術誌のなかの関連論文、およびアーミッシュ、メノナイト、フッタライトに関する学術本などである。またアーミッシュ、メノナイト、フッタライトに関する写真集、アーミッシュの料理本なども集めてある。ビデオはアーミッシュとフッタライトとのものがある。映画は『刑事ジョンブック　目撃者』などアーミッシュが登場するものがいくつかある。ネット上では様々なアーミッシュに関する情報収集が可能ではあるが、不正確な情報もあるので取り扱いは十分に注意する必要がある。

序章

アーミッシュ（Amish）、メノナイト（Mennonites）、フッタライト（Hutterites）とはどのような人々か

今日（二〇一六年一〇月二一日）から約一〇年前の二〇〇六年一〇月二日にアメリカ合衆国、ペンシルベニア州ランカスター郡で信じられないような銃惨劇事件が起こった[1]。ランカスター郡はアーミッシュという宗教集団の定住地として全米で最もよく知られた地域であり、アーミッシュの単級小学校も数多く存在する。

ランカスター郡のミルク配達人であるチャールズ・ロバーツ四世（Charles Roberts Ⅳ）はいつものように一〇月二日（月）の朝にミルクの配達に出かけた。彼が配達地域である西ニッケル・マインズ（West Nickel Mines）地区にあるアーミッシュ単級小学校に立ち寄った時、惨劇は起こった。チャールズは一〇時半過ぎに教師や男の子供たちを銃の威嚇で追い出して教室に鍵をかけて、ブラインドをおろした。

そして少女たち一〇名を縛り上げた。チャールズ・ロバーツが銃を撃とうとした時、一三歳の年長のマリアン（Marian）が他の幼い子供たちを守ろうとして、凍りつくような雰囲気のなかで[2]「私を

最初に撃って」と言った。警官隊が単級小学校に突撃した時はすでに五人の少女が死亡しており、五人の少女が重傷を負っていた。犯人のチャールズ・ロバーツも拳銃自殺で死亡していた。(3) ロバーツは一人めの娘を生後わずか二〇分で亡くしている。生き残った少女たちによると「俺は神に腹を立てている。だから、クリスチャンの女の子に罰を与え、仕返しをするのだ」と言っていた。(4)

この事件は平和主義者で非暴力主義者のアーミッシュが住む静かな村で起こった衝撃的な殺人事件として全米のみならず、全世界に配信された。日本においてもテレビでこのニュースが報道された時のことを筆者はよく覚えている。(5)

しかし、この事件の衝撃はここで終わらなかった。驚くべきことにアーミッシュのなかには事件当日にロバーツの夫人と遺児たちも犠牲者だと、気づいていた人々がいた。近くの教会区の牧師エイモス（Amos）たちは故ロバーツ夫人のエイミー（Amy）に言葉をかけようと捜してやっと彼女の父親の家で彼女と子供たちと両親に会えた。彼らは一〇分間ほどお悔やみを言い、あなたたちには何も悪い感情は持っていないと言って立ち去った。同じ晩、別のアーミッシュの男性が殺人犯の父親を訪ねていた。彼は父親を抱擁して、「私たちはあなたを赦しますよ」と言った。その翌日から、ロバーツの両親の下に次々とアーミッシュが現れて、赦しの言葉を伝え、彼らを気づかった。(6) また殺された何人かの子供の親たちはロバーツ家の人たちを娘の葬儀に招待した。さらに人々を驚かせたのは、土曜日にジョージタウンメソジスト統一教会（Georgetown United Methodist Church）で行われたロバーツの埋葬では七五名の参列者の半分以上がアーミッシュだったことである。(7)

事件そのものも衝撃的であるが、アーミッシュの人々がなぜアーミッシュの少女惨殺事件でロバーツとチャールズ・ロバーツの家族の人々に神の赦しを与える気持ちになりえたかが問題である。結論から言えば西ニッケル・マインズ地区の教会区を中心とするアーミッシュ共同体が全体として神の赦しを与えたと言えるだろう[8]。

この問題を考える糸口は少し回り道になるが、アーミッシュとその宗教的親族関係にある再洗礼派（Anabaptists）のメノナイトとフッタライトがどのようにして誕生したかをひもとくと、より分かりやすくなる。

一五一七年法王レオ十世がサン・ピエトロ寺院大改革の費用調達のために免罪符の発行を始めると、マルティン・ルター（Martin Luther）がヴィッテンベルク城教会の扉に九五箇条提題を貼りつけて、聖書の神の言葉のなかにこそ真実があるとカソリック教会を批判したことが宗教改革の発端となった。スイスにおいても二年後にウルリッヒ・ツヴィングリ（Ulrich Zwingli）が現れて、聖書中心的な思想を唱え、教会改革に尽力して、チューリッヒ教会を公式にプロテスタント教会に変えた[9]。再洗礼派集団は一五二五年にスイスの個人宅で信者同士が成人洗礼を行ったことからアナバプティスト（Anabaptist）と呼ばれた[10]。

再洗礼派は厳密な聖書主義者の立場を取り、当時の国教会であるカソリック教会が行っていた幼児洗礼を聖書にその論

http://www.pbs.org/wnet/religionandethics/2016/7/01/amish-grace/331243 p.1 西ニッケル・マインズ地区のアーミッシュ単級小学校の銃惨殺事件現場。

拠なしと否定して、信仰を確信したのち行われる成人洗礼を実行した。また「山上の垂訓」に範を求め、真のキリスト者の集まりとして自発的な兄弟愛に基づいた自由教会の形成を目指した。したがって、当然の帰結として国家権力と密接な関係にあった一六世紀の国教会制や連邦教会制に組み込まれた教会制度を再洗礼派は否定し、厳密な正教の分離を唱えた。このような再洗礼派の信条は時の為政者や新旧両教会にとっては危険な存在に映り、狂信的異端者として迫害され弾圧され続けて、多くの殉教者を出した。しかし、弾圧されながらも地下運動としてドイツやオランダに広がりオランダではメノー・シモンズ（Menno Simmons）が一五三六年に再洗礼派に加わり、彼の卓越した指導の下で再洗礼派の教義が探求され再組織化された。のちのスイス、オランダ双方の再洗礼派の流れを統一するメノナイト派の名前は彼メノー・シモンズに由来する[11]。

一六九三年から始まる教役者ヤコブ・アンマン（Jacob Amman）の忌避、追放に対する厳密な実施を争点とする再洗礼派内での論争の結果、厳格派のアンマンに従う人々はスイス再洗礼派から離脱し、のちにアーミッシュと呼ばれるようになる。

ヨーロッパでの迫害を逃れる生活に終止符を打つために、メノナイトとアーミッシュの人々は宗教的な受難者の受け入れに寛容なウィリアム・ペン（William Penn）の統治する新大陸のペンシルベニアへ移住を開始した。メノナイトの最初の移住は早くも一六八三年のジャーマンタウン（Germantown）に始まっていたが本格化するのは一八世紀以降である[12]。一七一七年から一七三二年までの間に約三〇〇〇名のメノナイトが当時のパラティネート（Palatinate）地域を離れ現在のペンシルベニア州東南部（ランカスター郡も同じ地域に位置する）に定住した[13]。またアーミッシュも一七三〇年代のなかごろ同じくパラティネート地域から現在のバークス（Berks）郡とチェスター（Chester）郡に移住を開始して、一七六〇年ころには、バークス郡とチェスター郡に隣接する現在のランカスター郡に移ってきた。したがって、宗教的な信条においては、メノナイトとアーミッシュはきわめて近い親和性を持っていると言えるだろう。

フッタライトが、同じく再洗礼派の流れをくみ、教義的にきわめて近いアーミッシュやメノナイトと著しく異なるところは、彼らが教徒の私有財産制を拒否して、コロニー（集落）全体として財産を共有して強固な宗教共同体を作りあげている点である。

John Hostetler and Gertrude Enders Huntington, *The Hutterites in North America* (Fort Worth, Pa, Harcourt Brace Publishers, 1996)『北米のフッタライト』の表紙に写るフッタライトの写真。

フッタライトを民族的に見ると、ティロール（Tyrol）およびカリンティア（Carinthia）地区（現在のオーストリアおよび南ドイツ）の出身である。フッタライトの信仰も一六世紀の宗教改革運動から生まれた再洗礼派の信仰にさかのぼる。再洗礼派の人々がヨーロッパ中で迫害、弾圧を受け続けたそのさなか、一五二八年にヤコブ・フッター（Jacob Hutter）を指導者としてモラヴィア（Moravia）で誕生した。迫害を避ける

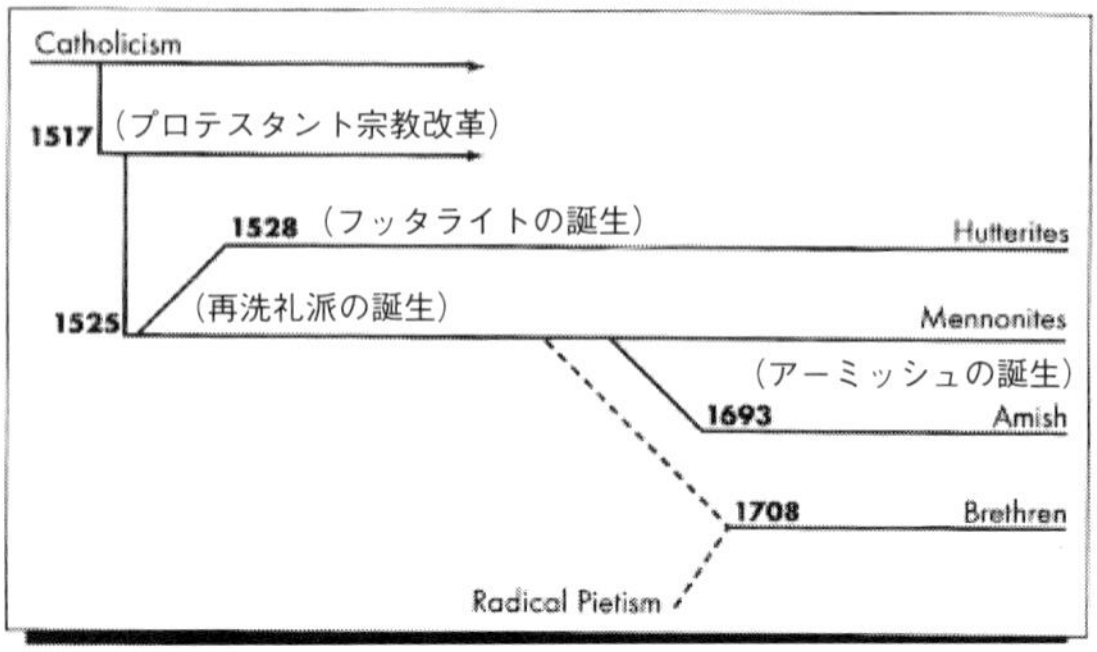

図序－1　再洗礼派の歴史過程における分裂
Donald B. Kraybill, *What Are the Anabaptists?* （Scottdale, PA: Herald Press, 2003） p.6.

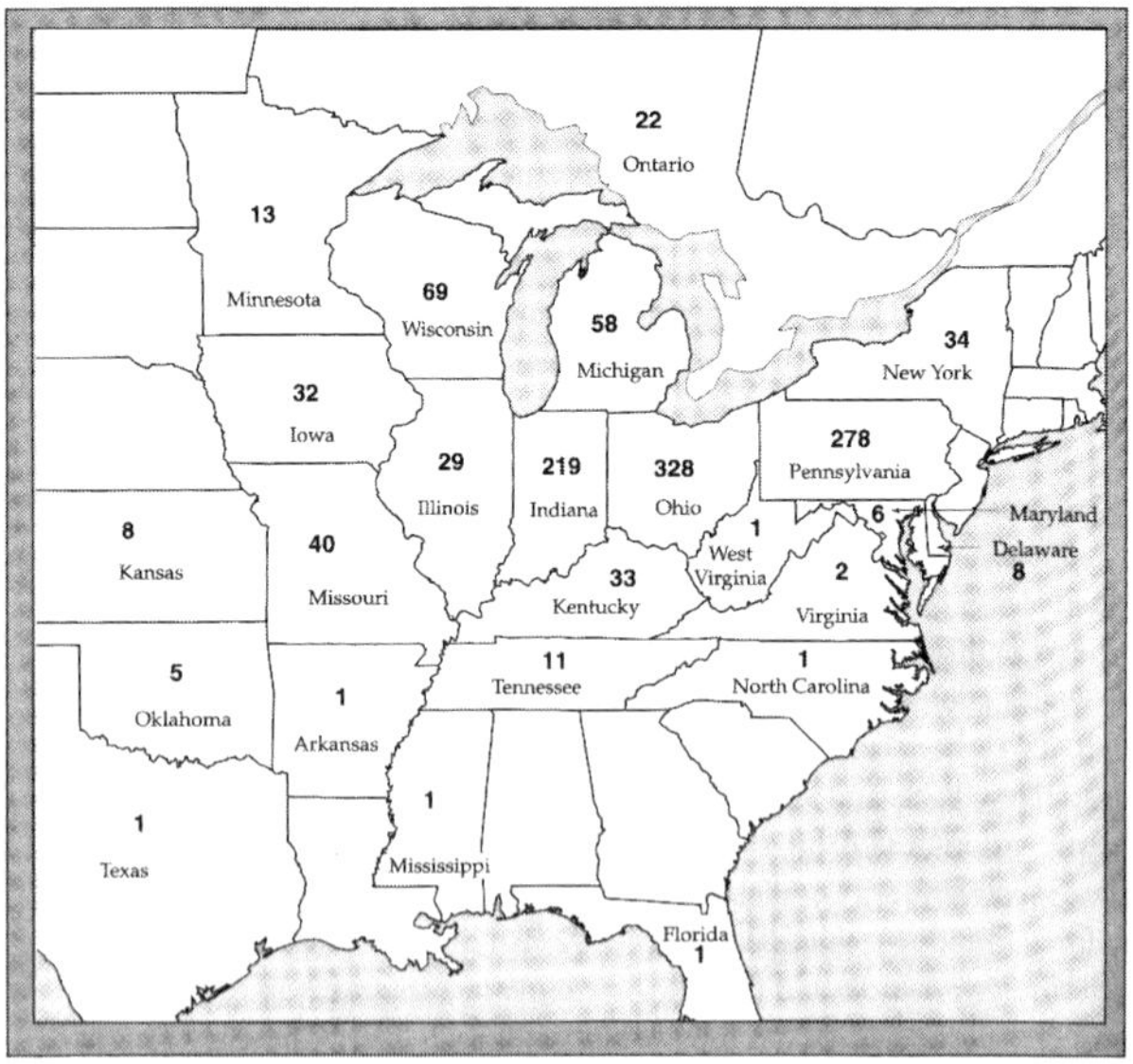

図序－2　旧派アーミッシュの北米での教会区数
注：表示されていないモンタナ州とワシントン州にはそれぞれ3地区と1地区がある。出典：Raber （2000）
Kraybill and Bowman, *On the Backroad to Heaven*, 104.

旅の途中で彼らはすべての財産を共有することに同意した。これが今日まで続くフッタライトの私有財産制の否定、共有財産制の始まりである。

それでは、アーミッシュ、メノナイト、フッタライトの北米での現状はどのようになっているのであろうか。

アーミッシュは近代文明の受け入れに関しては、各州の教会区によって様々な対応をしているが、アーミッシュの信条に関しては各教会区で大きな変化はない。少数の新派アーミッシュを除いて基本的にアーミッシュと言えば旧派アーミッシュを指すと考えてよいであろう。旧派アーミッシュは北米で定住地、教会区、人口とも順調に数が増えてきた[14]。

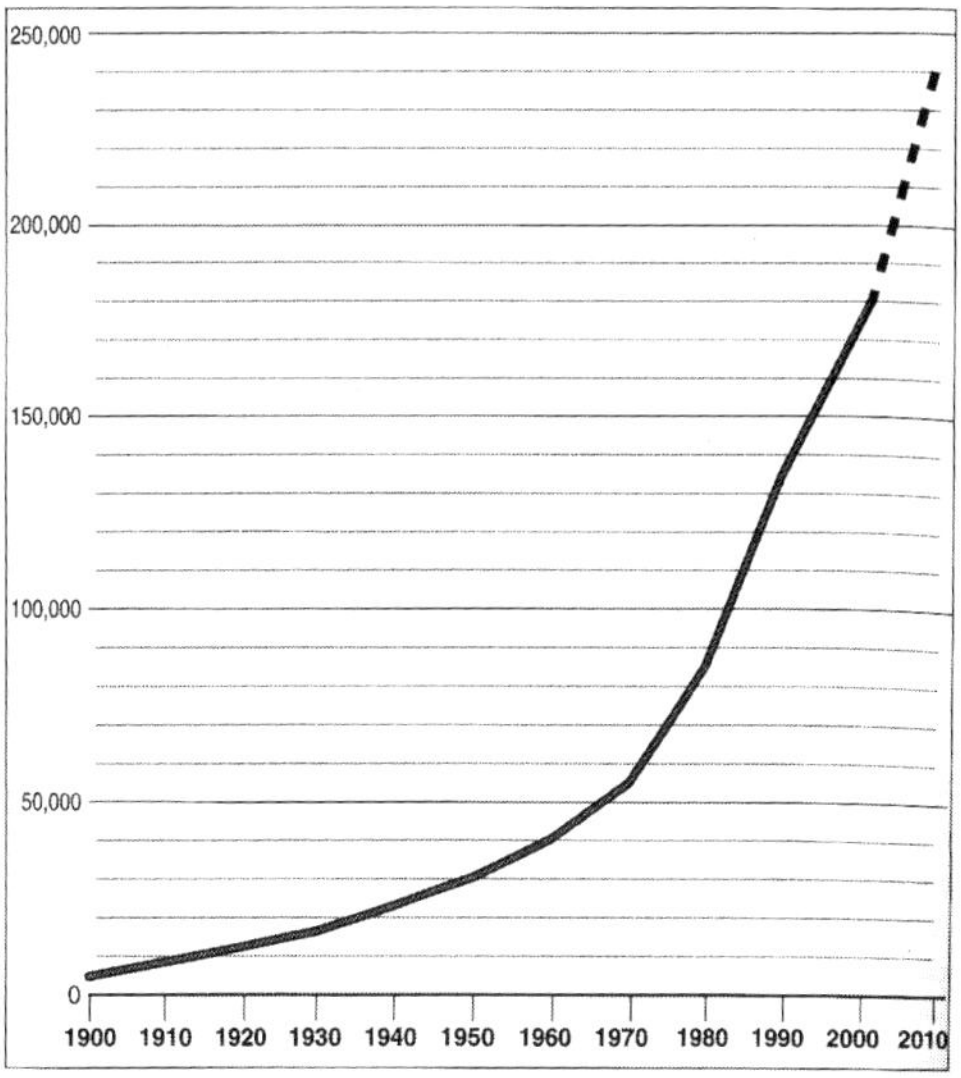

図序－3　旧派アーミッシュの人口増加表

2015年あたりで北米で20万人を超えているのではないかと推測できる。Kraybill and Bowman, *On the Backroad to Heaven*, 134.

一方、メノナイトは *The Mennonite Mosaic* という本[15]が出版されるほど歴史過程において分裂に次ぐ分裂を繰り返してきた。保守派にはスタウファー・メノナイト（Stauffer Mennonites）のように旧派アーミッシュと区別がつかないようなグループがあり、中道派にはメノナイト教会（The Mennonite Church）の人々がいる。リベラル派は一般のアメリカのクリスチャンと区別がつかないようなメノナイト・ブレザレン教会（The Mennonite Bretheren Conference）やジェネラル・コンファレンス教会（The General Conference Mennonite Church）の人々が存在する。一般にメノナイトは北米の農村部に住む傾向がある。[16] しかし、メノナイト・ブレザレンの人々のなかには都会で専門職につく者も多い。[17] アーミッシュとフッタライトとの大きな違いは中道派やリベラル派のメノナイトが世界中で伝道活動や福祉活動にきわめて積極的な点である。[18] このために世界中に、特にアフリカにメノナイト教会が広がっている。

フッタライトはヨーロッパでの迫害を逃れ、宗教的自由を求めて一八七四年にアメリカ合衆国に三グループが渡ってきたが、最終的にカナダの農村地に自分たちのコロニーと呼ばれる共同財産制の集落を作った。各グループの宗教上の理念や生活スタイルはアーミッシュやメノナイトと比較すると著しく統一されている。例えば、カナダのマニトバ州のコロニー内部の様子を見てみよう[19]（図序−4）。また、コロニー内部での作業もできるかぎり合理化されている。[20] コロニー外ではフッタライトは最新の農業機器を取り入れて北米の農業従事者と競争している。そしてフッタライトのコロニーも順調に北米で増えてきている。[21]

このようにアーミッシュ、メノナイト、フッタライトは再洗礼派の流れをくむグループではあるが各グループはそれぞれの歴史過程や定住地での生活で変容しており、今後の展開もアメリカ社会やカナダ社会での生活様式によって変化する可能性はある。一方、再洗礼派からの系統に属する宗教理念には各グループに共通する基盤があるため、宗教集団としての結束は固い。

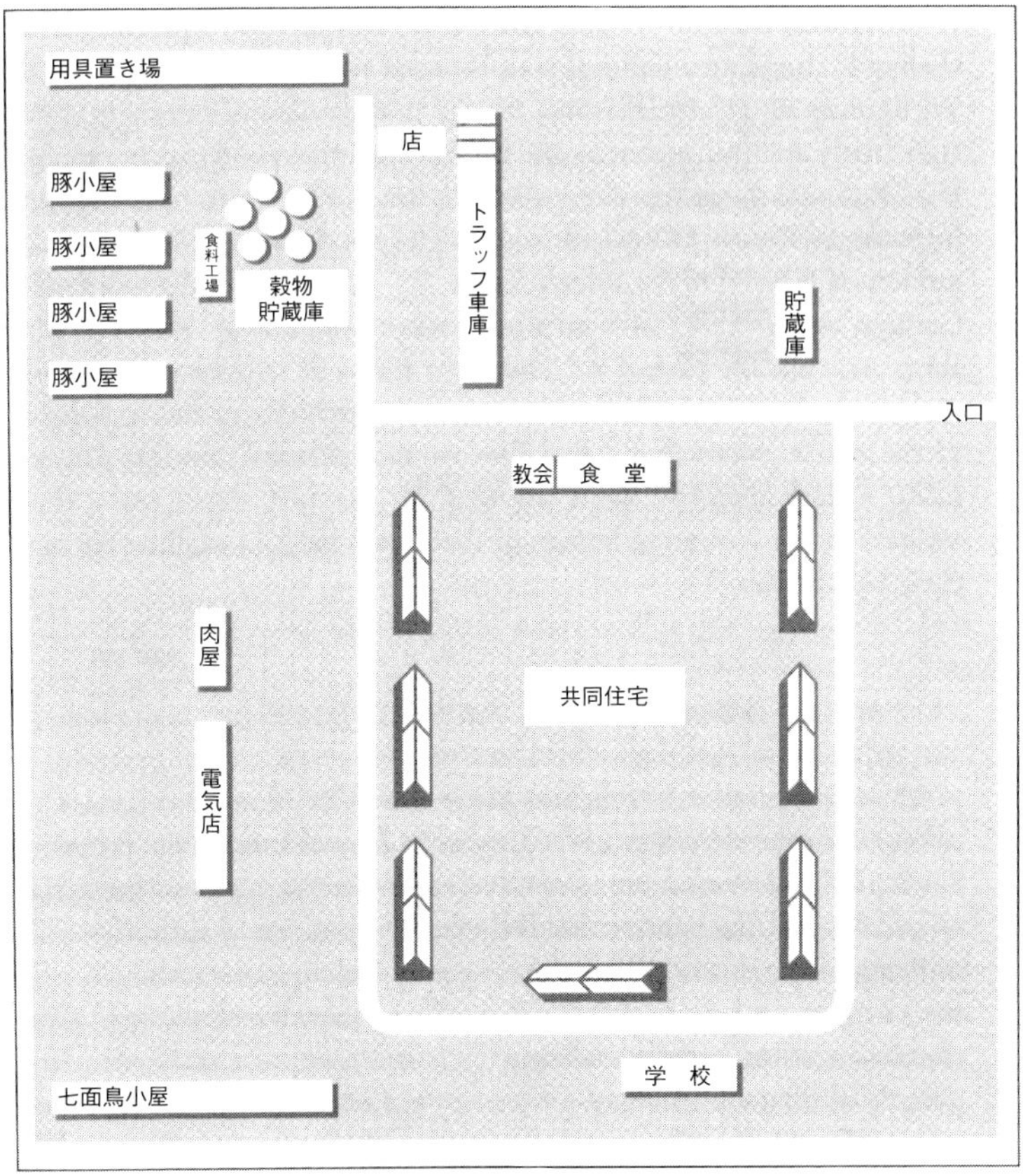

図序−4　カナダ、マニトバ州のフッタライトコロニーの施設の配置図
他の北米でのフッタライトのコロニーも同じ空間形態をとる。
注：図は原寸通りの比率ではない。
Kraybill and Bowman, *On the Backroad to Heaven*, 37.

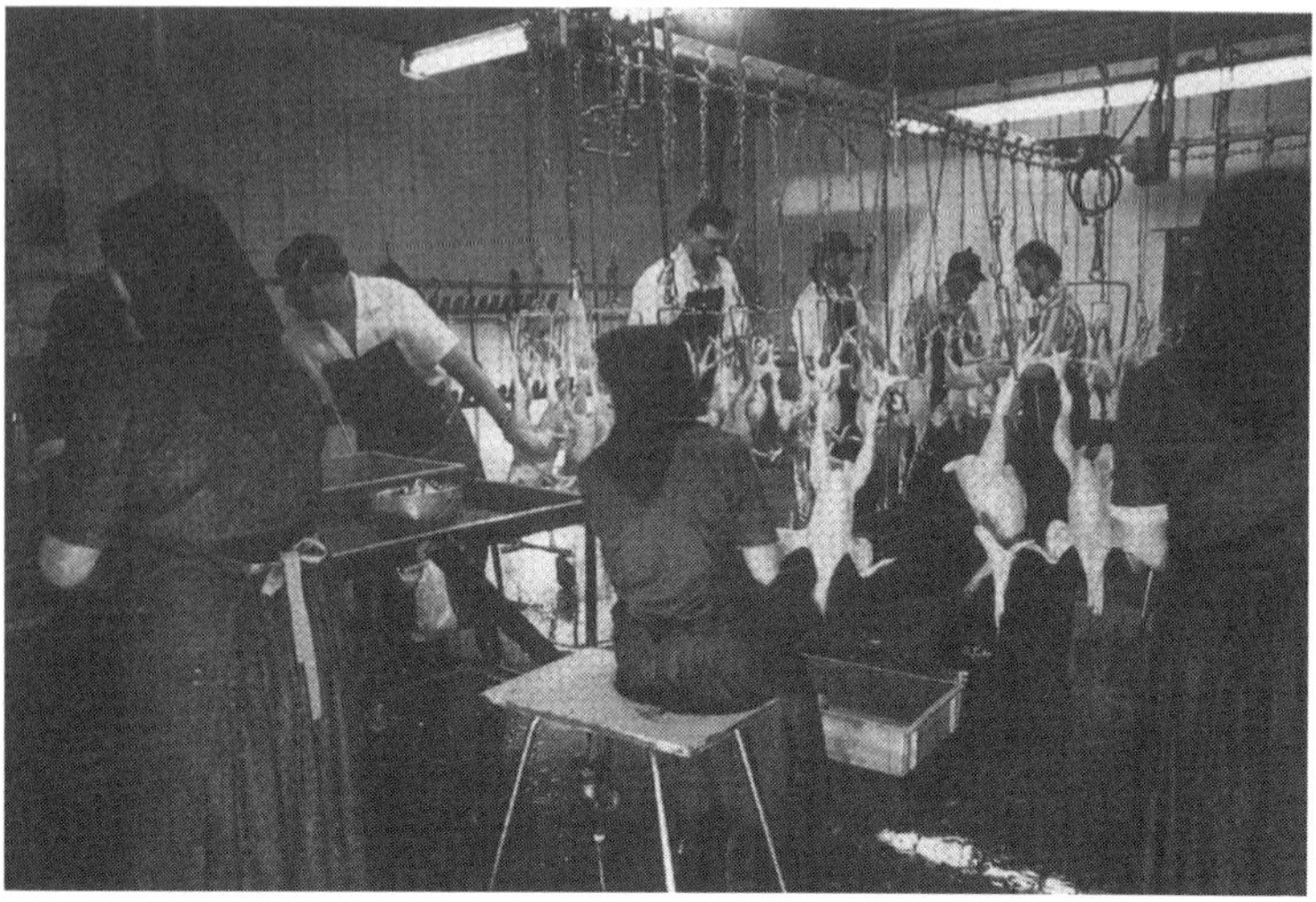

フッタライトの鶏肉食品加工工程
Kraybill and Bowman, *On the Backroad to Heaven*, 26.

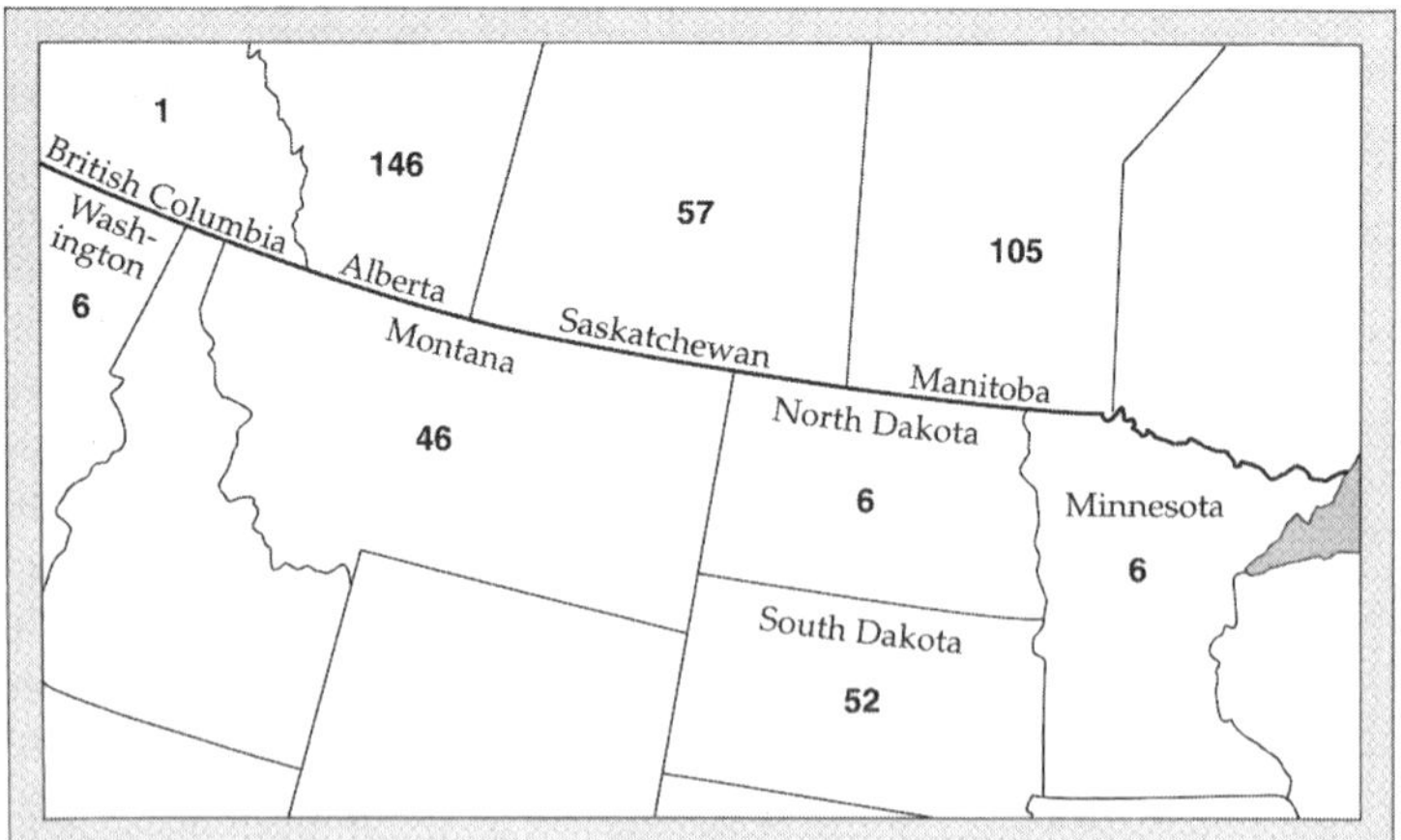

図序－5　北アメリカにおけるフッタライトコロニーの分布
出典：*Hutterrite Telephone and Address Book*（*2000*）
Kraybill and Bowman, *On the Backroad to Heaven*, 31.

注

（1）アーミッシュ学校殺害事件とその後のアーミッシュの犯罪人家族への神の赦し（Grace）に関する著作は Donald B. Kraybill, Steven M. Nolt, and David L. Weaver-Zercher, *Amish Grace* (San Francisco, CA: John Wily & Sons, Inc., 2007). 犯人の母親側のアーミッシュと神への赦しへの感謝を述べた著作は Terri Roberts, *Forgiven* (Minneapolis, Minnesota: Bethany House Publishers, 2015).

（2）https//www.theguardian.com/us-news/2016oct/02/amish-shooting-10-year-anniversary-pennsylvania-the-happening, 3. この記事のなかで一〇年たっても当時の最年長の男子生徒アロン・エッシュ（Aaron Esh）は何もできなかった自分の情けなさでトラウマに陥り、拒食症になり死にかけて、入院を余儀なくされたことを語っている。二－三ページ。またマリアンを亡くしたフィッシャー夫妻（The Fishers）は当時のアーミッシュ共同体のロバーツとその家族への赦しは表面上ほど一枚岩ではなかったと示唆している。三ページ。

（3）Kraybill, Nolt, and Weaver-Zercher, 23-26.

（4）*Ibid.*, 25.

（5）例えば、池田智『アーミッシュの人々』（二玄社、二〇〇九年）のなかで池田氏は日本のメディアに対して本事件の説明をするのにいかに苦慮したかを述べている。四－五ページ。

（6）Kraybill, Nolt, and Weaver-Zercher, 43-45.

（7）*Ibid.*, 45-46.

（8）アーミッシュのこの赦しはゲラッセンハイト（Gelassenheit）という概念が当てはまる。ゲラッセンハイトの概念に関する詳しい考察は、Sandra L. Cronk, "Gelassenheit: The Rites of the Redemptive Process in Old Oder Amish and Old Oder Mennonite Communities,” Ph.D. diss., University of Chicago, 1977. 日本語での説明は本書、第13章を参照。

（9）『キリスト教大事典』教文館改訂新版。一九七七年、五〇一ページ。

（10）Donald B.Kraybill, *Who Are the Anabaptists?* (Scottdale, PA: Herald Press, 2003) 4.

（11）John A. Hostetetler, *Mennonite Life* (Scottdale, PA: Herald Press, 1983), 4-6.

（12）Elmer S. Yoder, *I Saw It in the Budget* (Hartvill, Ohio: Diakonia Ministers, 1990), 12.

（13）*Ibid.*

（14）Donald B. Kraybill and Carl F. Bowman, *On the Backroad to Heaven*, (Baltimore: The Johns Hopkins University Press, 2001), 104.

（15）J. Howard Kauffman and Leo Driedger, *The Mennonite Mosaic* (Scottdale, PA: Herald Press, 1991).

（16）*Ibid.*, 52.

（17）*Ibid.*, 46.

（18）A. Martha Delinger, *Real People* (Scottdale, PA: Herald Press, 1986), 80-86.

（19）Kraybill and Bowman, 37.

（20）*Ibid.*, 26.

（21）*Ibid.*, 31.

第1章　旧派アーミッシュの近代化への対応と生き残り戦略
――ペンシルベニア州ランカスター郡の場合――

はじめに

アメリカ合衆国は個人主義を基盤とする資本主義経済の高度に発達した近代文明国家である。そのアメリカ社会に、主として農業を営み、自動車を運転せず、馬車を交通手段とし、電気を家屋に引き入れることを拒否し、黒っぽい特異な衣服をまとい、ペンシルベニア・ダッチと呼ばれる訛りの強いドイツ語で日常会話を行う「アーミッシュ」と呼ばれる人々がいる。(1) 日本においても、一九八五年に上映され、ハリソン・フォードが主演した『刑事ジョンブック　目撃者』の舞台が旧派アーミッシュの人々が多数定住しているペンシルベニア州ランカスター郡であり、この娯楽映画がアーミュシュ文化の一端を照らしていたために、アーミッシュの存在を知る人々はかなり増えたと思う。(2)

旧派アーミッシュ（Old Order Amish）(3) はこの世的な近代文明をできるかぎり忌避する宗教集団であり、中世ヨーロッパのスイス地方にその源を発している。聖書を唯一の拠り所とし、幼児洗礼を無効とするアナバプティスト・グループ（Anabaptists Group）の一派であるメノナイト派から分裂したセクトであり、指導者ヤコブ・アンマン（Jakob Ammann）の名にちなんで「アーミッシュ」と呼ばれるようになった。彼らはヨーロッパにおいて宗教的迫害を受け続け、一八世紀初頭にアメリカに移住してきて、それ以降自分たち独自のアーミッシュ文化を形成してきた。いつかはアメリカ社会に同化されるだろうと言われながら、旧派アーミッシュの人口は増加の一途をたどり、現在北米で約一〇万人の人口を有し(4)、その内の成人層は教会の洗礼を受けた教会員である。

旧派アーミッシュの人口が最も集まっている地域はオハイオ州（State of Ohio）、ペンシルベニア州（Commonwealth of Pennsylvania）、インディアナ州（State of Indiana）であり、その他一七州およびカナダのオンタリオ州（the Province of Ontario）にも定住地域が点在している。アーミッシュ人口の最も稠密な定住地はオハイオ州ホームズ郡（Holmes County）ペンシルベニア州ランカスター郡、インディアナ州エルクハート郡（Elkhart County）、ラグレンジ郡（LaGrange County）である。ランカスター郡はアーミッシュの人口数で見れば最大の地域ではないが、均一的な約一万六〇〇〇人の旧派アーミッシュが生活を営んでおり、アーミッシュ文化およびアーミッシュのアイデンティティを維持する中心的かつ象徴的地域となっている。それゆえ、アーミッシュの生活を一目見ようとする観光客を最も多く引き寄せるツアーリズムのメッカともなっている。

ランカスター郡は概してふたつの大きな特徴を持っている。ひとつは肥沃な石灰質の土壌にも恵まれ、高い農業生産性を保っていることで有名であり、全米有数の農業地域である(5)。一方、ランカスター郡はいわゆる東部メガロポリスの西端に位置し、フィラデルフィア市まで約六五マイル、ワシントンD.C.まで約一三五マイル、ニューヨーク市まで約一六五マイルの位置にあり、ペンシルベニア州で最大の人口急増地域であり、郊外化、産業化という面で、近年激しい変容を経てきている。このような急激な近代化の変化の波のなかで、ランカスター郡の旧派アーミッシュの人口は増加の一途をたどり、順調に教会区の数も増えている。はたして、いかにして旧派アーミッシュの人々は自分たちの生活基盤を守り、アーミッシュ文化を維持しているのであろうか。

一　旧派アーミッシュの基本的価値観

旧派アーミッシュが他の進歩派アーミッシュやメノナイト各派と著しく異なるのは、「この世的なものを忌避すること」を厳密に実践してきたためである。自らを神の子と自認するアーミッシュにとって「この世的なもの」とはアメリカ文明が生み出すもの、すなわち、アメリカ的生活様式、思考様式そのものである。したがってアメリカ的物質主義、消費主義、個人主義、高度な科学技術の使用等はまさしく「この世的なもの」であり、彼らが最も忌避しなければならないものである。彼らが一般のアメリカ人から見れば特異な服装をまとうのは、まさしく「この世的なもの」との離反を明確にするためである。旧派アーミッシュが自動車に乗りはするが運転せず、一部電気を使いはするが、電力会社からの家屋への電力の供給を拒絶し、電話を使用はするが、電話線を家庭内に入れないのは、科学技術の落とし子である自動車、電話、電気などそれら自体を悪と見なしているわけではなく、それらの広範囲な使用そのものが「この世的なもの」との接触を増し「つり合わないくびき」をともにし、「この世的な」世界へ堕落することを恐れるからである。

旧派アーミッシュはフッタライト[6]とは異なり、私有財産を認めており、個々の家族が生活上の基本的単位になっているが、彼らの生活基盤は完全に共同体指向である。実際、アーミッシュの基本的生活範囲は教会区（Church District）にあり、この教会区内の集団こそがアーミッシュの宗教的共同体であり、日々の生活を営む基本的な共同体と見なしてもよいであろう。旧派アーミッシュは別名ハウス・アーミッシュとも呼ばれているが、これは彼らが中心となる礼拝堂をあえて持たず、二週間ごとの日曜日に、教会員の家屋で説教礼拝が行われるためである。

さて、この教会区で通常一人の牧師、二人の説教者、一人の執事がくじ引きで選定され、牧師の聖書における解釈とアーミッシュの伝統的習慣に基づき、教会員全員の合意を得て、教会戒律（Ordnung）が毎年二回、聖餐式の前に確認される。この教会戒律こそがアーミッシュの宗教的生活全体を規定する暗黙のルールであり、旧派アーミッシュの民族的、文化的自立の基礎になるものである。洗礼を受けた後に、教会戒律を破る者には破門（Excommunication）の後、きびしい「マイドゥンク」（Meidung）またはシャニング（Shunning）と呼ばれる忌避追放の措置が待っている[7]。忌避追放を受けた者は教会および教会員に対して正式に悔い改めないかぎり、教会内の集団から、自分の家族も含めて、完全に無視されることになる。これは非常に緊密で温かな人間関係を結んでおり、自己のアイデンティティも同化させていたまさしくその集団から完全に追放されることを意味し、忌避追放を受けた者は耐えがたい精神的苦しみを受けることになる。したがって、忌避追放の措置は旧派アーミッシュの共同体に特徴的であると同時に、アーミッシュの固有の文化を保持するための強力な社会制御の役割を果たすことになる。

アーミッシュの日々生活していくうえでの基本的態度はゲラッセンハイト（Gelassenheit）という言葉で表される。この言葉は様々な意味にとれるが、概して言えば、神の意志に対する「服従」「従順」等と言えるだろう[8]。同じように聖書至上主義を強調する「根本主義」（Fundamentalism）が「我信ずる、故に救われたり」とする新生の告白体験を絶対的特徴とするのに対し、アーミッシュは救済の希望を持ちつつ死にいたるまで自我を抑えて、より高き権威、ひいては神の意志に対して「従順」なる態度を取り続ける[9]。したがって、自己を主張したり、プライドを持ったり、自己達成をしようとするようなまさに個の確立にとって必要不可欠な概念、さらにはアメリカ資本主義の発達に不可避であった個人主義的特徴こそが神に対する最大の罪とアーミッシュには映る。この概念は両親、年配者、共同体、教会に対する「従順」にも当てはまり、アーミッシュにとっては自己の達成よりも共同体の一員としていかに贖罪を可能にするような理想的コミュニティを作るかが問題となる[10]。

自律的な共同体を維持していくうえでのアーミッシュの職業観はどのようなものであろうか。アーミッシュは職業として農業を最重要視する。伝統的に彼らは農業従事者であったし、宗教－農業自治共同体とも言えるコミュニティを形成してきたが、農業は彼らにとって特別な意味合いがある。神が作った自然のなかで生活し、額に汗して土を耕し、自然の恵みの収獲を得て日々の営みとすることこそアーミッシュにとっては正しい生き方である。非生産的、消費的生活が展開される邪悪な都市で生活するより、田園で農業に従事し、「この世的」な世界から離れて、家族および隣人がお互いに助け合って自律的生活ができる農業をアーミッシュは最適な職業と見なす[11]。

美しい農村風景

アーミッシュの農作業風景

二　旧派アーミッシュとランカスター郡の現状

ランカスター郡は一九七〇年代および八〇年代に、社会的、経済的に急激に変容を迫られた地域である。第一に、東部メガロポリスの西端に位置し、車で約二時間から四時間でニューヨーク市、フィラデルフィア市、バルティモア市などの東部主要都市に着ける便利な地域であり、郊外化の波が過去約二〇年間に急速に押し寄せてきた。第二に、伝統的に勤勉でかつ労働組合に対する不信感が強いプレイン・ピープル[12]と呼ばれる人々が多数定住しており、安くて安定した労働力を確保することが容易なため[13]、巨大な供給のマーケットとなる東部海岸の大都市を背景にして、産業界もこの地域に注目し、工場の進出に乗り出した。第三に、皮肉にも、アーミッシュ文化がより一般に知られるようになり、「過去の化石」的興味本位の視点から観光の対象地となり、年間約五〇〇万人もの観光客がランカスター郡を訪れ、四億ドル以上の金額をこの地に落としていくようになった。当然、観光客相手のビジネス、例えばモーテル、土産物屋、レストランなども旧派アーミッシュの中心的定住地域を通る国道30号線、および州道３４０号線に沿って建てられるようになった[14]。

郊外化による住宅建設、産業の工場進出、観光地のビジネスのどれもがランカスター郡における土地需要を高める結果となった。例えば、一九七九年には年間約八〇〇〇エーカーの土地が工場、住宅用地、商業地として開発された。一九八六年から一九八七年にかけて約一万五〇〇〇エーカーの土地が住宅用地に変えられ七〇〇〇戸の住宅が建築された[15]。

このようにランカスター郡において土地の需要度が増せば増すほど、地価は高騰してくる。一九三〇年代から四〇年代にはランカスター郡では一エーカー三〇〇ドルから四〇〇ドルで土地が購入できた。ところが、一九八〇年代後半では、全米平均での土地価格が五九六ドル、ペンシルベニア州平均の土地価格が一四五〇ドルであるのに対し、旧派アーミッシュの定住付近では、一エーカーの価格が平均五二〇〇ドルにまで上がってしまった[16]。農業こそアーミッシュ共同体を維持していく最も適切な職業と信じるアーミッシュにとって、農業地の確保が他のディベロッパーや企業と競合するため、非常に難しくなってきた。例えば、若い夫婦が平均四〇から五〇エーカーの土地をランカスター郡のアーミッシュ定住地域で買おうとすれば約二〇万ドルから三〇万ドルの購入資金を用意しなくてはならない。これは親からの援助、銀行ローンの活用などの手段を考慮に入れても、若い夫婦が新規に適切な規模の土地をランカスター郡で購入し農業を始めることが著しく困難になったことを示す。

一方、ランカスター郡の旧派アーミッシュも北米全体と傾向は同じく、人口増加の一途をたどっている。一九五〇年には教会区二五、人口約四一〇〇名であったが、一九六〇年には教会区三五、人口約五七五〇名、一九七〇年には教会区四六、人口約七五〇〇名、一九八五年には教会区八二、人口約一万三四〇〇名までにいたっている[17]。これは明らかにアーミッシュ側による理由、すなわち信仰上からの避妊拒否、医療技術を受け入れることによる幼児の死亡率の低下、および約八〇パーセントもの成人層が洗礼を受け教会員としてアーミッシュ共同体に残ることなどが人口増加につながったことは確実である。

このようにアーミッシュの人口増加が続き、かつ土地価格高騰による農業用地の取得が困難な状況に陥ると、ホステトラーによれば、三つの選択肢がある[18]。

第一には、ランカスター郡ほど土地が豊饒ではないが、適当な価格で土地が購入でき、農業を職業とすることができる新しい定住地を近隣の郡に求めることである。実際、一九七〇年代にはこの傾向が顕著になり、ランカスター郡近隣の九郡へ旧派アーミッシュが移住し、合計一四の教会区が生まれた[19]。しかしこの選択肢にも問題がある。これらの新しい定住地の土壌はランカスター郡の石灰質の土壌ほど肥沃でないためにランカスター型の小規模な労働集約型の農業を実践するのが困難である。ひいては経済的理由から農場でのトラクターの使用という教会戒律に反する行為がでてくる可能性がある[20]。さらに重要な点は、アーミッシュにとって非常に重要な親族間の交流が物理的に困難になり、緊密な親族同士の訪問や親族間のサポート・システムの維持が難しくなる。同時に移住者は心理的にも孤立感を深めるはずである。現実に一九七八年を最終としてランカスター郡ではこの集団的な移住の試みは終わった。

　第二の選択肢は現在存在している農地を子供のために分割し、細分化して有効利用する方法である。しかしランカスター郡の農業形態は労働集約型であるため、農場はそれ程広くなく、平均で約五〇エーカー程であり、細分化にも限度がある。細分化された土地ではより高い収益性を求めなくてはならないので、より現金化が容易な特化された農業に変質する傾向がある。ランカスター郡では、アーミッシュによるたばこ栽培、トマト等の野菜類の栽培、酪農および家禽類の飼育が盛んであるが、これは狭い土地を集約的に効率よく利用し、高い収益性を上げる必要があるためである。この特化された農業形態は旧派アーミッシュが今まで以上に市場への出荷という行為を通じて、市場からの需要と供給の変動における経済的影響を外的世界から受けることになる[21]。したがって、ランカスター郡のような地域では農耕に従事していても、旧派アーミッシュがアメリカ社会の社会的、経済的影響から完全に離反して、自給自足の生活を送ることはできなくなってきている。

第三の選択肢はアーミッシュのライフスタイルと規範を遵守しながら、農業以外の職業につくことである。元来、農業こそがアーミッシュ文化の中核をなし、アーミッシュ共同体を支える強力な象徴的職業であったため、この選択肢の可能性は低いと専門家の間で議論されてきた[22]。しかし、一九七〇年代、一九八〇年代の地価高騰にもかかわらず、アーミッシュ人口がランカスター郡で増加してきた原因は、農場の細分化も一因ではあるが、近隣の郡に移住するよりも、多数のアーミッシュが農業以外の分野の職業につく選択をしたという事実にある。彼らもアーミッシュ共同体の一員として生活するかぎり、アーミッシュの文化特性を維持していかなければならないし、むやみとあらゆる職業の選択が教会戒律によって許されるわけもない。しかし非農業的職業の選択の幅は一九七〇年代、八〇年代に大きく広がってきており、数多くの新しい職業が出現している[23]。旧派アーミッシュの農業以外の職業への就業はランカスター郡での過去約二〇年間の旧派アーミッシュの近代化への対応における変化刷新と密接に関係している。では農業を主とした伝統的職業パターンの変容はアーミッシュ共同体にどのような変化刷新をもたらしたであろうか。

三　旧派アーミッシュの職業選択と変化刷新

ランカスター郡でのアーミッシュによる非農業的職業への進出が過去約二〇年間に飛躍的に広がったが、それらはどのような職業であろうか。大別して三つの範疇に分かれる[24]。第一に、家内工業的な小さな店舗を自分の家屋や納屋のそばに作り、営業するビジネスが増大した。これらの店舗は実に様々な職種に分かれている。例えば、日常雑貨品、家具一般、台所用品その他の金物類、キルト、花、健康食品等を取り扱う店舗がありアーミッシュのみならず、ランカスター郡の住人や観光客をも客として受け入れている。第二に、比較的大きな規模で製造業を営む旧派アーミッシュ経営者によるビジネスがある。アーミッシュの農業に適応する農業機械を製造したり、修理したりする工場を経営する場合や、家具やキッチンシステムなどを製造販売したり、非アーミッシュの製造会社の下請けをし、様々な機械類を製造しているなど、多岐にわたっている。第三に、大工や建設業に携わり、ランカスター郡のみならず、遠くは近隣の州にまでも足を運び、建設現場で働く人々がいる。

さて、これら三つのタイプの職業群について、どのようなアーミッシュとしての変化刷新が起きているか、またその特徴はなにかを見てみよう。

まず家内工業的な店舗の場合、店そのものが家屋に隣接しているため、家族経営的であり、規模は小さく従業員も一人から多くて数名である。したがって勤務時間なども十分に柔軟性を持って対応できるから、アーミッシュ共同体における種々の行事にも参加できるだろう。そのうえ家族中心的であるので疎外感を味わうこともないであろう。鍛冶屋や機械の修理工等の場合、自分の仕事に対する満足感もある程度はあるであろう。したがって、この勤務形態にはアーミッシュ文化を脅かす要素は少ない。しかし、小さな店舗といえどもビジネスを営んでいるのであるから、当然品物の受け渡しに関して外的マーケットとの接触がある。そこで、最も必要となるものは通信手段、すなわち電話であるが、この種の店舗に電話の取りつけが急速に普及している[25]。教会区によって若干異なるが、ランカスター郡では、店舗における電話の使用は認められたと言ってもよいであろう。次に小売り店舗で欠かせないものがキャッシュレジスターだが、これも普及している。一二ボルトの直流バッテリーから変換器を通して一一〇ボルトの交流を発生させてこれを動力源としてキャッシュレジスターを使用している。[26] 電池の使用は認められているからもちろん電卓も使う。

では比較的大きな規模の製造業における実態はどのようなものか。まず外部市場とのつながりは当然小さな店以上にしっかりとビジネスとして確立している。勤務形態も一般の会社と大きな相違はない。したがってアーミッシュ共同体の一員としての融通性はつきにくい。さらにアーミッシュの経営者としては、事業規模が拡大しすぎないように、目立ちすぎないようにしなくてはならない点でジレンマがある。工場内を見渡せば、一般の工場と同じく最新型の旋盤、メタルプレス、溶接機、ドリル等がある。違いはこれらの機器がコンセントからの電力によってではなくディーゼルエンジンやガソリンエンジンを動力源としている点である。またディーゼルエンジンから動力を得た空力ポンプや水力ポンプからの圧力で種々の動力工具も使っている。[27] 要するに電気を工場に導入していないという点を除けば一般的な近代設備を整えた工場であり、そこで生産される製品の品質は一般の市場においても何ら遜色がないばかりか、評価の高い製品も多い。

大工および建設業関係で働くアーミッシュの場合、問題になるのが交通手段である。建設現場が遠距離にあることも多い。当然自動車に乗らなければ現場に到着できないから、非アーミッシュの他の従業員に送迎してもらうか、運転手を雇わなければならない。いずれにせよ自動車の使用は日常的となる。さらに彼らは建設現場で動力工具を使うために、ポータブル型の電力発動機を使うことも、電力線から電気を引くことも許されている。[28] したがって、建設現場においては、仕事上旧派アーミッシュであるために不利になる点は存在しない。他の非アーミッシュの建築業者と同条件である。

このように非農業的職業の広がりによって生まれる妥協を伴う変化刷新は、経済的報酬を伴わない変化刷新よりも受け入れやすいという説を裏づけている。[29] さらにこれらの変化刷新は旧派アーミッシュの家庭内にも影響を及ぼさずにはおれない。一九七〇年代から八〇年代は旧派アーミッシュの家庭にも急速に文明の利器が入ってきた時期である。家庭内を見渡せば、プロパンガスが導入され、近代的キッチンシステムとガスレンジ、ガス冷蔵庫が備えつけられている。トイレ、バスタブ、洗面所つきのバスルームがある。ガス温水器によってお湯がいつでも使えるし、ガスストーブや石炭ストーブもある。地下には小さなガソリンエンジンつきの洗濯機もある。照明もケロシンランプからガソリンによる白熱光ランプに変わっている。[30] 電気器具（テレビ、ラジオ、コンピュータ、ステレオ、クーラーなど）と電話がないことを除けば非アーミッシュの一般家庭と著しい大差はない。

一九七〇年代と八〇年代の変化刷新によりランカスター郡の旧派アーミッシュのライフスタイルもかなり変化を遂げてきたと言えるが、これらの変化刷新があったからこそ人口増加と土地高騰を乗り越えてアーミッシュ・コミュニティが生き残ってきたとも言える。ではこれらの変化刷新のなかで、アーミッシュ文化を守るため、彼らはどこで妥協しどこで妥協しなかったのか。言い換えればアーミッシュ共同体としてどのような生き残り戦略を取ったのであろうか。

四　旧派アーミッシュの近代化への対応と生き残り戦略

ランカスター郡の旧派アーミッシュは、もはや必ずしも「信仰に基づき電気、電話、自動車などの文明の利器を使わずに、農耕を主とした自給自足生活をしている」[31]わけではない。しかし過去約二〇年の間にアーミッシュ共同体が繁栄こそすれ、衰退しているわけではないし、青年層の教会加入も順調に行われてきている。この時期にアーミッシュ社会にかなりの近代文明的利器が導入されたと言っても過言ではないが、ランカスター郡でアーミッシュ文化が著しく変容してはいない。では旧派アーミッシュは急速に変化する社会環境のなかでどのようにアーミッシュ文化とアイデンティティを維持してきたのであろうか。

第一に、旧派アーミッシュとしての緊密な共同体を維持していくうえでの最も基本となる宗教集団としての性格に抜本的変化はない。教会を中心とする共同体の意志、すなわち教会区全体の規範となる教会戒律に対する教会員の従順を通じて教会員相互の密接なネットワークを形成している。すなわちアーミッシュ共同体特有の親族関係を中心とした豊かな人間関係を基盤とする相互扶助の精神は損なわれていない。この温かい人間関係こそ一九八〇年代以降、ランカスター郡からの移住を思いとどまらせている大きな要因のひとつになっている。

第二に、いかに近代化の波が押し寄せようとも、「つり合わないくびき」をともにしないために死守しなくてはならない伝統的に象徴的な部分は一切妥協していない。独特な服装や帽子、あご髭、髪の毛の分け方などにより外観的にアーミッシュのアイデンティティを保持しているし、共同体の拡散を防ぎアーミッシュ文化の象徴的存在となっている馬車の使用も続いている。アーミッシュ相互間の伝達手段はペンシルベニア・ダッチと呼ばれるドイツ語の方言が使われている。これら服装、馬車、ドイツ語の方言はまさしく、外的世界を切り離し、アーミッシュ・コミュニティ内部の統合を維持する象徴であるために妥協はない。さらに外的世界との交流を促し、個人主義的傾向を助長し、個人の自己達成に眼目を置き、アーミッシュ的思考そのものを崩壊させかねない、高等教育を拒否する姿勢も変わっていない[32]。

第三に、外的世界からの無制限なアーミッシュ文化への侵入を可能にし、アーミッシュ共同体に根本的なダメージを与える文明の利器は断固拒否している。無制限的な距離の移動と外的世界との広範な接触を可能にする自動車の運転は許されない。外的世界との頻繁な接触を促し、アーミッシュのような濃密な同質的共同体特有の「沈黙なる会話[33]」の実践を脅かす家庭への電話の備えつけは許されない。無制限的な外的情報を提供する電気製品（テレビ、ラジオ、コンピュータ）やありとあらゆる近代文明の利器の使用を可能にする電力会社からの電気の家屋や工場への供給は禁止されている。

しかしランカスター郡のような近年急激に近代化の波が押し寄せ、社会環境が変化してきた地域で、アーミッシュ共同体が孤立して生きていくことができないのは彼らも十分認識しているからこそ、アーミッシュ文化の生き残りのために妥協できる部分は妥協して教会戒律を改訂している。実際アーミッシュに特徴的な傾向は、逆説的ではあるが変化に対するプラグマティックな対応である。伝統的なアーミッシュの規範から著しく離反しない範囲では、共同体の存続のために限定的な近代文明の利器を受け入れ、存続の基盤をさらに強固にしているのではないだろうか。

一九七〇年代、および八〇年代におけるランカスター郡の旧派アーミッシュに対する社会環境の変化による最大の挑戦は、アーミッシュの基本理念のひとつであり、生活基盤の中核をなす農業中心主義が脅かされたことにある。共同体維持のために非農業的職業につくことが彼らの選択であった。

ALPINE PRODUCE
Fresh Produce For Sale Here
MORTAR & PESTLE
COUNTRY COLLECTIBLES
W. MAIN ST., BERLIN NEXT TO BURGER KING
LOCAL TOMATOES
LOCAL SWEET CORN
APPLES PEARS

道端の露店

SELF SERVE

露店内

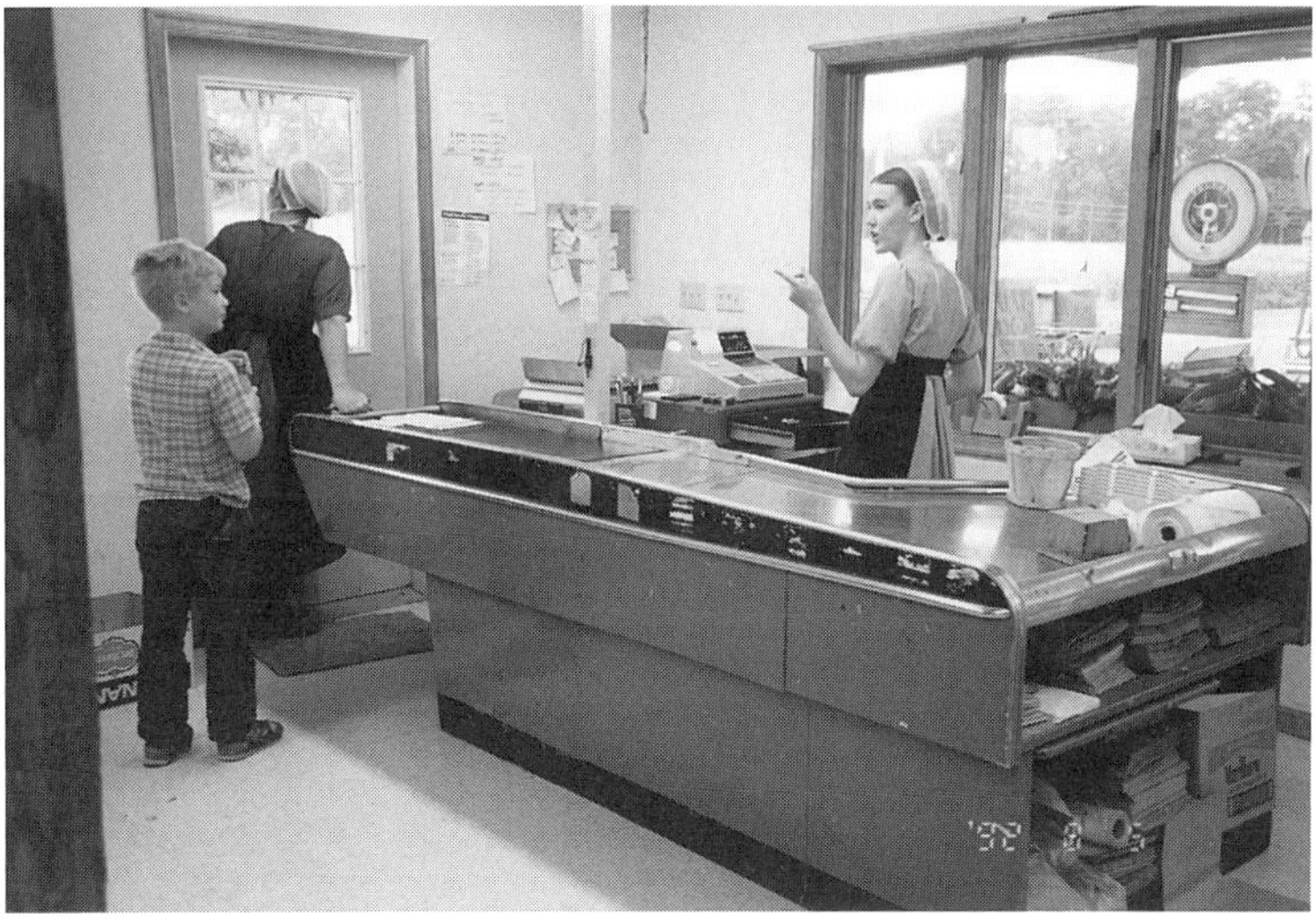

▲アーミッシュ経営者の食料品店▼

家具屋の看板

家具屋の内部と家具

アーミッシュの外部電話ボックス

日曜礼拝用の有蓋貨車

アーミッシュ文化の維持のためには農業こそが最適な職業と見なされてはいるが、農業以外の職業選択はまさに、経済的報酬を伴う変化刷新はより受け入れやすいし、一旦受け入れられれば、教会戒律が改訂され、正式に制度化される代表的ケースかもしれない。しかしその職業選択の幅はアーミッシュの文化規範から大きく離反しない範囲においてなされている。

第一に、家内工業的な小さな店がアーミッシュによって多数営まれているということはアーミッシュの伝統的価値観である家族的結束を強めはしても弱めることにはならないだろう。さらに共同体全体として見れば、同一の価値観を持つ人々の間で雇用を創出することになる。さらにアーミッシュ相互間で物品を購入できることにもなるため、共同体内部で、多くの品物を提供できる経済的インフラストラクチャーを形成しつつあるとも言える。第二に比較的大きな製造業の場合でも、アーミッシュ経営者は、従業員をできるかぎりアーミッシュかプレイン・ピープルから雇い入れており、文化的な面も含めて相互の意志疎通はそれほど難しくないであろう。アーミッシュの経営者としては、事業が拡大しすぎて、目立ちすぎることに注意を払い、規模の限界をわきまえなくてはならないが[34]、電力会社からの電気の供給を受けないことを考慮に入れると、飛躍的に大きな製造業に移行することは考えにくい。第三に、大工および建設業関係の職業は代々農業に次ぐ伝統的職業であり、倫理的観点から問題はない。最後に、非農業的職業の選択といえども、一般に非アーミッシュ経営による工場などで働くことは避ける傾向があり、ここでも「つり合わないくびき」をともにしない原則を守ろうとしている。

しかし、この非農業的職業の選択にも内在する問題点がある。まず比較的大きな製造業の場合、利潤が上がれば上がるほど、小さな店舗よりはるかに、外部市場との接触が頻繁になるが、それでもアーミッシュとしてのライフスタイルを守れるのだろうか。また利益を上げるためにはビジネスにおける交渉も外的市場の論理を踏まえてなされなければならないが、そのような市場のビジネスにおける論理体系とアーミッシュのゲラッセンハイトに基づく倫理感との間に矛盾が生じないだろうか。また従業員の場合、朝から夕方まで仕事をし、週給で給料を受け取るわけであるが、農業における仕事と余暇が渾然一体となるアーミッシュのライフスタイルに馴染まなくなるのではないか。言い換えれば、非農業的職業に従事するために起こる時間の分断化はホーリスティック（holistic）なアーミッシュ文化と相反する現象なのではないだろうか。また大工や建設業者の場合、頻繁に車を使い、「外の世界」で仕事をしていて、「この世的な」様々な情報や刺激を無視できるのであろうか。

最も問題になるのは次の世代にアーミッシュ文化の継承がうまくいくかどうかである。農業においては、農場や納屋などでの親子共同による作業を通じて子供はアーミッシュ的価値観を学んでいくが、父親が外で職業を持つ時、この価値観の伝達、継承は滞りなく行われるのであろうか。ランカスター郡において旧派アーミッシュの人口増加がさらに続けば、次の世代において、非農業的職業の選択におけるアーミッシュ文化への影響が良きにしろ悪しきにしろ、明確に出てくるであろう。その時彼らは新たなる選択を迫られるかもしれない。

おわりに

ランカスター郡の旧派アーミッシュの一九七〇年代、および一九八〇年代における近代化への対応はこれからの旧派アーミッシュの動向を探るケース・スタディと言える。なるほど北米各地に散らばるアーミッシュは地域によって様々な対応を見せているし、旧派アーミッシュといえども、ビーチ・アーミッシュのような進歩派アーミッシュに近いものから、超保守的なネブラスカ・アーミッシュにいたるまで様々なグループに分かれている。しかし、ランカスター郡のように近代化の波を避けて通れない時期がこれからいろいろな地域で起こり得る。今日ランカスター郡で旧派アーミッシュが固有の文化形態を守りながら、非農業的職業をも取り入れて繁栄している姿は、今までの農業中心主義から一歩後退と見るか、一歩前進と見るか、見解の分かれるところであるが、今後アーミッシュの進むべきひとつの有力な選択肢を提示している。同時に、アーミッシュが農業中心主義を離脱した時、アーミッシュであり続けるかどうかは、次の世代層がアーミッシュ文化をどのように継承するかにかかっている。その意味でも、これからのランカスター郡の旧派アーミッシュの動向は注目に値する。

注

（1）アーミッシュに関する代表的学術書としては、John A. Hostetler, *Amish Society* (Baltimore: The Johns Hopkins University Press, 1980). 初版は一九六三年出版。日本語におけるすぐれた概説書は坂井信夫『アーミシュの社会と文化』（ヨルダン社、一九七三年）。代表的研究書は坂井信夫『アーミシュ研究』（教文館、一九七七年）。

（2）この映画に対してはアーミッシュの生活信条や文化を表層的にしか扱っていないという強い批判がある。例えば、Robert Hostetter, "A Controversial 'Witness'," *The Christian Century*, vol. 102 (April 10, 1985),

341-342.

（3）一般にアーミッシュと言っても北米に移住してからの歴史過程において、幾多の分派が発生してきた。そのなかで最も保守的傾向が強いグループを旧派アーミッシュと呼ぶ。本書でアーミッシュと言及した時は旧派アーミッシュを意味する。

（4）Donald B. Kraybill, *The Riddle of Amish Culture* (Baltimore: The Johns Hopkins University Press, 1989), Appendix C.

（5）*American Demographics*, vol. 9 (February, 1987), 53-54.

（6）フッタライトに関しては、John A. Hostetler, *Hutterite Society* (Baltimore: The Johns Hopkins University Press, 1974).

（7）忌避追放の詳しい説明は、坂井信夫『アーミッシュの文化と社会』六八―七六ページ。

（8）ゲラッセンハイト (Gellassenheit) に関する概念的説明およびアーミッシュの生活全般に及ぼす影響については、本書、序章注（8）を参照。

（9）John A. Hostetler, *Amish Society*, 78-79.

（10）Pat Stone, "The Amish Answer," *Mother Earth News* (July-August, 1989), 58-59.

（11）Merle Good, *Who Are the Amish?* (Intercourse, PA: Good Books, 1985), 18-19.

（12）プレイン・ピープルとはアーミッシュ、メノナイト、ダンカー派など、質素な衣服を身にまとい簡素な生活を送る人々の総称である。旧派アーミッシュを含めて、ランカスター郡では成人人口の約一五パーセントをしめる。Donald B. Kraybill, *op. cit.*, 13.

（13）James Mann, "When the Amish Run Head-On into 'Progress'," *U.S. News & World Report* (June 25, 1979),

49.

（14）Donald B. Kraybill, *op. cit.*, 10. および Roy C. Buck, "Boundary Maintenance Revised: Tourist Experience in an Old Order Amish Community," *Rural Sociology*, vol. 43 (Summer, 1978), 222-223.

（15）James Mann, *op. cit.*, 46. および、*The Economist*, (July, 22, 1989), 28.

（16）Donald B. Kraybill, *op. cit.*, 192.

（17）*Ibid.*, Appendix B.

（18）John A. Hostetler, *Amish Society*, 135.

（19）Donald B. Kaybill, *op. cit.*, 196. Figure 9-3.

（20）ランカスター郡では、農場でのトラクター使用が認められていない。しかし土地がランカスター郡ほど肥沃でない中西部の地域では経済的理由から農業規模を大きくするためにトラクターの農場での使用を認めるところもある。例えば、William E. Thompson, "The Oklahoma Amish: Survival of an Ethnic Subculture," *Ethnicity*, vol. 8 (1981), 480-481.

（21）William H. Martineau and Rhonda S. MacQueen, "Occupational Differentiation among the Old Order Amish," *Rural Sociology*, vol. 42 (Fall, 1977), 384.

（22）例えば、Eugene P. Ericksen, Julia A. Ericksen, and John A. Hostetler, "The Cultivation of the Soil as a Moral Directive: Population Growth, Family Ties, and the Maintenance of Community among the Old Order Amish," *Rural Sociology*, vol. 45 (Spring, 1980), 66.

（23）Donald B. Kraybill, *op. cit.*, 205. Table 9-3.

（24）*Ibid.*, 201.

(25) *Ibid.*, 148, 186, Table 8-3.

(26) *Ibid.*, 162-163. Table 7-1.

(27) *Ibid.*, 159-160. および、Stephen Scott and Kenneth Pellman, *Living without Electricity* (Intercourse, PA: Good Books, 1990), 108-111.

(28) Donald B. Kraybill, *op. cit.*, 202.

(29) John A. Hostetler, *Amish Society*, 355.

(30) Stephen Scott and Kenneth Pellman, *op. cit.*, 16-61. および、Donald B. Kraybill, *op. cit.*, 235. John A. Hostetler, *Amish Society*, 382.

(31) 毎日新聞、一九九一年九月四日、コラム、「アーミッシュの伝統手芸展」。

(32) アーミッシュは八学年までのアーミッシュ独自の単級小学校を運営している。一九七二年のウィスコンシン州対ヨーダーにおける連邦最高裁判所判決以後、信仰の自由を保障する憲法修正第一条に基づき、アーミッシュの中等学校での義務教育は免除されている。アーミッシュ共同体における子供の教育に関しては、John A. Hostetler and Gertrude Enders Huntington, *Children in Amish Society: Socialization and Community Education* (New York: Holt, Rinehart and Winston, 1971).

(33) ホステトラーは「沈黙なる会話」を旧派アーミッシュの生き残りのためのひとつの大きな要因と見ている。John A. Hostetler, "The Old Order Amish and the Gentle Art of Survival," in Otto Reimberr ed., *Quest for Faith, Quest for Freedom: Aspects of Pennsylvania's Religious Experience* (Selinsgrove: Susquehanna University Press, 1987), 105-106.

(34) 例えば、アーミッシュ経営者の一人は次のように語っている。「仲間は私の規模の拡大を貪欲さの印と見ているようだ。すなわち、私が量を制限することに満足していないと思っている。量の多さが彼らには気になるのだ。旧派アーミッシュは大きなビジネスとは関わり合いを持たない人々であるから、私はちょうど今、ボーダーライン上にいる。あるいはラインを少し越えているかもしれない。おそらくアーミッシュの基準では大きすぎるのだろう。仲間はこんなに大きなビジネスマンになった私のことをよく言わない。だから今はこれ以上拡大できない」。Donald B. Kraybill, *op. cit.*, 210.

第2章

旧派アーミッシュの政府政策への対応と反対運動

はじめに

科学技術の目覚ましい進歩によって産業化および近代化が加速する一九九三年現在、旧派アーミッシュ[1]は過去の遺物的文化集団として、結局はアメリカ社会に同化され、消え去っていくだろうと言われてきた。しかし二〇世紀も終わろうとしている現在、現実にはまったく逆の事態が進展している。ヨーロッパ大陸での迫害を逃れて、新大陸アメリカへ移住してきた一八世紀初頭から今日までで、アーミッシュの定住地域およびアーミッシュ人口が急速に拡大の一途をたどり始めたのはまさしく第二次世界大戦以後である。[2]もし旧派アーミッシュが一般的イメージのように、「信仰に基づき、電気、電話、自動車などの文明の利器を使わずに、農耕を主とした自給自足生活をしており[3]」、牧歌的な日々を送っているのみであれば、近代化に伴う彼らへの様々な圧力に席巻されてアーミッシュ文化を維持することはできなかったかもしれない。ところが、まさしく二〇世紀後半から旧派アーミッシュは宗教生活共同体の基盤となる彼らの教会区を急速に増加させている。この事実は、彼らにとっての外的世界であるアメリカ社会からの旧派アーミッシュへの圧力をかわす旧派アーミッシュの対応策が功を奏しているとも言える。その一例がアメリカ政府からの法的規則に対する旧派アーミッシュの対応策と反対運動である。

フランクリン・ルーズベルト（Franklin D. Roosevelt）大統領のニューディール（New Deal）政策以後、アメリカ社会のなかでの政府の役割は拡大を続けてきた。福祉政策などを中心として、人々の生活のなかに政府の政策が複雑に組み入れられ、政府（それが地方であれ、州であれ、連邦であれ）とアメリカ人との関係が入り組んで絡み合い、アメリカ人の日常生活が政府の政策によって直接に大きな影響を受けるようになった。

旧派アーミッシュの人々も、もちろんアメリカ合衆国に住むアメリカ人であり、所得税、地方税、物品税などを納め、法を遵守してアメリカ社会のなかで暮らしている。しかし、政府の個人の生活に関わる政策がアメリカ的価値概念では至極妥当なものであっても、アーミッシュ的価値観からはとうてい耐えられない、放置すればアーミッシュの生活信条に多大な脅威となる政策もある。テクノロジーの限定的な応用[4]の場合のように、旧派アーミッシュのそれぞれの教会区の戒律（Ordnung）が、その教会区の事情に応じて、科学技術の限定的応用を規定できれば問題はない。しかし、政府の政策がアーミッシュ文化や価値観に耐えがたい脅威として映る時、官僚的規制に対する旧派アーミッシュ側からの対応は、各教会区各々の対策では機能しないため、より包括的な対策や運動が必要となる。第2章では（1）小学校統合問題と高等学校教育の義務化への反対運動、（2）徴兵制度への対応策、

（3）ペンシルベニア州ランカスター郡での高速道路建設計画反対運動を概観して、どのようなダイナミックスの下で政府干渉に対して旧派アーミッシュの生き残り戦略が功を奏しているかを考察する。

一　小学校統合問題と高等学校義務化への反対運動

教育行政の大枠の管轄権は州にある。一九五〇年代から六〇年代において、ペンシルベニア州、オハイオ州、インディアナ州、カンザス州（State of Kansas）、アイオワ州（State of Iowa）、ウィスコンシン州（State of Wisconsin）などアーミッシュ定住地が存在するところでは、旧派アーミッシュと行政当局とのアーミッシュ児童に対する教育をめぐっての鋭い対立が頻繁に起こった[5]。旧派アーミッシュ側から見た教育行政の改革案に対する不安は大きく分けて二点あった。

第一の問題点は小規模学区制による単級小学校を廃止し、かつ統合して中規模学区制による統合小学校を設立する改革であった。一九三〇年代までアメリカ合衆国の農村地域では、大部分の公立小学校は小規模学区制による単級小学校の形態で運営されており、アーミッシュ児童も公立小学校へ通っていた。生家から歩いて通える距離にあり、学習の基本が読み、書き、計算の3Rに重点が置かれていたので、公立学校がアーミッシュの文化体系にダメージを与える恐れはなかった[6]。ところが、統合小学校は旧派アーミッシュの親にとっては、自己の価値観と生活信条、およびアーミッシュ固有の文化体系を伝授しなければならない自分の児童を通わすにはあまりに問題があり、危険であった。バス通学によって学校に行き、学年によって違ったクラスに割り振られ、様々な教師に教えられる統合小学校では、アメリカ社会の外的情報にさらされる機会があまりにも多い。すなわち、アーミッシュ児童が必ずしも多数派をしめず、親の監視の目もゆき届きにくい統合小学校ではアーミッシュ児童は忌避しなければならないアメリカ的価値観に染まる恐れがあった。

第二の問題点は義務教育における修業年限の引き上げである。高等学校教育の義務化が第二次世界大戦ののち随時施行され、各州で違いはあるが、一六歳および一七歳にまで義務教育年齢が引き上げられた。自己のアイデンティティを確立しなければならない青年期に、町に存在する高等学校にアーミッシュ児童を通わすことは「この世的なものの一切を回避する忌避の理念に基づき、非アーミッシュとの接触を人的にも物的にも断つということ」(7)を根本から覆すことになる。さらに、高等学校で教わる教科は専門的になり、分析的思考能力の向上を目指すから、対面的な体験を重視し、それに基づいた知恵を尊重するアーミッシュの価値観とは真っ向から対立する。

州政府によって施行されたふたつの教育改革はまさしくアーミッシュの生活信条の存亡に関わる重大事であり、旧派アーミッシュにとって絶対に譲歩できない問題であった。元来アーミッシュのゲラッセンハイト（Gelassenheit）の理念に基づけば、外的世界との問題解決のためには、全面的に対立するよりも、自分が不利な立場になっても非抵抗主義を貫き、節度を保ってあるがままに事態を受け入れることがアーミッシュ的問題処理方法と言える。しかし教育問題はアーミッシュの文化継続の可能性をかけた最重要問題であり、それだけにアーミッシュ側の対応も裁判における訴訟問題をも含めて、全力を傾けるものとなった。

旧派アーミッシュと行政当局との教育改革をめぐる本格的対立は一九三七年にさかのぼる。この年、ペンシルベニア州ランカスター郡のイースト・ランピーター（East Lampeter）町では、州政府からの補助金を得て、小規模学区制による単級小学校を統合し、中規模学区制による統合小学校の建設を始めた。統合小学校のアーミッシュ児童に与える悪影響を懸念して、アーミッシュ父兄はフィラデルフィア在住の弁護士の協力を得て、小学校建設中止の訴訟を起こした。アーミッシュの基本的信条からすると、法廷闘争は最も忌み嫌うべき事柄のひとつであるため、アーミッシュ共同体のなかでもこの訴訟に関して反対、賛成と意見が分かれた。結局、この問題は控訴裁判所でアーミッシュ側の敗訴で終わった(8)。

この訴訟を契機に、アーミッシュ側も何らかの具体的対応策を摸索し始めた。一九三七年九月一四日に第一回ランカスター郡学校委員会（the Lancaster County School Committee）が開催された。委員会は一六の教会区を代表する一六名の委員によって構成された。この委員会組織が形成された重要な点は訴訟のような対立的方法で問題解決を図るよりも、アーミッシュ側に交渉母体となる組織を作り、教育問題に関して行政当局と話し合おうとする姿勢であった。さらにイースト・ランピーター町では、旧派アーミッシュ側は統合小学校に児童を通わせず、アーミッシュ運営によるアーミッシュ単級小学校を設立した(9)。

一九四〇年代は第二次世界大戦の影響で、行政当局の改革案の施行は休止していたため、対立は激化しなかった。しかし一九四九年からペンシルベニア州では高等学校義務制が厳密に施行され始めたため、アーミッシュ側と教育当局との対立が深刻化した。一九四九年から一九五五年までに、一四歳児童を故意に高等学校に通わさなかったという理由で逮捕される父兄が続出した。彼らは科料を払って非を認めるよりも、あえて投獄されることを選んだ。平和主義者のアーミッシュが投獄されるということでジャーナリズムでも、この問題がセンセーショナルに報道され世間の関心を集めた。州政府としても問題を放置しておけず、一九五五年に二年制の定時制職業高校をアーミッシュ児童のために設置することでアーミッシュ側と妥協を見た。[10] この学校ではアーミッシュ児童に対して週三時間のホームプロジェクトが与えられた。実際上は、アーミッシュの家庭で三時間、農業などの問題のプロジェクトをこなすというもので、アーミッシュ側にとって何ら問題がなかった。

一方、州全域で統合小学校の建設が進むにつれて、旧派アーミッシュの運営によるアーミッシュ単級小学校の設立も増加した。一九五四年の五校から一九五六年には五二校にまで増えた。[11] ここまで数が増えるとアーミッシュ単級小学校に共通する基準やガイドラインが必要なため、ペンシルベニア州全域の学校委員会が組織された。第一回ペンシルベニア州学校委員会（the School Committee of Pennsylvania）が一九五七年五月四日に開催され、各地域を代表して二五名が出席し、教科書の統一化を中心として議論が進められた。さらに三名の委員から構成される旧派アーミッシュ・ブック協会（the Old Order Book Society）が州委員会内に設立され、アーミッシュ小学校と州の間で起こるあらゆる問題を解決する連絡機関としての役割を果たすこととなった。その後、州学校委員会の役割は徐々に拡大しアーミッシュ教師の給料から教科書のカリキュラム編成までも議論されるようになった。[12]

このようにペンシルベニア州では、教育問題における旧派アーミッシュと行政当局の紛争はアーミッシュ単級小学校の建設、一五歳以上のアーミッシュ児童のための職業訓練校の設立、およびアーミッシュ児童の教育問題全般を取り扱う州学校委員会の働きによって一九六〇年代には沈静化した。アーミッシュ人口の稠密なオハイオ州、インディアナ州においても、時期のずれはあるが同様の経緯をたどった。アイオワ州も、全国的な注目を集めたブキャナン（Buchanan）郡のアーミッシュを巻き込んだ一九六五年のヘーズルトン（Hazleton）学校区とウーワイン（Oewein）学校区の住民による学校紛争の後、一九六七年に施行された学校法で事実上、八学年までのアーミッシュ単級学校での教育を認め、それ以上のアーミッシュの義務教育は免除された(13)。アイオワ州の学校紛争は新聞などのメディアで全国的に報道されたのでアーミッシュの苦況を憂慮したミシガン州（State of Michigan）のルーテル教会（Lutheran Church）のウィリアム・リンドホルム（William Lindholm）牧師が中心になり一九六六年に非アーミッシュによる「アーミッシュの宗教的自由を守る全国委員会」（the National Committee for Amish Religious Freedom）が結成された(14)。数多くの教会関係者、学者、弁護士などが参加し、アーミッシュ支援に乗り出した。

　このような状況下で、旧派アーミッシュの定住が比較的新しく、アーミッシュ人口の少ないウィスコンシン州でも義務教育年齢をめぐってアーミッシュと州の教育当局が対立した。一九六八年の秋、ジョナス・ヨーダー（Jonas Yoder）ほか二名のアーミッシュが彼らの一四歳と一五歳になる子供を高校に入学させない理由により、義務教育法違反で逮捕された。「アーミッシュの宗教的自由を守る全国委員会」の議長リンドホルム牧師はこの事件を知り、すぐにこの分野の専門家であるウィリアム・ボール（William B. Ball）弁護士に連絡し、ヨーダー氏らの了解を得て法廷闘争に持ち込んだ。ボール弁護士はアーミッシュ教育研究が専門のドナルド・エリクソン（Donald Ericson）、シカゴ大学準教授、アーミッシュ研究の権威、ジョン・ホステトラー（John A. Hostetler）、テンプル大学教授等の証言も得た。そしてボール弁護士は、アーミッシュの宗教的理念および文化的価値観からは、いかに高校進学が無益であるばかりか、アーミッシュの存続基盤であるアーミッシュ的価値観の継承をも脅かし、ひいてはアーミッシュの宗教の自由を損なう恐れがあることを力説した[15]。裁判は郡裁判所、続く地方裁判所でアーミッシュ側の敗訴となり、ボール弁護士はウィスコンシン州最高裁判所に上告し逆転勝訴した。その間の裁判費用のために「アーミッシュの宗教的自由を守る全国委員会」が積極的に基金集めに奔走した[16]。

裁判はこれで終わったと思われたが、驚くべきことにウィスコンシン州は連邦最高裁判所に上告し、審議が受理された。もしこの裁判でヨーダー側が敗れれば、全米各州でアーミッシュの立場が弱くなり、アメリカ合衆国からのアーミッシュの集団移住の可能性もあるという論評も表れた[17]。一方、ここでアーミッシュ側が勝訴すれば、高等学校義務化の問題は決着がつき、アーミッシュの教育問題はマイナーなものを除けば、アーミッシュ単級学校の設立とともに解決されることになる。旧派アーミッシュにとって存亡をかけた裁判となった。結局、連邦最高裁判所はアーミッシュ児童に対する八学年以上の州の義務教育化は憲法修正第一条で保障されたアーミッシュの宗教の自由を侵害すると判断して、ヨーダー側の勝訴となった。ここに、教育問題に関する旧派アーミッシュと州の教育行政との対立問題は決着がついた。

二　徴兵制度への対応策

徴兵制度は国家安全保障に関わる制度であるから、連邦政府の管轄範囲である。したがって、連邦政府の所轄官庁およびその官僚との交渉において、何らかの旧派アーミッシュを代表する組織が必要となる。すなわち、徴兵制に関わる問題に包括的に対処するためには、アーミッシュ側で全国レベルの組織を作り、その組織を連絡網として連邦政府の関係官庁と対処せざるをえない。

旧派アーミッシュ運営委員会（the Old Order Amish Steering Committee）は徴兵制問題との取り組みの渦中に生まれた。アーミッシュは宗教的信念に基づく徹底した平和主義者であり、非暴力主義を貫いている。ベトナム戦争時、多くのアーミッシュの青年たちは良心的兵役忌避者として取り扱われた。当時、良心的兵役忌避者に対して、連邦政府は通常、兵役猶予の方法として都会にある病院に二年間勤務させた[18]。ところがこの兵役猶予の方法こそがアーミッシュのリーダーにとっては深刻な問題となった。大都会の病院に勤務し、アーミッシュの青年がアーミッシュ共同体から完全に離れて、ひとりで暮らすことになれば、当然アメリカ社会の様々な物と情報に囲まれて生活することになる。そのような環境のなかでアーミッシュの文化体系から切り離されて生活すれば、いかに信仰心の篤いアーミッシュといえども自己のアイデンティティを失いやすい。独身で病院に勤務すれば、非アーミッシュの女性とつき合う可能性も高く、もし結婚すればアーミッシュ社会からは離脱してしまう。妻帯者であっても状況はあまり変わらない。アパートなどで暮らしていれば、何事につけ便利なアメリカ的生活様式に染まりやすい。このようにアーミッシュ青年層の都市における病院勤務は次代のアーミッシュ社会を背負う世代に多大な悪影響を及ぼし、アーミッシュ社会の根幹を揺るがしかねない重大な問題を含んでいた。事実、病院勤務を命じられた約半数の青年が自分たちの帰属するアーミッシュ教会区に戻らなかった。帰ってきた青年たちも多くが洗礼を受けないで、アーミッシュ教会員にならなかった[19]。

旧派アーミッシュ運営委員会は徴兵制とアーミッシュ青年の兵役猶予にまつわるこの問題の取り組みの渦中から生まれた。一九六六年、病院勤務および他の徴兵制に関する問題を話し合うために、アーミッシュの指導者層が全国から、インディアナ州アレン郡（Allen County）に集まった。そしてこの集会の後、アーミッシュを代表する少数の指導者グループが選抜徴兵局（the Selective Service）と直接に交渉を持つために、ワシントンD. C. に出向いた。そこで指導者グループは全国のアーミッシュを代表する委員会の設置を決議し、旧派アーミッシュ運営委員会を設立し、その場で、議長、書記長、会計係の三名が任命された。[20] 旧派アーミッシュ運営委員会はオハイオ州ホームズ郡の集会で、九つの州のアーミッシュ定住地域から一〇〇以上の代表者によって正式に認められた。委員会の目的は「アーミッシュ的生活様式に関係するか、妨げとなるあらゆる主要な問題への適切な解決策を見つけること」[21]であり、事実上のトラブルシューターの役割が期待されていた。

一九六七年二月、旧派アーミッシュ運営委員会の委員たちは選抜徴兵局長官のルイス・ハーシー将軍（General Lewis B. Hershey）と会見した。彼らはなぜ兵役猶予としての病院勤務に反対するのか理由を述べ、この問題がアーミッシュ共同体にとって重大な脅威となることを説明した。さらに青年たちの兵役猶予期間中、アーミッシュ所有の農場で公益のために働かす案を長官に提示した。ハーシー長官はアーミッシュ側の説明に納得し、代替案を受け入れた。[22] これにより、兵役猶予期間中、アーミッシュ青年たちがアーミッシュ文化圏のなかで生活することが可能になった。

徴兵制問題を契機に、委員会のメンバーは良心的兵役忌避者に対する法律に精通するようになっただけではなく、選抜徴兵局の官僚、上院議員、下院議員、州知事など政策決定能力のある関係者と親交を結んだ。当時、良心的兵役忌避者を決定する権限は地方の徴兵委員会に与えられていたため、アーミッシュに好意的でない地方が兵役猶予を与えない場合があった。このような時、委員会のメンバーは選抜徴兵局の高官やアーミッシュに関心を持つ政治家と連絡を取り、より高所から地方当局の決定を覆したりした(23)。まさしく委員会はアーミッシュのためのロビイストの役割を十分に果たしていたことになる。

徴兵制の問題との関わりのなかで、アーミッシュは連邦政府の関係機関と渡り合うためにはどうしても全国のアーミッシュを代表する組織が必要なことを認識したに違いない。元来、教会区が基本的な生活空間であり、そこで相互扶助による緊密なネットワークを形成し、価値観を共有する小社会のなかで生きている旧派アーミッシュにとって、個々の対面的ネットワークをはるかに超越する全国レベルの委員会を結成することは、アーミッシュの基本概念から逸脱している。旧派アーミッシュ運営委員会の成り立ちは、徴兵制のようなアーミッシュ社会の基盤を脅かす問題を連邦政府の関係機関と協議するためには、アーミッシュ側にも有効に対処できる組織が必要になったことを意味する。旧派アーミッシュ運営委員会の結成は旧派アーミッシュの指導者層の危機意識をよく表している。アーミッシュ共同体を守るために、アメリカ社会という外的世界との接触をできるだけ避けるために、逆説的になるが、アメリカ社会の官僚機構と効率的に対応できる反アーミッシュ的組織を作り上げたと言える。すなわち、中央集権的制度に最も嫌悪感を示すアーミッシュが生き残りのために、あえて中央集権的要素を強く持つ旧派アーミッシュ運営委員会を組織した。

三　ペンシルベニア州ランカスター郡の高速道路建設反対運動

ペンシルベニア州ランカスター郡は東部メガロポリスの西端に位置し、ニューヨーク市、フィラデルフィア市、ワシントンD.C.などの東部主要都市に車で二時間から四時間で着ける便利な地域であり、一九七〇年代、八〇年代に郊外化が急速に進んだ。また安定した労働力供給が可能な地域であるため、工場進出を中心とした産業化も急速に進んだ。さらに全国で最も有名なアーミッシュ定住地域が存在するために、年間約五〇〇万人もの観光客がランスカスター郡を訪れる。[24] これらの要因のためにランカスター郡の道路網の混雑は年々ひどくなってきた。特に、郡の東西を結ぶ主要幹線道路である国道30号線、州道23号線の混雑は地元関係者にとって耐えがたい程度にまでなった。一九七〇年代後半から八〇年代にかけて、地元のビジネス界や関係省庁は渋滞解消のため、東西を結ぶ新たな高速道路の建設を推進しようとしていた。[25]

一九八七年九月、ペンシルベニア州運輸省は国道30号線、州道23号線を含む高速道路建設案の概要を発表する集会を地元の高校で行う旨を住民に知らせた。計画では六ルートが考案されていた。旧派アーミッシュの定住地域は国道30号線と州道23号線に挟まれた地域および国道30号線の南部に多く存在するが、計画案の三ルートはアーミッシュの定住地域を分断していた。残りの三案はアーミッシュ定住地域を迂回していた。[26]

高速道路建設案のアーミッシュ共同体に与える重大な影響を懸念して、反対運動の中心人物になったのがアーミッシュ定住地近郊に住む航空パイロットを職業とするリチャード・アームストロング（Richard Armstrong）と長年アーミッシュのために助産婦をしてきたペニー・アームストロング

(Penny Armstrong) 夫妻であった。地元集会の約二週間前から、アームストロング夫妻は高速道路建設案の概要を知らせるパンフレットを約一〇〇〇部用意し、協力者の助けを得て、アーミッシュ住民に配布し集会に参加するように説いた。[27] この世的な事柄をできるかぎり忌避するというアーミッシュの信仰上の理由から、彼らは普通は公的な事柄に自分たちの関心を明確には示さない。しかし、高速道路建設計画は自分たちの農業地を分断し、アーミッシュ共同体を分解させる恐れがあったため、一九八七年九月二三日の説明集会には一〇〇〇名以上のアーミッシュ住民が参加し、彼らの強い関心を示した。これほどの大集団のアーミッシュが公的な集会に出席したことは過去に例がなく、[28] 運輸省の役人の説明を黙って聞く彼らの姿からいかにアーミッシュがこの計画を憂慮しているかが明白になった。非アーミッシュの住民も懸念を表した。ジョゼフ・クック (Joseph Cook) という住民は「交通技術者たちはこの地球上で最も肥沃な土地を破壊しようとしている。こんな計画を提出するとは恥ずかしい。この地域は天国のようなのに、それをカリフォルニアに変えてしまうのか[29]」と反対意見を述べた。

このアーミッシュの大集団の参加で、集会はマスメディアからも注目を浴び、地元新聞のみならず、ニューヨーク・タイムズなども高速道路計画の地図に見入るアーミッシュ住民の写真を大きく掲載し、この道路計画がいかにアーミッシュ・コミュニティを分断するかを説明した。[30] 匿名希望のアーミッシュは「医者や雑貨屋に行きたい時、馬車では高速道路にはのれない[31]」と不安感を明らかにした。

この集会を契機に、反対運動は盛り上がり、非アーミッシュによる「高速道路建設反対運動委員会」(the Antihighway Committee) が結成された。委員会の目的はペンシルベニア州の高速道路建設計画からアーミッシュ住民を守ることであった。委員会はもし高速道路が建設されれば、アメリカ合衆国で最良のアーミッシュ農業地が破壊され、アーミッシュ教会区が物理的に分断され、交通量がますます増加するため、アーミッシュ住民はランカスター郡から移住せざるをえないと論陣をはった[32]。同様の論調が新聞紙上にも表れ、世論の注意を喚起した。ニューヨーク・タイムズは高速道路建設がたとえアーミッシュ定住区を迂回したとしても、ランカスター郡にさらなる飛躍的な経済効果をもたらすから、アーミッシュ共同体にとっては耐えがたいプレッシャーになるだろうと論じた[33]。記事のなかで匿名のアーミッシュは「もう我慢の限界だ。みんな必死になって昔からのやり方を継承しようとしているが、多くの場合、もう無理だ。もし高速道路ができたら、アーミッシュはここから離れてちりぢりばらばらになるだろう[34]」と予測した。

アーミッシュ研究の第一人者、ジョン・ホステトラーも州運輸省に運輸省案はアーミッシュ文化への脅威となる趣旨のレポートを提出した。彼は高速道路の建設が進めば、結果は次のふたつのうちどちらかであろうと推測した。すなわち、ランカスター郡内でのアーミッシュの生活様式の悪化もしくはアーミッシュの郡からの集団移住であると説明した。さらに高速道路は新しい産業や、ショッピング・センターを招き入れる起爆剤となり、アーミッシュの精神的、農民的ルーツを完全に破壊するだろうと結論づけた。そして、ランカスター郡のアーミッシュの存在がアメリカ合衆国全体のためにどのような価値を持っているかを考慮すべきであると訴えた。ホステトラーは、もしアーミッシュ住民と非アーミッシュ住民の共存が保たれている現状の存続を選ぶならば、ランカスター郡の交通渋滞を生活をするための費用の一部と割り切って受け入れ、常にこれからも交通渋滞の問題は継続すると認識するべきだと主張した[35]。

このような高速道路建設反対運動の盛り上がりのなか、一九八八年一月二七日、高速道路建設案の撤回が発表された。「フィラデルフィア州を偉大な州にしている要因のひとつは我々の文化の多様性だ。この州のかけがえのない貴重な伝統は取り除かれたり、中断されたり、破壊されたりすべきではない。私の判断では、アーミッシュの人々の生活様式と伝統はまさしく州の貴重な伝統だ。高速道路のためにアーミッシュの人々の価値観や生活様式を台無しにすることは公共の利益にならないと私は決断した。高速道路建設用地に関しては、金や交通事情だけでなく、守るべき人々、家族、価値観、伝統などを考慮に入れる価値判断が必要とされる[36]」と州知事ロバート・ケーシー（Robert Casey）は撤回理由を述べた。州運輸省長官ハワード・エルサリム（Howard Yerusalim）も「知事も私もランカスター郡とアーミッシュ・コミュニティの豊かな文化遺産と環境を守る義務を感じた[37]」と理由を説明した。ここに数カ月に及ぶ高速道路建設反対運動は幕を閉じた。

おわりに

三つの例を通して、政府干渉における旧派アーミッシュの対応と反対運動のダイナミックスを概観してきたが、これら三例に共通する特徴は何であろうか。

第一に、政府機関のような官僚的機構と交渉するためには、個々のアーミッシュではとても対抗できない。教会区レベルでも無理である。州政府や連邦政府の決定事項は広範囲に影響が及ぶため、もしその政策がアーミッシュ共同体にとって脅威となる時、アーミッシュ側からも集団の意志を反映して対応できるような組織作りが必要となる。ペンシルベニア州学校委員会や旧派アーミッシュ運営委員会の成り立ちはまさしくその好例である。ランカスター郡の一〇〇〇名以上の集団での集会参加も組織的な抗議運動である。元来旧派アーミッシュは大きな組織の存在にはきわめて懐疑的であり、自分たちの教会堂さえ持たない[38]。基本的生活圏も教会区を中心としている。そのアーミッシュが本来ならできるだけ忌避すべき政府官僚機構と有効な接触を保つためにアーミッシュ的価値観から逸脱する中央集権的組織を作らなければならないのは皮肉である。

第二に、アーミッシュ文化や価値観を守ろうとする非アーミッシュによる支援グループや知識人、住民の存在がある。ウィスコンシン州対ヨーダーの裁判では「アーミッシュの宗教的自由を守る全国委員会」の粘り強い支援がなければ、連邦最高裁判所で勝訴することはできなかったであろう。徴兵制の問題でも、政府内にアーミッシュ的価値観に理解を示す役人や政治家がいたからこそロビイスト的役割を果たすアーミッシュのリーダーとの話し合いがうまくいった。高速道路問題ではまさにランカスター郡の非アーミッシュ住民が反対運動を政治的に盛り上げる委員会を作ってアーミッシュ住民を支援した。

第三に、マスコミ報道も大きな影響力を持っている。一般に政府とアーミッシュの対立が表面化した時、新聞などの報道は無抵抗のアーミッシュが政府の官僚的圧力に蹂躙されるという構図を描きがちである。したがってその論調はアーミッシュに対して同情的となることが多く、世論も影響を受ける。義務教育問題では数多くのアーミッシュが科料不払いで服役したが、それらの記事がでると世論からの関係当局に対する猛烈な抗議があり、それが政策を変更し妥協を模索する一因となったこともあった。高速道路問題でも、新聞報道などの後、数多くの抗議の手紙が全国から州運輸省に送られた[39]。

最後に、これらからも政府の政策や規則がアーミッシュの価値観やライフスタイルの脅威となりアーミッシュ側が対応を迫られる場合が出てくるであろう。しかし、三例のケース・スタディーでも分かるように、アーミッシュ側にもすでに独自の旧派アーミッシュ運営委員会のようなトラブルシューターの機能をする組織もあるし、強力な支援グループもある。さらに、今までの政府の政策や規制に対する対応や反対運動のなかで蓄積されたノウハウもあり、これからも旧派アーミッシュは政府干渉に対しては非アーミッシュの援助を得て、時には困難な状況に陥るかもしれないがたくみに対応するだろう。

注

（１）第１章注（３）を参照。

（２）William K. Crowley, "The Old Order Amish: Diffusion and Growth," *Annals of the American Geographers*, vol.63 (June, 1978), 261-263.

（３）毎日新聞、一九九一年九月四日、コラム、「アーミッシュの伝統手芸展」。

（４）旧派アーミッシュは一般的イメージとは異なり、テクノロジーを完全に拒絶することなく、自分たちの生活様式や価値観を守れるように、科学技術を取捨選択して限定的に使っている。限定的使用の実態の詳しい説明は、Stephen Scott and Kenneth Pellman, *Living Without Electricity* (Intercourse, PA: Good Books, 1990).

（5）例えば、Albert N. Keim, “A Chronolgy of Amish Court Case,” in Albert N. Keim ed., *Compulsory Education and the Amish: The Right Not to Be Modern* (Boston: Beacon Press, 1975), 93-98. Donald A. Erickson, “Bad Fences Make Bad Neighbors: A Look at State Regulation of Private Schools,” in James C. Carper and Thomas C. Hunt ed., *Religious Schooling in America* (Birmingham, Alabama: Religious Education Press, 1984), 227-244.

（6）Harold D. Lehman, “Accommodating Religious Needs: The Mennonite and Amish Perspective,” *Religion and Public Education*, vol.16（Spring/Summer, 1989）, 271.

（7）坂井信夫『アーミッシュ研究』（教文館、一九七七年）、三三五ページ。

（8）Donald B. Kraybill, *The Riddle of Amish Culture* (Baltimore: The Johns Hopkins University Press, 1989), 122.

（9）Levi A. Esh, “The Amish Parochial Movement,” *The Mennonite Quarterly Review*, vol. 51 (January, 1977), 70-71.

（10）Donald B. Kraybill, *op. cit.*, 125-129.

（11）Levi A. Esh, *op. cit.*, 70.

（12）*Ibid.*, 72-74.

（13）Elmer Schwieder and Dorothy Schwieder, *A Peculiar People: Iowa’s Old Order Amish* (Ames: The Iowa State University Press, 1975), 95-117.

（14）Albert N. Keim, *op. cit.*, 93.

（15）Wiliiam B. Ball, “Building a Landmark Case: Wisconsin v. Yoder,” in Albert N. Keim ed., *Compulsory*

Education and the Amish: The Right Not to Be Modern (Boston: Beacon Press, 1975), 117-120.

（16）Albert N. Keim, *op. cit.*, 93-94.

（17）"The Agony of the Amish," *School and Society* (Summer, 1972), 281-282.

（18）John A. Hostetler, *Amish Society* (Baltimore: The Johns Hopkins University Press, 1980), 268-269.

（19）Marc A. Olshan, "The Old Order Amish Steering Committee: A Case Study in Organizational Evolution," *Social Forces* (December, 1990), 606.

（20）*Ibid.*

（21）John A. Hostetler, *op. cit.*, 257, footnote.

（22）Marc A. Olshan, *op. cit.*, 606.

（23）Robert L. Kidder and John A. Hostetler, "Managing Ideologies: Harmony as Ideology in Amish and Japanese Societies," *Law & Society Review*, vol. 24 (Number 4, 1990), 909-910.

（24）Donald B. Kraybill, *op. cit.*, 10.

（25）Penny Armstrong, Gideon Fisher, Ed Klimuska, and Gerald Lestz, *Amish Perspectives* (York, PA: York Graphic Services Inc., 1988), 90.

（26）*The Philadelphia Inquirer*, September 25, 1987.

（27）Penny Armstrong, Gideon Fisher, Ed Klimuska, and Gerald Lestz, *op. cit.*, 90-91.

（28）Robert L. Kidder and John A. Hostetler, *op. cit.*, 914.

（29）Penny Armstrong, Gideon Fisher, Ed Klimuska, and Gerald Lestz, *op. cit.*, 99.

（30）*The New York Times*, September 25, 1987.

（31）*The Philadelphia Inquirer*, September 25, 1987.
（32）Robert L. Kidder and John A. Hostetler, *op. cit.*, 914.
（33）William K. Stevens, "For Amish, Progress Can Be Threat," *The New York Times*, December 2, 1987.
（34）*Ibid.*
（35）Penny Armstrong, Gideon Fisher, Ed Klimuska, and Gerald Lestz, *op. cit.*, 100-102.
（36）*The New York Times*, January 29, 1988.
（37）*The Philadelphia Inquirer*, January 29, 1988.
（38）説教礼拝は隔週の日曜日に輪番制で教会員の家屋で催される。このため旧派アーミッシュはハウス・アーミッシュとも呼ばれる。
（39）*The Philadelphia Inquirer*, January 29, 1988.

第3章　アーミッシュ、メノナイト諸派の系図
――ペンシルベニア州ランカスター郡の場合――

はじめに

ペンシルベニア州ランカスター郡は旧派アーミッシュの定住地として、全米で最もよく知られた地域であり、アーミッシュを見ようとする観光客が毎年約五〇〇万人も当地を訪れる。また、肥沃な土壌、豊富な雨量、温暖な気候に恵まれて、農業を天職とする勤勉なアーミッシュやメノナイトが耕す農地は、全米でも一、二を争う生産性を誇っており、美しい風景とあいまって、農業の楽園地のごとき景観を示している。ランカスター郡には、アーミッシュと歴史的背景、宗教的信条、生活習慣等において非常に近しく、まさしく宗教的親類とも言えるメノナイト諸派の人々が多数生活している。

アーミッシュもメノナイトもその源流は一六世紀のスイス再洗礼派にある。

法王レオ十世がサン・ピエトロ寺院大改築の費用調達のために免罪符の発行を始めると、一五一七年にマルティン・ルターが免罪符に対する九五箇条提題を発表して、レオ十世を批判し、宗教改革の

発端となった。スイスにおいても二年後にウルリッヒ・ツヴィングリが現れて、聖書中心的な思想を唱え、教会改革に尽力して、チューリッヒ教会を公式にプロテスタント教会に変えた。スイス再洗礼派は元々はツヴィングリ派に属していたが、ツヴィングリの幼児洗礼の容認などの現実路線に反対して一五二五年に同派から分離した(1)。

再洗礼派は厳密な聖書主義者の立場を取り、当時の国教会であるカソリック教会が行っていた幼児洗礼を聖書にその論拠なしと否定し、信仰を確信したのち行われる成人洗礼を実行した。また「山上の垂訓」に範を求め、真の信仰者であるキリスト者の集まりとしての自発的な兄弟愛に基づいた自由教会の形成を目指した。したがって、当然の帰結として国家権力と密接な関係にあった一六世紀の国教会制や連邦教会制に組み込まれた教会制度を再洗礼派は否定し、厳密な政教の分離を唱えた。このような再洗礼派の信条は時の為政者や新旧両教会にとっては危険な存在と映り、狂信的な異端者として迫害され、弾圧され続けて、多くの殉教者を出した。しかし、弾圧されながらも地下運動としてドイツやオランダに広がり、オランダではメノー・シモンズが一五三六年に再洗礼派に加わり、彼の卓越した指導の下で再洗礼派の教義が探求され再組織化された。のちのスイス、オランダ双方の再洗礼派の流れを統合する一般的名称であるメノナイトの名前は彼ノメー・シモンズに由来する(2)。

一六九三年から始まる教役者ヤコブ・アンマンの不信仰者に対する忌避、追放の厳密な実施の要求を争点とする再洗礼派内での論争の結果、厳格派のアンマンに従う人々はスイス再洗礼派から離脱し、のちにアーミッシュと呼ばれるようになる。

ヨーロッパでの迫害を逃れる生活に終止符を打つべく、メノナイトとアーミッシュの人々は宗教的な受難者の受け入れに寛大なウィリアム・ペンの統治する新大陸のペンシルベニアへと移住を開始した。メノナイトの最初の移住は早くも一六八三年のジャーマンタウンに始まっていたが、本格化するのは一八世紀以降である[3]。一七一七年から一七三二年までの間に約三〇〇〇名のメノナイトが当時のパラティネート地域を離れ、現在のペンシルベニア州の東南部（ランカスター郡もこの地域に位置する）に定住した[4]。またアーミッシュも一七三〇年代の中ごろから同じくパラティネート地域から現在のペンシルベニア州のバークス郡とチェスター郡に移住を開始し、一七六〇年代ごろには、バークス郡とチェスター郡に隣接する現在のランカスター郡へと移ってきた[5]。

それから二世紀以上も経た現在、ランカスター郡ではアーミッシュ、メノナイトが様々なグループに分かれて生活しているが、どのようなグループが存在し、その類似点、および相違点はどこにあるのであろうか。アーミッシュ、メノナイトに特徴な事柄はその歴史過程における分裂、分派の形成の繰り返しである。これはすでにヨーロッパでのアーミッシュの誕生からしてメノナイトからの分離という形態をとったが、アメリカ大陸に移ってからもこの傾向は変わらなかった。近代化に対する変化、刷新への対応をめぐって外部から見ればほんの些細な解釈の違いでも、グループの分裂が生じた。そのため、アーミッシュ、メノナイト双方とも実に様々なグループが存在する。第3章では、ペンシルベニア州ランカスター郡のアーミッシュ、メノナイト双方の主要グループの特徴を把握して、その多様性を検証する。

一　アーミッシュ・グループ

ランカスター郡におけるアーミッシュは他の地域に比べれば複雑なグループ分けにはなっていない。大別すれば次の四グループに分けることができる。（1）旧派アーミッシュ（The Old Order Amish)、（2）ビーチ・アーミッシュ（The Beachy Amish)、（3）新派アーミッシュ（The New Order Amish)、（4）母胎教会であるメノナイトへの吸収、同化組である。

中西部におけるヘンリー・エグリ（Henry Egli)、ジョセフ・スタッキー（Joseph Stuckey）による分派運動に影響を受けて、ランカスター郡においても教会堂での礼拝を求めるグループが教会堂を作るために、一八七七年にランカスター・アーミッシュから分離した。この後、従来どおりの教会員の家屋で礼拝を行う伝統的で保守的なグループを旧派アーミッシュまたはハウス・アーミッシュ（House Amish）と呼び、分派グループはアーミッシュ・メノナイトまたは自分たちの作った教会堂で礼拝を行うためにミーティングハウス・アーミッシュ（Meetinghouse Amish）と呼ばれるようになった。[6] この時期に分派したアーミッシュ・メノナイトは以後次々に時代の変化、刷新を受け入れ結局メノナイト諸派の最大のグループであり中道派のメノナイト教会に現在では吸収、同化されており、旧派アーミッシュの外見上や生活形態における特徴は完全に失っており、アメリカ文明を受け入れている。

一九一〇年、アーミッシュ・メノナイトへの転籍を計った旧派アーミッシュ教会員に対する厳しい忌避追放処置に反発したグループがピーチ（Peachey）牧師たちとともに旧派アーミッシュから離説し、ピーチ教会を設立した。当時、近代文明の利器である電気、電話、自動車などが急速に普及し始めていたが、旧派アーミッシュからの脱退以後、このグループはこれらの文明の利器を使いだした。自動車の保有および使用も一九二七年には許可された。また独自の教会堂も建設し、福音的教えも積極的に広め始めた。結局、このグループは、一九二七年にモーゼズ・ビーチ（Moses Beachy）によって設立されたビーチ・アーミッシュ教会に一九五〇年に加入した[7]。文明の利器の使用や礼拝堂の保有、日曜学校の開設、英語の説教、伝道にも積極的な活動をしているなどの点で旧派アーミッシュとは袂を分かっている。しかし、外見上は旧派アーミッシュと似た服装をしており、男性もきれいに整えられてはいるが、あご髭を生やしている。自動車も派手な色を避けており、黒塗りである。このように、ビーチ・アーミッシュは旧派アーミッシュの文化体系から完全には逸脱せず、ある程度の変化刷新を受け入れている。

一九五〇年代後半からペンシルベニア州では農業従事者がコンバインなどの近代的農機具を広範に使用しだした。一部の旧派アーミッシュもこれらの新しい農機具を使い始めたが、まだ教会戒律で様々な新型の農機具の取り扱いについての規定は決められていなかった。近代的農機具の普及が教会員に広まるにつれて、教役者の間でこの問題をどのように取り扱うべきか協議された。一九六二年一二月にランカスター郡の一四〇名の牧師、説教者、執事が集まり、新型農機具に関する限定的使用の範囲を規定した。しかし、すでにこれらの新型の農機具を購入し、実際に使っている教会員にとって、限定的使用、または便益の放棄は耐えがたかった。結局、一九六六年に農機具使用問題に端を発して約一〇〇世帯の人々が旧派アーミッシュと関係を絶ち、新派アーミッシュとして独自の分派を結成した。彼らは近代的農機具を使用し、トラクターにもゴムのタイヤをつけ、農業方法で旧派アーミッシュと一線を画している。家屋へ電気も引き入れている。しかし、自動車やその他の文明の利器の使用に関しては新派アーミッシュのなかでは意見が異なっており、現在では六グループに分かれている。[8]

ランカスター郡における旧派アーミッシュの特徴は旧派アーミッシュ内でのさらなる分派が発生していない点である。言い換えれば、ランカスター郡の一〇一教会区[9]において教会戒律はもちろんのこと、服装から彼らが使う馬車の形態にいたるまで同一性がきわめて強く、旧派アーミッシュとしてのグループの存在意義を明確に表している。これは、例えばペンシルベニア州ミフリン郡(Mifflin County)の旧派アーミッシュと比較すれば、ランカスター郡の旧派アーミッシュがいかに均一なグループであるかがはっきりと分かる。[10] 北米に分散する旧派アーミッシュのなかで、ランカスター郡のグループはテクノロジーに対する限定的応用という面では、保守的ではなく、比較的種々の文明の利器を限定的に応用している部類に属する。[11]

二　メノナイト・グループ

旧派アーミッシュが大多数を占めるアーミッシュ・グループと比較すると、ランカスター郡のメノナイト・グループは実に多岐にわたる。細かく分けると二四グループにもなるが主要なグループは(1)メノナイト教会(The Mennonite Church)、(2)ジェネラル・コンフェランス・メノナイト教会(The General Conference Mennonite Church)、(3)旧派メノナイト(The Old Order Mennonites)、(4)シュタウファー・メノナイト教会(The Stauffer Mennonite Church)、(5)東部ペンシルベニア・メノナイト教会（The Eastern Pennsylvania Mennonite Church）、（6）リフォームド・メノナイト（The Reformed Mennonites）である。

メノナイト諸派の中核であり、全米最大の教会員数を持つグループがメノナイト教会であり、ランカスター郡においてもメノナイト教会が主流を占める。歴史的に見ると、ランカスター郡ではメノナイト教会の変化、刷新に対する意見の相違から様々なグループがメノナイト教会を離れ分派を形成してきたと言える。したがってメノナイト教会をメノナイト諸派の本流と考えて差し支えないであろう。

現在、メノナイト教会は旧派アーミッシュとは違い近代文明を受け入れている。したがって日々の暮らしぶりは一般のアメリカ人と大きな差異はない。また高等教育を奨励しているし、専門職についている人々もたくさんいる。ゴーシェン大学（Goshen College）などのメノナイト系大学や高校も運営している。福祉活動、災害救援活動、伝道運動等も積極的に行っており、アメリカ国内のみならずアフリカ諸国等にも活動の分野を広げている(12)。

ランカスター郡のメノナイト教会は他の地域のメノナイト教会よりも保守的傾向が強く、一九五〇年代より以前はアメリカ的生活様式に完全に染まらないようにしようという配慮があった。特にそれは服装について顕著であった。例えば一九四〇年代におけるランカスター・メノナイト高校では男性教師は質素な詰め襟の上着が義務づけられていた。男子生徒も同じような上着を着るように指導されていた。派手な色のシャツやセーターは禁止されていた。帽子も学校の行き帰りには着用を義務づけられていた。女性も質素な色の服のみ許可されており、ストッキングの色は黒と決まっていた。ひもつきボンネットはすべての女性教会員に必須であったし、学校の行き帰りにも、もちろん着用が義務づけられていた。しかし、ランカスター郡でも一九五〇年代からランカスター・メノナイト高校における服装規定は徐々に緩和され、一九八〇年代にいたると保守的傾向は残しているが一般のアメリカ人の若者と大差がなくなってきている[13]。このメノナイト教会をメノナイト諸派の中道派として考えると他のグループの位置づけが分かりやすい。

メノナイト教会よりも生活習慣、信条においてリベラルなグループとしてはジェネラル・コンフェランス・メノナイト教会がある。レジェネラル・コンフェランス・メノナイト教会は一八四七年にジョン・オーバーホルツァー牧師（John H. Oberholtzer）によって創設された。彼は質素な服を着たり、紛争を解決する手段として裁判に訴えないなどとする当時のメノナイト教会の規則は信仰上何ら意味がないと唱えた。メノナイト教会は彼を破門にしたが、彼に従う人々が新しい教会を作った。このグループは当然当時からメノナイト教会よりもリベラルであり、服装も、一般のアメリカ人と何ら変わらず、メノナイト教会員以外の人々との結婚も多い。教会活動や礼拝も他のプロテスタント主流派に最も近い[14]。現在、全米ではメノナイト教会に次ぎ、メノナイト・グループ第二の教会員を有する。

一方、保守派に目を転ずれば、昔ながらの質素な生活様式を守り、「この世的なもの」をできるだけ忌避しようとする旧派アーミッシュと見間違えるようなメノナイト・グループがランカスター郡には存在する。シュタウファー・メノナイトはその超保守派グループのひとつであり、保守派グループのなかでは最も古い。一八四五年に牧師ヤコブ・シュタウファー（Jacob Stauffer）はメノナイト教会は教会戒律の解釈に対して柔軟になりすぎており、もっと厳しい教会戒律を実施し、正しく「この世的なもの」を忌避すべきだとし、メノナイト教会から脱退し、シュタウファー・メノナイト教会を設立した。シュタウファー・メノナイトは旧派アーミッシュと同じく、自動車を所有せず馬車を移動手段として使い、電気と電話を家屋に引き入れず、近代的農機具を使わない。男性は口髭は生やさないが、服装も旧派アーミッシュに酷似している。また旧派アーミッシュ同様、政教の分離の完全な実施を求め、選挙には参加しないし、公職にもつかない。教育に関しても小学校以上の高等教育に反対している。まさしく、外見、生活スタイル、生活信条ともかぎりなく旧派アーミッシュに近いグループである。(15)旧派アーミッシュとの見分け方はランカスター郡では旧派アーミッシュの馬車の色は灰色であるが、シュタウファー・メノナイトの馬車の色は黒である。このシュタウファー・メノナイトから一九一六年に分派したのがウィーバー・メノナイト（The Weaver Mennonites）であり、ウィーバー・メノナイト教会を作った。このグループは自動車の所有は認めておらず、馬車を使用しているが、電気、電話は家屋に引き入れており、シュタウファー・メノナイトに比べると変化刷新を少し認めている。(16)

シュタウファー・メノナイトとはグループ誕生の歴史的過程が異なるが、メノナイト教会の近代化に対する変化、刷新の受け入れを拒み、より厳しい教会戒律の下でキリスト者としての生活をすべきだとしてメノナイト教会を脱退して新たな保守派のグループを形成している人々を旧派メノナイトと呼ぶ。

ランカスター郡における旧派メノナイトの系図は、一八八一年にさかのぼる。当時、全米のメノナイト教会において近代化への変化、刷新の受け入れをめぐってリベラル派と保守派の間で論争が繰り広げられていた。ランカスター郡では一八八一年に牧師に任命されたジョナス・マーティン（Jonas Martin）が超保守派の立場をとり、結局メノナイト教会から離れ彼への賛同者とともに独自の教会を設立し、旧派メノナイト（The Old Order Mennonites）と呼ばれるようになった[17]。

一九一〇年代に入るとアメリカ社会に自動車が普及し始めたが、自動車の使用をめぐって旧派メノナイト内で論争が起こった。モーゼス・ホーニング（Moses G. Horning）牧師は教会への行き帰りや通勤などに使用を限定すれば、自動車の保有および使用に問題はないという見解を打ち出した。この見解に真っ向から反対したのがジョゼフ・ウェンガー（Joseph Wenger）牧師であり、自動車の使用は旧派メノナイトの世俗化を助長すると反論した。結局ランカスター郡では旧派メノナイトはホーニング牧師に従ったホーニング・メノナイト（The Horning Mennonites）[18]とウェンガー牧師を支持したウェンガー・メノナイト（The Wenger Mennonites）[19]の両派に分かれた。両派とも服装その他の日常生活では保守的態度を保っているが、ウェンガー・メノナイトは交通手段として馬車を用い、ホーニング・メノナイトは黒塗りの自動車を使う[20]。

さらにウェンガー・メノナイト内で第二次世界大戦時における良心的兵役忌避問題で政府当局の指示に従って病院勤務などせず、一切の妥協を排して戦争反対の意志を明確にするために刑務所に服役すべきだという超保守派が現れた。彼らは服役できない者は破門されるべきだと主張したが、他の教会員は彼らの意見に反対したため、このグループは一九四七年に新しいセクトを結成した。このグループは彼らの集会所の場所の名称をとり、ライデンバック・メノナイト（The Reidenbach Mennonites）と呼ばれ、生活全般にわたり超保守的な態度を守っており、「この世的なもの」を忌避することを強く主張している。ランカスター郡での旧派アーミッシュのようにテクノロジーの限定的な使用さえも認めておらず、例えばプロパン・ガスの使用さえ避けている。[21]

古くから存在する保守派メノナイトのなかにリフォームド・メノナイトがいる。このグループはメノナイト教会の教会戒律が緩やかになっているとして一八一二年に脱会し、独自の教会を作った。リフォームド・メノナイトも旧派アーミッシュや旧派メノナイトと基本的な生活信条や保守的生活習慣はともにしているが、彼らの教育観が大きく異なる。日曜学校の運営や伝道活動はしないが、高等教育を彼らは認めている。このために、このグループからはビジネスパーソンや専門職につく人々が現れている。例えば、ハーシー・チョコレートで有名なハーシー（Hershey）一族はリフォームド・メノナイトである。[22]

一九五〇年代からのメノナイト教会の変化刷新に対する容認的立場に反対するメンバーが中心となり、一九六八年に東部メノナイト・ペンシルベニア教会が設立された。この教会員は旧派メノナイトほど保守的でないがやはり世俗的な服装を拒否して、質素な服装を着用している。また高等教育にも懐疑的で自らの私立学校を運営している。しかし、旧派アーミッシュや旧派メノナイトと違い、伝道活動には積極的である。[23]

このようにランカスター郡には一概にメノナイトと言っても旧派アーミッシュと酷似する超保守的なグループから一般のアメリカ人と何ら変わらない生活を送るグループまで存在しており、実に多岐にわたっている。

ホーニング・メノナイトの黒塗りの自動車

ウィーバータウン・アーミッシュ・メノナイト教会堂

おわりに

ランカスター郡における主要アーミッシュ、メノナイト諸派の特徴を概観してきたが、表3－1に各グループの生活信条における変化刷新に対する保守度を明らかにする。

ランカスター郡の例で分かるようにアーミッシュ、メノナイトはともに再洗礼派を母胎集団とし歴史の変遷とともに分裂に次ぐ分裂を繰り返し現在にいたっている。例えば、ランカスター郡では均一な集団である旧派アーミッシュも他の地域を見渡せば様々な旧派アーミッシュ内での分派が存在する。

ランカスター郡での分裂の傾向は、アーミッシュでは旧派アーミッシュから教会戒律がより緩やかな方向に進んでおり、一部はアーミッシュの名を捨ててメノナイト教会に吸収されている。一方、メノナイトはメノナイト教会からの離脱という形が多いが、特徴的であるのはメノナイト教会がより変化、刷新を受け入れれば受け入れるほど、旧派メノナイトのようなより厳しい教会戒律を求める保守派への分裂が増えることである。ランカスター郡においては旧派アーミッシュとメノナイト教会を基本母胎として分派がアーミッシュでは教会戒律のより緩やかな方向に、メノナイトではより厳しい方向にまさしく反対の方向で増えている傾向がある。

ではなぜこれほどまでにアーミッシュ、メノナイトにおいて分派が生まれるのであろうか。これはまさしく再洗礼派の一大特徴であった真のキリスト者の集団という自意識のなせる業ではないだろうか。アーミッシュ、メノナイト双方とも真のキリスト者とはまさしく日常生活のなかでキリストに従い、キリスト的に生きることと解釈している。すなわち、「キリストに従うとは、この世的生活と原理的に異なる生活を営まれたキリストのように生活することである[24]」と言える。したがってこのよう

表３－１　ランカスター郡の主要なアーミッシュ、メノナイト諸派

保守度	グループ名	主な特徴
超保守派	ライデンバック・メノナイト 旧派アーミッシュ シュタウファー・メノナイト	・超保守三派の共通した特徴。 交通手段として馬車の使用。 電気、電話を家屋に引き入れない。 高等教育を認めない。 伝道活動をしない。 服装規定が厳格。 テクノロジーを厳しく限定仕様。
	ウェンガー・メノナイト	・馬車の使用。電気、電話の家屋への引き入れは各家庭でまちまち。
	ウィーバー・メノナイト	・馬車の使用。電気、電話を家屋に引き入れている。
保守派	新派アーミッシュ	・近代的農機具の使用。電気、電話を家屋に引き入れている。
	ホーニング・メノナイト	・黒塗りの自動車の保有および使用。
	リフォームド・メノナイト	・高等教育を認める。
	ビーチ・アーミッシュ	・黒塗りの自動車の保有および使用。
	東部ペンシルベニア・メノナイト教会	・伝道活動をする。服装が簡素で保守的。
中道派	メノナイト教会	・1950 年代から徐々にあらゆる面でよりリベラルになる。服装において特にこの傾向が顕著。
リベラル派	ジェネラル・コンフェランス・メノナイト教会	・他の主流派プロテスタントと外見的に差異はなし。伝道活動に熱心。教会員以外とも積極的に結婚。

な信者から構成される教会は自覚ある信者のみからなる自由教会であり、その教会の戒律はキリスト的に生きるという解釈をめぐって非常に厳しいものから緩やかなものまで教会員の自覚によって決まる。キリスト的に生きるということが可視的な面を含んでまさしく「この世的なもの」を忌避することと解釈すれば当然、服装規定も厳しくなり、平均的アメリカ人のような服装には耐えられないであろう。一方キリスト的に生きるとはそんな些細なことを意味しないと解釈すれば旧派アーミッシュのような服を着ることは何の意味も持たない。したがって同志集団であるアーミッシュやメノナイトが時代の変遷のなかで様々な変化、刷新の波にさらされた時、キリスト的に生きるという解釈がその変化刷新に対する対応に微妙に異なっても、彼らにとっては妥協できない本質的な事柄であるから分裂せざるをえない。したがってアーミッシュ、メノナイトが歴史過程で分裂を繰り返している姿こそ、彼らの信仰の誠実さを明白に表している証左と言えるのではないだろうか。

注

（1）『キリスト教大辞典』（教文館、一九六〇年）、一〇五三ページ。
（2）John A. Hostetler, *Mennonite Life* (Scottdale, PA : Herald Press, 1983), 4-6.
（3）Elmer S. Yoder, *I Saw It in The Budget* (Hartville, Ohio : Diakonia Ministries, 1990), 12.
（4）John A. Hostetler, *Amish Society* (Baltimore : The Johns Hopkins University Press, 1980), 52.
（5）Elmer S. Yoder, *op. cit.*, 12.
（6）Donald B. Kraybill, *The Riddle of Amish Culture* (Baltimore: The Johns Hopkins University Press, 1989),

21.

（7）*Ibid.*, 141-143

（8）*Ibid.*, 182-183.

（9）Ben J. Raber, *The New American Almanac for the Year of Our Lord 1992* (Baltic, Ohio: Raber's Book Store, 1992), 37-41. 一九九二年度版のアルマナックは全米のアーミッシュ教会区を各州、各郡ごとにすべて掲載している。さらに、各教会区を代表する牧師（Bishop）、説教者（Minister）の氏名、住所も載せている。

（10）John A. Hostetler, *Amish Society*, 281-290. ミフリン郡では旧派アーミッシュのなかに様々な分派が存在するが、例えば彼らの使う馬車の色も各派で白や黄や黒に分かれているし、馬車の形態も異なっている。

（11）Stephen Scott and Kenneth Pellman, *Living Without Electricity* (Intercourse, PA : Good Books, 1990), 9.

（12）A. Martha Denlinger, *Real People*（Scottdale, PA : Herald Press, 1986), 52-63.

（13）Stephen Scott, *Why Do They Dress That Way?*（Intercourse, PA: Good Books, 1986）, 44-52.

（14）Elmer L. Smith, *Meet the Mennonites*（Lebanon, PA: Appled Arts Publishers, 1987）, 10.

（15）*Ibid.*, 8-9.

（16）Stephen Scott and Kenneth Pellman, *op. cit.*, 113.

（17）Elmer L. Smith, *op. cit.*, 12.

（18）正式には、ウィーバーランド・コンフェレンス・メノナイト（The Weaverland Confererance Mennonites）と呼ぶ。

（19）正式にはグロフデイル・コンフェランス・メノナイト（The Groffdale Conference Mennonites）と呼ぶ。

（20）Elmer L. Smith, *op. cit.*, 11-17.

（21）*Ibid.*, 8.
（22）*Ibid.*, 6-7.
（23）A. Martha Denliner, *op cit.*, 75-76. Stephen Scott, *op. cit.*, 128-129.
（24）榊原厳『殉教と亡命・フッターライトの四百五十年』（平凡社、一九六七年）、一六ページ。

第４章　旧派アーミッシュにおける福祉の概念
――アメリカ社会保障制度との対立を例として――

はじめに

アメリカ合衆国が福祉国家への道を本格的に歩み始めたのは、一九三〇年代の大恐慌下でのフランクリン・ルーズベルト大統領によるニュー・ディール政策の一環としての一九三五年の社会保障法（Social Security Act）の成立からである。当初の社会保障の概要は、二種類の社会保険制度（連邦直轄の老齢年金、州営による失業保険）と、三種類の州の公的扶助（老人扶助、児童扶助、盲人扶助）への連邦援助、および州の社会福祉サービスに対する連邦補助金の交付から成り立っていた。老齢年金制度の適用範囲は六五歳以上の適用業種（農業従事者、家事使用人などは除外）の退職労働者に限定されていた。原資としては労使双方から給与の一定率（当初一パーセント、三パーセントまで漸増）が徴収された。失業保険は雇用主が賃金支払い総額の一定率（当初一パーセント、三パーセントまで漸増）を保険料として連邦の信託資金に納付し、連邦政府がそれを原資として各州の失業対策を援助した。ただし各州が失業保険制度を設立すると、この失業保険料の九〇パーセントが納付免除されることになっていた。失業保険の適用範囲は八人未満の零細企業の労働者や、農業従事者等が除外された。一九三五年に成立した社会保障法は保障範囲や適用範囲を考えれば決して十分なものとは言えなかったが、個人の自助努力にすべてを任せるという風潮が一般的であったアメリカにおいて、国民の生活を政府が保障するという概念を公に取り入れたという点が画期的であった。

その後、社会保障法は数々の改正案を経て、現在では連邦予算の約半分が社会保障費に占められるまでになっており、「福祉爆発」という表現が用いられるまで社会保障制度が拡充した。一九三九年の改正では、老齢年金の適用範囲を退職労働者からその遺族や扶養家族にまで広げ、その名称も老齢保障（Old Age Insurance）から老齢遺族保険（Old Age Survivors Insurance）と変えた。一九五〇年の改正では、老齢遺族年金の適用職種の範囲が飛躍的に拡大した。農業常用労働者、家事使用人、および非農業、非専門職の自営業者の強制加入が決まった。さらに一九五四年の改正で、老齢遺族年金の適用範囲がさらに広がり、自営農民、専門職的（医師、薬剤師、法律家は除外）自営業者、季節農業労働者等も強制加入の対象となった。一九六〇年代に入ると、「偉大な社会」のスローガンの下にリンドン・ジョンソン（Lyndon B. Johnson）大統領が巧妙な議会工作を通して大幅な福祉政策の拡大を実現した。特に一九六五年の社会保障法修正により、老齢者医療保険制度（Medicare）と低所得者医療扶助制度（Medicaid）が作られた。メディケアは六五歳以上の国民に入院料給付などを与え、メディケイドは公的扶助受給者および困窮者に医療費援助を行う。これらにより老人および貧困層の医療水準は飛躍的に上昇した。(1) 一九八〇年代の小さな政府を目指したレーガン政権下でも、公的扶助の一部削減を除いて、社会保障費の大幅な削減は成し得なかった。現在、事実上所得のある勤労者のほとんどが社会保障制度に包括されている。

このように第二次世界大戦後、社会保障制度の網の目がほぼ全国民に行き渡り、強制加入を原則とし、連邦政府から社会保障税が課せられた時、旧派アーミッシュ(2)の人々はどのように対応したのであろうか。旧派アーミッシュは政府からの課税そのものには反対の立場を取っていない。実際、彼らは連邦税、州税、地方税を滞りなく納めている。しかし、一九五五年に、初めて社会保障制度に本格的に組み入れられた時から、旧派アーミッシュは一貫して、この制度に反対の立場を取り、社会保障税の支払いおよびそれからの受益を拒否してきた。旧派アーミッシュは社会保障制度を正しく社会福祉を充実するための連邦政府による公的保険制度と解釈した。したがってこの制度は旧派アーミッシュにとって、自分たち独特の福祉の概念基盤を脅かす危険な存在と映ったため、社会保障制度に巻き込まれないために粘り強く反対運動を展開した。第４章では旧派アーミッシュの社会保障制度に対する反対運動の軌跡をたどり、いかに旧派アーミッシュの福祉の概念が連邦政府主導による福祉政策とは相容れないかを明らかにする。

一　旧派アーミッシュの福祉の概念

旧派アーミッシュはもちろん宗教セクト集団であり、再洗礼派の子孫として宗教上の価値観を共有し、それを基盤として同志集団からなる共同体を形成し、キリスト者としての日常生活を送っている。信仰の求心力となる教会は成人洗礼を受けアーミッシュとなることを生涯をかけて誓った自覚のある信者のみから構成される会衆的教会である。この教会を形成する教会員の集団こそが旧派アーミッシュの最も基本的かつ自律的な宗教的共同体となる。通常五〇世帯前後の近隣のアーミッシュでひとつの教会区を形成する。(3) 各教会区で毎年二回行われる聖餐式の前に教会員の日常生活の規範となる教会戒律が牧師の聖書における解釈とアーミッシュの伝統的習慣に基づき、教会員全員の合意を得て確認される。教会員が教会戒律を破ると破門され、忌避追放処分となる。各教会は独自の権限と機能を保有する自律的組織であるから、旧派アーミッシュの基本的価値観を共有していても、地域の事情や教会区独自の事情のため各教会区で教会戒律に多少の違いが見られる。いずれにせよ、この教会区こそがアーミッシュの基本的生活範囲となり、教会区内でのアーミッシュの集団が教会戒律を共有し、日々の生活を営む基本的なコミュニティとなる。

旧派アーミッシュとしての存在意義はまさしくこの同質的な宗教共同体のなかで神の意志に対する「従順」なる下僕として同志とともに「この世的なもの」を忌避し、「この世的生活と原理的に異なる生活を営まれたキリストのように生活することである」(4) と言える。この自我を抑えて「従順」なる下僕となるという概念(5) はアーミッシュにとって理想的なものであり、反対にプライド、自己達成、競争、個人の権利、個人の選択権、自己主張など、個人主義が強調される社会で目立つ特徴はアーミッシュに嫌悪される非アーミッシュ的な価値観である。したがって一般的アメリカ人が自己達成のために懸命に働くとすれば、アーミッシュは共同体の一員として、自我を抑えて自分と運命共同体であるコミュニティの調和と発展のために働くことが理想となる。

このようにアーミッシュにとって日常生活とともに文化的自立の基盤となる同質的な共同体は自己

のアイデンティティをも投影できる必要欠くべからざるものであり、アーミッシュ社会の中核をなす。それゆえ、旧派アーミッシュにとっての福祉の概念とは、福祉という言葉の持っている最も広義の概念、すなわちこの場合、アーミッシュ共同体全体の幸福を指すと考えてよいだろう。旧派アーミッシュは私有財産制を取っており、個々の家族が生活上の基本単位になってはいるが[6]、強烈な共同体指向を持っているため、その共同体構成員の福祉に対する目配りにも刮目すべき点が多々あり、相互福祉、相互扶助の精神が教会を中心としてコミュニティ全体に徹底的に行き渡っている。

アーミッシュの相互扶助の精神を表す代表的なものとして、シンボリックに最もよく例に出されるのが納屋建築（barm-raising）である。火災などで家族の納屋が焼失した場合など、前もって数人の大工が納屋建築の下準備をしておき、ある決められた日に納屋が建築される旨が知らされる。当日の建築日には当事者のコミュニティのみならず近隣のコミュニティからも働き手が駆けつけ、大工の指示に従い丸一日で大型の納屋を建築してしまう[7]。多い時では数百人ものアーミッシュが応援に駆けつける。女性も働き手のための食事などを用意して納屋建築の援助の一端を担う。これは共同体全体が援助を必要とする構成員に福祉の手を差し伸べる代表的例であるが、他に様々な相互福祉の形態がアーミッシュ社会に整っている。

アーミッシュの家は二世帯が同居できるような作りになっている。地域によってその形態は異なるが、「グロスダディ・ハウス」（grossdaadi haus）と呼ばれる母屋に隣接する小さな家屋か、敷地内の小さな独立した家で隠居後の老夫婦は暮らすようになる[8]。息子夫婦が今まで両親が住んでいた母屋を使う。隠居したと言っても、長年の経験と人生の知恵を持つ老人はアーミッシュ社会では尊敬の対象となり、共同体内においても長老として権威が与えられている。住み慣れた家で息子夫婦と暮らしながら隠居生活に入り、熟知している教会区で尊敬を受け、権威を与えられる老齢のアーミッシュは人生で最も輝かしい時を迎えている。アーミッシュ社会では、先進国で問題となっている核家族化による老人疎外の問題は存在しない。

夫に先立たれた寡婦やその子供は親類縁者や教会員から支援を受ける。寡婦はしばしば教会から再婚を勧められる。重病者のいる家族は近隣のアーミッシュから日常生活においても、仕事上のことに関しても援助を受ける。教会区内に困窮した者がいれば、共同体全体で面倒を見る。特に教会の執事がその任にあたり、困窮者を再起させるため、責任を持って様々な方策を考える。時には無利子または低利で必要な金銭が貸し与えられる(9)。要するに、アーミッシュ共同体内において、不幸に襲われた者に対しては共同体全体でその者の福祉を支えるという徹底した集団保障体制が確立されている。

このようにアーミッシュの相互扶助は自発的精神に基づく場合が多いが、より深刻な災害や損害に対しては、広範な地域に在住する旧派アーミッシュの多数の共同体が連合を組み、組織的な相互扶助の制度を設けている。

「アーミッシュ扶助計画」(Amish Aid Plan)にはインディアナ州エルクハート郡およびその近隣に定住する旧派アーミッシュの共同体が参加している。扶助計画の前文は次のように述べている。「この計画の施行は旧来からのやり方や相互保険会社を使い我々の財産を保全する代わりとなるものである。この計画により、パウロが『コリント人への第二の手紙』第六章一四節で述べている『つり合わないくびき』を避けることができ、キリスト教の教理に対する我々の確固たる信念と信仰に不つり合いであると思われる旧来からのやり方での財産消失に対する支払いを、神を畏敬する民として避けることができる」[10]。この計画では、様々な教会区から選ばれた公平な立会人が損害額を見積もり、その損害額の四分の三の金額を被災者に与える。扶助計画の基金はすべての参加者から彼らの財産査定の額に応じて徴収される。同様の扶助計画はオハイオ州ホームズ郡およびその近隣定住区や他の旧派アーミッシュの定住地区にも存在し、全米の旧派アーミッシュの定住区のほとんどは何らかの形で、アーミッシュ運営のアーミッシュ扶助計画に参加している。損害額の算定方法、被災者への援助金の決定方法、基金の徴収方法は各地域の扶助計画で若干の違いが見られる。ペンシルベニア州ランカスター郡およびその近隣の旧派アーミッシュによる「アーミッシュ扶助協会」（Amish Aid Society）は全米における組織的な扶助制度のなかで最も古くから存在し、一八九〇年代初期に設立された[11]。

さらに一九六〇年代から、二種類の新しい相互扶助組織がランカスター郡の旧派アーミッシュによって設立された。高騰し続ける医療費に対処するため、一九六六年にアーミッシュ病院扶助基金が設けられた。参加者は年会費を払うことにより、病院での治療を受けた際、治療費の内二〇〇ドルまでを自分で払い、残りの額はアーミッシュ病院扶助基金が補うことになる。アーミッシュ負債扶助計画はハイウェイなどでの事故でアーミッシュが訴訟を起こされ、損害賠償に巻き込まれた場合、円滑な援助ができるように一九六五年に設立された。どちらの扶助組織もアーミッシュによって運営されているとはいえ、市販されている保険と酷似している。元来、保険制度そのものに反対してきた旧派アーミッシュの考え方からすれば、これらの相互扶助組織は矛盾した存在である。このふたつの組織はアーミッシュの現実的ニーズとアーミッシュの基本理念の板挟みとなっているため、どちらも参加は任意であり、参加しない教会区も多数存在する。[12]

上述のように、任意的な援助、組織的な援助が旧派アーミッシュの共同体を中心として頻繁に行われており、共同体全体として価値観を共有する構成員の福祉に責任を負うという概念がアーミッシュの間に行き渡っている。結局、アーミッシュにおける福祉とは、まず第一義に、自己完結的にアーミッシュ・コミュニティ内で相互扶助による集団保障体制を確立し、ひいてはアメリカ社会という「つり合わないくびき」からの影響力を最小限に抑える理念となっている。

二　旧派アーミッシュの保険制度への疑念

旧派アーミッシュは自然災害や火災などによる損害を補償するアーミッシュによる扶助計画を除いて、基本的に保険制度に疑念を抱いており、保険制度の適用に反対している。反対理由には宗教的要因、社会的要因、現実的要因など様々な要因が絡み合っている。

旧派アーミッシュは再洗礼派を宗教母胎としているため、当然、聖書至上主義の立場を貫いている。聖書の言葉を絶対的な指針とし、日々の行動の根拠としている。保険に対する宗教上の反対理由の第一は、聖書では、家族、親族、そして助けを必要とする者を扶養することは信仰者の当然の義務であると諭している。[13]旧派アーミッシュのコミュニティでは、アーミッシュの信仰を共有できない者との結婚は許されていないため、何代にもわたって同族結婚が繰り返される傾向にある。[14]そのため共同体の構成員が何らかの形で親族関係になっていることが多い。このような共同体では、相互扶助の精神はさらに強化され、ひいては共同体全体が、教会を中心として、特に援助を必要とする者の福祉に責任を持つという考え方が一般化する。第二に、保険は自分の掛け金で自分や家族を守るという、自己利益的および自己救済的側面がある。ところが、アーミッシュは神の意志に対して従順なる態度を取り、救済の希望を心に秘めて日々暮らし、神による運命の決定を甘受する。したがって、彼らにとって救済は神の手によるものであり[15]、自分の運命を自分で保障するという保険の概念がアーミッシュには神に対する信頼の欠如と映る。第三に、外部社会という、「つり合わないくびき」との接触を避ける意味で、保険への加入は消極的にならざるをえない。特に旧派アーミッシュが危惧するのは、保険会社などを通じて、損害保険などでアーミッシュ側と非アーミッシュ側とが紛糾した場合、紛糾解決のため、事件が裁判に持ち込まれる可能性がある。ところが、アーミッシュ社会ではアーミッシュが事件解決のため裁判に訴えることは原則的に禁止している[16]。したがって、このような面倒なことに巻き込まれる可能性がある保険への加入はしないほうが無難ということになる。

保険はアーミッシュ社会の存立基盤を脅かすという側面も持ち合わせている。もしアーミッシュが外部の保険制度に組み込まれれば、彼らは危機的状況の時、保険からの金銭的扶助に頼るという習慣がつくであろう。そうなれば、アーミッシュ共同体特有の相互扶助の精神は瓦解するかもしれない。アーミッシュが不運に襲われた時、必ずしも教会や親類縁者や近隣者の援助に頼る必要がなくなってしまえば、教会を中心とした共同体の求心力は著しく衰え、アーミッシュ社会からの脱落者がでてくる可能性もある。このような保険のアーミッシュ共同体に与える致命的ダメージを考慮すれば、旧派アーミッシュの保険制度への疑念も十分理解できる。

さらにアーミッシュ側からの現実的観点に立てば、すでにアーミッシュ社会のなかに自己完結的で、自律的な相互扶助システムが網の目のように張りめぐらされているから、いまさら高額の保険料を支払い、馴染まない外部組織に依存する必要性もない。特にアーミッシュの家族が多産系であることを考えると、老齢者の扶養のための負担はアーミッシュ共同体全体としてはそれほど重くない。[17]さらに老齢者を尊敬し、老齢者に威厳が与えられているアーミッシュのような文化体系では、老齢年金などに依存するという発想自体が異質である。

このように外部の保険制度に対して、旧派アーミッシュは様々な反対理由を持っている。保険制度が任意であるかぎり、旧派アーミッシュにとっては何の問題も存在しない。単に無視すればよいだけのことである。問題は避けることのできない強制加入の公的な保険制度がアーミッシュに課せられ、外的な社会福祉制度がアーミッシュ社会に入りこんでくる場合である。ここに旧派アーミッシュとアメリカ政府による社会保障制度における対立の原点がある。

三　旧派アーミッシュと社会保障制度との対立

社会保障法は一九三五年に成立したが、一九五四年の改正までは自営業者（自営農民を含む）は除外されていたため、農業を天職とする旧派アーミッシュにとっては問題とはならなかった。しかし一九五五年からは自営農民も社会保障プログラムへの強制加入の対象となったため、旧派アーミッシュは社会保障制度への対応を考慮せざるをえなくなった。元来、アーミッシュは国民の義務として国家に税金を納めることは聖書の教えからも納得しており、納税義務を滞りなく果たしている。しかし、彼らは社会保障税を税金とは見なさず、国家運営の公的保険制度への掛け金と見なした。このため、旧派アーミッシュの社会保障税の支払い拒否が続出した。

一九五五年五月二六日、全米のアーミッシュ定住地の代表者七名がワシントンD.C.を訪れ、社会保障制度からの免除を求める請願書を約一万四〇〇〇名の署名を添えて、議会の議員や社会保障局の役人に提出した。請願書は特に老齢遺族年金の給付金などの受益を拒否することが免除の主な要望理由であると明記していた[18]。社会保障税を納め続ければ、彼らの子供や孫の世代も受益対象となり、受益を放棄しにくくなる。ひいては社会保障制度という名の公的保険に依存する危険性があり、アーミッシュの相互扶助の伝統と精神が損なわれてしまうことをアーミッシュは恐れた。その後数年間、プログラムからの免除を求めて、旧派アーミッシュは粘り強く関係官僚やアーミッシュ定住地域を選挙区に持つ議員の説得を試みた。さらに、議会の専門委員会で参考人としてアーミッシュ文化体系のために免除が必要である旨の議論を繰り返した[19]。しかし、連邦政府としてはひとつの特例を認めると、様々な団体が社会保障制度からの免除を求める可能性があり、国民の福祉向上を目指すため強制加入を前提としている社会保障制度は瓦解する恐れがあった。このため、アーミッシュの執拗な請願にもかかわらず依然として成果は得られなかった。

一九五八年一〇月、内国税収入局（Internal Revenue Service）はオハイオ州の税金未払いのアーミッシュに対して留置権を執行した。馬などの家畜と銀行口座を差し押さえ、家畜は競売にかけられた。この内国税収入局による実力行使は大きな波紋を呼び、地元の新聞や一般市民から旧派アーミッシュの生活の糧を奪うことに抗議の声が挙がった。旧派アーミッシュ内でも衝撃が広がり、一部のアーミッシュは納税を始めた。地元選出のフランク・ラウシェ（Frank Lausche）上院議員などが議会でアーミッシュの社会保障制度からの免除を求めて活発に嘆願したが、状況は打開されなかった[20]。アーミッシュ資産の差し押さえは他の州にも徐々に広がっていった。一九六一年四月にはペンシルベニア州ニューウィルミントン（New Wilmington）に在住の農夫の馬が社会保障税未払いのため競売にかけられた。この事件はマスコミによって大きく報道されたため、アーミッシュ側に世論の同情が集まり、内国税収入局の強制執行に批判が集中した。そのため資産差し押さえの措置は一時凍結された[21]。

旧派アーミッシュとしても、なんとか事態の打開を図るため、一九六一年九月に五〇名のアーミッシュの指導者が全米から集まり顧問弁護士を雇い、内国税収入局の高官と協議した。役所側は、資産差し押さえと税の徴収を一時猶予することを確約し、アーミッシュ側は社会保障税からの免除の法案を議会で成立させるため、さらに嘆願活動に力を入れることになった。アーミッシュ側からの強力な働き掛けを受けて、関係議員からいくつもの免除のための議員立法案が提出され、審議された。第八七議会では一一の関連議案が審議され、賛否両論の末、一九六五年の社会保障修正案に免除規定の項目を付帯させて法案が成立した[22]。

免除規定の概要は次のようになった。社会保障制度からの免除を受けるためには、個人は一九五〇年一二月三一日以前から設立されている宗教団体のメンバーであり、宗教的信念に基づき死亡、老齢、身体障害、退職、医療に関係するあらゆる公的、私的保険に反対であり、保険金の授受を拒否しなければならない。個人は宗教団体の教義に忠実なメンバーである証明が必要である。宗教団体は構成員に対し扶助の義務を負う。免除は宗教団体全員ではなく、個人の申請によって資格を満たしている自営業者（自営農民を含む）にのみ適用される。免除の申請は内国税収入局に対して行い、免除は個人および宗教団体が上記の条件を満たしている間は有効である。免除を受ける者は社会保障税の納付、および社会保障制度からの利益の権利すべてを放棄する。[23]

法案成立により、旧派アーミッシュの自営農民は社会保障制度からついに解放されたが、問題は残った。第一に、非アーミッシュの雇用主に雇われている旧派アーミッシュ従業員は老齢年金や失業保険などの利益を受ける意図がまったくないにもかかわらず、給料から社会保障税が天引きされる。第二に、雇用主が旧派アーミッシュの場合、従業員が旧派アーミッシュであろうがなかろうが、従業員の保護を目的として社会保障税、失業保険料、労働災害補償保険料を支払う義務がある。特に労使とも旧派アーミッシュであれば、社会保障プログラムからまったく恩恵を受ける意図のない労使双方が延々と社会保障税を支払い続けることになる。

特に、一九七〇年代に入りアーミッシュ定住地域の地価が高騰し農業地の確保が困難になると、旧派アーミッシュはアーミッシュの天職とされていた農業以外にも様々な職種の職業についた。ペンシルベニア州ランカスター郡では家族経営の店や家内工業を営むアーミッシュの数が飛躍的に増えた。大工、鍛冶屋、馬車製造などの伝統的職業のほかに家具製造、玩具製造、健康食品販売などを取り扱うアーミッシュ・ビジネスパーソンも現れた。[24] インディアナ州のエルクハート郡、ラグレンジ郡では移動住宅などを製造する地場産業に数多くのアーミッシュが雇われている。一九八八年には、この地域の旧派アーミッシュの世帯主の四三パーセントが工場での仕事についている。[25] オハイオ州ホームズ郡でも、一九八一年の調査では農業専従の旧派アーミッシュの世帯主は全体の四二パーセント、二一パーセントが工場労働者、二八パーセントが大工などの伝統的職業という結果がでた。[26] このように旧派アーミッシュの職業形態が多様化すると、自営業のみに適用される社会保障制度の免除に対する不満が募ってきた。隠居したアーミッシュの店主は「自分と従業員のために何千ドルも社会保障税を支払ったが、何の見返りもない。期待できない」[27]と嘆いた。

このような状況変化のなか、ペンシルベニア州ローレンス郡（Lawrence County）在住の旧派アーミッシュ、エドウィン・リー（Edwin Lee）は大工店を経営していたが、三〇名のアーミッシュ大工従業員の社会保障税を過去八年間にわたって二万七〇〇〇ドル滞納しているとして、内国税収入局から告発を受けた。リーは納税を拒否し、内国税収入局の告発に対し、連邦政府を告訴し、法廷での決着を挑んだ。連邦地方裁判所ではリー側の勝訴となったが、連邦政府は連邦最高裁判所に上告し、一九八二年に逆転勝訴した。[28] 判決文で首席判事、ワレン・バーガー（Warren Burger）は「国は最も重要な政府の利益を達成することがぜひ必要であることを示せば、宗教の自由に制限を加えることは正当化される」と述べ社会保障制度はそのような国の利益にあたると判断した。さらに、アーミッシュは雇用主になり商業活動を行うことを強要されていないし、社会保障制度の恩恵を受けることも強要されていないと論じた。バーガー判事は「宗教上の自由を様々な信仰集団に保障する組織的社会を維持するには、公益がある宗教行為に優先することも必要である」と結論づけた。[29]

このような最高裁の判決が下されたにもかかわらず、一九八〇年代に入り旧派アーミッシュ側は、旧派アーミッシュ運営委員会（the Old Order Amish Steering Committee）を中心組織として免除範囲の拡大を目指し、嘆願などを継続し、関心のある議員へ働き掛け、法案提出を要請した。[30] 一九八三年二月、下院の歳入委員会の社会保障に関する小委員会で、旧派アーミッシュ運営委員会議長のアンドリュー・キンシンガー（Andrew Kinsinger）は、明確にアーミッシュの宗教上の社会保障制度への参加の反対理由を述べ、免除の適用を受けていない同胞のために免除範囲を拡大するように嘆願した。「私たちは聖書や教会から謙虚であり、平和的であり、法を遵守する人間であるように諭されています。しかし法律と宗教が対立する時、私たちは自分たちの宗教を守る以外方法がありません」と述べ、「私たちは政府や当局関係者の重荷になりたくないし、誰に対しても邪魔者となりたくありません。私たちは州政府や連邦政府からの財政援助をどんな形にしろ望みません。再度、謙虚に言わせてください。私たちは自分たちのやり方で自分たちの世話をします。今日までそれで十分であった私たちの慣習である義援金や同胞愛により自分たちの面倒をみます」とアーミッシュ共同体の自律的な相互扶助による福祉の概念を強調した。(31)旧派アーミッシュ運営委員会は一九八〇年代、社会保障制度の問題と全面的に取り組み、上院議員、下院議員、関係省庁の官僚と折衝を行い、アーミッシュのためのロビイストの役割を十分に果たした。(32)

このような旧派アーミッシュの執拗な努力がついに功を奏し、一九八八年一一月一〇日に約二〇年のアーミッシュ側の努力の成果として新法案が可決した。この後、労使双方が旧派アーミッシュであれば、社会保障税の支払いは雇用者、従業員とも免除されるようになった。また旧派アーミッシュ運営委員会は免除規定を旧派アーミッシュが正しく理解して申請できるように、彼らに対し新しい申請手続きの詳しい説明も行った。(33)現在、非アーミッシュの雇用者の下で働く旧派アーミッシュ従業員だけが社会保障税を徴収されており、旧派アーミッシュの社会保障制度からの免除の最後の難関となっている。

おわりに

旧派アーミッシュとアメリカ社会保障制度との対立の歴史を観察して、注目すべき特徴は旧派アーミッシュの連邦政府に対する執拗な社会保障制度からの免除範囲の拡大を求める嘆願運動である。これは自営業者の強制加入が始まった一九五五年前後から始まり、三〇年以上も続いた。一般に、旧派アーミッシュは税の徴収にはすなおに応じ、その税金の使われ方には無関心である。しかし、アーミッシュがこれほどまでに社会保障税にこだわる理由は、彼らがこれを税金とは見なさず、正しく連邦政府による公的保険の掛け金と捉えたためである。

旧派アーミッシュの福祉の概念の基本は、アーミッシュ共同体が教会を中心として構成員の福祉に完全に責任を負うという点である。そのため、様々な相互扶助の体系が整っており、相互福祉の精神が共同体全体のすみずみにまで行き渡っている。このような共同体生活のなかでは自律的共済精神がやどり、自己完結的な社会保障の体系を展開しているため、旧派アーミッシュは外部からの「つり合わないくびき」を避けることができた。

しかし、国民の福祉向上を目的とした連邦政府の社会保障制度が旧派アーミッシュに適用された時、彼らの目にはこの制度が不必要と映っただけでなく、アーミッシュの相互扶助精神、ひいてはアーミッシュの文化体系をも崩壊へと導く危険な公的保険制度として映った。社会保障制度がアーミッシュ社会に浸透すれば、旧派アーミッシュの子孫が社会保障プログラムから恩恵を受け、連邦政府に対する依存心が生まれる。旧派アーミッシュがなんとしても避けたかったのはまさしくこの点である。旧派アーミッシュが粘り強く長期にわたって社会保障制度からの除外を求め続けた背景には共同体の存亡に関わるという彼らの危機意識が存在していた。旧派アーミッシュが社会保障制度からの免除を求めた歴史は旧派アーミッシュの福祉の概念によって構築された共同体中心の相互福祉体系がいかに公益を目的とする連邦政府主導による福祉政策とは相容れないかを物語っている。

謝辞

第4章の研究は、一九九三年度帝塚山学園特別研究費の助成を受けて行われた。ここに記して深謝を表したい。

注

(1) ニューディールにおける社会保障法の成立から「偉大な社会」までの社会保障制度の変遷は馬場宏二「ニューディールと『偉大な社会』」(東京大学社会科学研究所編『福祉国家3　福祉国家の展開』〔2〕東京大学出版、一九八五年)、一〇七―一七六ページ。アメリカの社会保障制度の概説書はアメリカ合衆国保健・教育・福祉省編『アメリカの社会保障制度』(光生館、一九七八年)。

(2) 第1章注(3)を参照。

(3) 旧派アーミッシュは礼拝堂を持たないため、各教会員の家屋において、持ち回りで二週間ごとに説教礼拝が行われる。アーミッシュの家屋は比較的大きいが、収容能力としては約五〇世帯が限度となる。

このため教会区内の世帯数がこれ以上大幅に増えると、分割して新たな教会区を作る。

（4）榊原厳『殉教と亡命　フッタライトの四百五十年』（平凡者、一九六七年）、一六ページ。

（5）この概念はアーミッシュの日常生活の規範となり、ゲラッセンハイト（Gellassenheit）という言葉で表される。本書、序章注（8）を参照。

（6）同じ再洗礼派の系譜を持ち、アーミッシュと宗教的親類とも言えるフッタライトは完全な共有財産制を実行している。

（7）Merle Good, *Who Are the Amish?* (Intercourse, PA: Good Books, 1985), 99.

（8）Stephen Scott, *Amish Houses & Barns*（Intercourse, PA: Good Books, 1992）, 4-5.

（9）Ann Frances Z. Wenger, "The Phenomenon of Care in a High Context Culture: The Old Order Amish"（Ph. D. diss., Wayne State University, 1988）, 134-140.

（10）*The Mennonite Encyclopedia*（Scottdale, PA: Herald Press, 1959）, 89.

（11）*Ibid.*, 89-90.

（12）John A. Hostetler, *Amish Society*（Baltimore: The Johns Hopkins University Press, 1980), 266-267.

（13）例えば、"If anyone does not provide for his relatives, and especially for his immediate family, he has denied the faith and is worse than an unbeliever." 1 Timothy 5:8 from The Holy Bible, New International Version（Grand Rapids, Michigan: Zondervan Bible Publishers, 1979）.

（14）近親結婚の形態がアーミッシュ共同体で増えるため、アーミッシュにおける遺伝的病気の解明が医学者の注目を集めている。例えば、"Special Section: Epidemiologic Study of Affective Disorders Among the Amish, Amish Study I: Affective Disorders Among the Amish, 1976-1980; Amish Study II: Consensus

Diagnoses and Reliability Results; Amish Study III: The Impact of Cultural Factors on Diagnosis of Bipolar Illness," *American Journal of Psychiatry*, 140:1（January, 1983）, 56-71.

（15）例えば、"It is better to refuge in the Lord than to trust in man." Psalm 118:8, "Cursed is the one who trusts in man, who depends on flesh for his strength and whose heart turned away from the Lord." Jeremish 17:5, "Cast all your anxiety on him because he cares for you." 1 Peter 5 : 7 from The Holy Bible, New International Version.

（16）John A. Hostetler, *op. cit.*, 252.

（17）*Ibid.*, p. 102. ホステトラーによれば、アーミッシュ夫妻の平均の子供の数は約七人である。

（18）Paul C. Cline, "Relations between the 'Plain People' and Government in the United State'"（Ph. D. diss., American University 1968）, 143-144.

（19）*Ibid.*, 145.

（20）William I. Schreiber, *Our Amish Neighbors*（Chicago: University of Chicago Press, 1962）, 36-37.

（21）John A. Hostetler, *op.cit.*, 264-265.

（22）Paul C. Cline, *op. cit.*, 154-170.

（23）*Ibid.*, 162-163.

（24）Donald B. Kraybill, *The Riddle of Amish Culture*（Baltimore: The Johns Hopkins University Press, 1989）, 199-211.

（25）Thomas J. Meyers, "Population Growth and Its Consequences in the Elkhart-LaGrange Old Order Amish Settlement," *Mennonite Quarterly Review*, 65（July, 1990）, 315. Table 5.

(26) Henry Troyer and Lee Willoughby, "Changing Occupation Patterns in the Holmes County, Ohio Amish Community," in Werner Enninger, ed., *Internal and External Perspectives on Amish and Mennonite life.* (Essen: Unipress, 1984), 61.

(27) Donald B. Kraybill, *op. cit.*, 222.

(28) Dean Brelis, "The Amish and the Law," *Time* (April 19, 1982), 26-27.

(29) Linda Greenhouse, "Amish Must Pay Social Security Taxes for Their Employees," *The New York Times*, February 24. 1982.

(30) Marc A. Olshan, "The Old Order Amish Steering Committee: A Case Study in Organizational Evolution," *Social Forces*, 69(2) (December 1990), 607-608.

(31) Andrew S. Kinsinger, "Statement to the Subcommittee on Social Security of the Committee on Ways and Means, U. S. House of Representatives," 9 February 1983, in *Financing Problems of the Social Security System*, Serial 98-5 (Washington D. C.: Government Printing Office), 595-596.

(32) *Minutes of Old Order Amish Steering Committee from Oct. 28, 1981 to Oct. 27, 1982*, vol.3 (Gordonville, PA: Gordonville Print Shop), 3-4. 14-15. *Minutes of Old Order Amish Steering Committee from Sept. 9, 1987 to Sept. 13, 1989*, vol. 4 (Gordonville, PA: Gordonville Print Shop), 26-28.

(33) *Minutes of Old Order Amish Steering Committee from Sept. 9, 1987 to Sept. 13, 1989*, vol.4 42. 45-47.

第5章

旧派アーミッシュと農地利用問題

――ペンシルベニア州ランカスター郡の場合――

はじめに

ペンシルベニア州ランカスター郡は、全米で有数の高い農業生産性を誇る地域として知られてきた。また、農業を天職と見なす旧派アーミッシュの定住地としても注目を集めてきた。しかし、近年都市化の波が急速にこの地域に迫り、人口が急増しており[1]、平和な田園風景のなかにも、都市化現象に伴う様々な波紋が現れてきた。そのひとつが農地利用の問題である。地価が高騰し、土地の利用価値が高まるとともに、ランカスター郡では土地利用にまつわる新たな問題が表面化している。人口密度の低い、過疎地域の農業地帯であれば土地の利用も限定されており、農地利用に関する深刻な当事者間の対立の可能性は低い。しかし、ランカスター郡のように、郊外化、産業化が急速に押し寄せ、さらに観光産業が発展する地域では乱開発を避ける意味でも、また貴重な農業地域を守るためにも、区域規制（zoning regulations）等を含めた土地の利用に関する新たな措置が取られ、そのために今までには見られなかった新たな問題が生じてきている。

一方、旧派アーミッシュの人々は一八世紀以来この地に住み着き、優秀な農業従事者として暮らし、アーミッシュ共同体を繁栄させてきた。しかし、一九七〇年代以降、急速な土地需要の増加による土地の価格高騰と多産系に基づくアーミッシュ人口の増加のために若いアーミッシュ世帯の農地の確保が非常に困難になってきた[2]。このためアーミッシュ共同体において、農業専従者の比率が急激に減少してきた。その一方、家内工業的な小さな店舗を自分の敷地内に作り、営業を行う様々なビジネスが旧派アーミッシュの主要な職業選択のひとつとなってきた[3]。これはアーミッシュ文化のメッカとして、ランカスター郡が年間約五〇〇万人もの観光客で賑わう観光地でもあり、旧派アーミッシュが観光ビジネスの経済的恩恵を受けているという事実が存在する。そして彼らが職業選択の幅を広げているという実態がある。

このような状況において、一九八〇年代半ばから、農地利用をめぐって、旧派アーミッシュと関係当事者の間で摩擦が生じてきた。第5章では、都市化が進捗しアーミッシュ人口が急増するランカスター郡で、旧派アーミッシュが直面する農地利用をめぐる問題点を紹介し、彼らがそれらの問題にいかに対処しているかを考察する。

一　農業専用区域における環境問題

ランカスター郡での旧派アーミッシュの農場は平均で五〇エーカー程で、あまり広くないため、高い収益性を求めて土地を効率よく使用する必要がある。またアーミッシュ農場はアーミッシュ人口の増加の影響を受けて、子供のために分割され、細分化されたものが多く、換金性の高い特化した集約的農業が営まれている(4)。その方法のひとつとして、彼らの間で、酪農および家禽類の飼育が盛んである。特に納屋で乳牛を飼育し牛乳を出荷することにより、安定的収入を得ている場合が多い。旧派アーミッシュの牧畜は今や彼らの重要な収入源となっている。

一九八九年の冬に二名のアーミッシュ農民が州の環境法に違反したという理由で罰金を課せられた。違反理由は彼らが納屋周辺および牧場での使用水を近隣の小川に垂れ流したことによる。これらの使用水は高密度の肥料を含んでおり、これが水質汚染の原因となった。特に、富栄養化による水質汚染が悪化しているチェサピーク湾（Chesapeake Bay）にランカスター郡からの高密度の肥料を含んだ汚染水が最終的に流れこむことになるため、チェサピーク湾の水質を近年厳しく監視するペンシルベニア漁業委員会（the Pennsylvania Fish Commission）がアーミッシュの近隣住民からの苦情を受けて、調査に乗り出し、水質汚染による環境法違反の罪で二名のアーミッシュ農民に罰金刑を言い渡した(5)。

このペンシルベニア漁業委員会の措置はランカスター郡の旧派アーミッシュ・コミュニティに大きな波紋を起こした。違反したアーミッシュ農民の使用水の処理は従来から行われてきたものであり、以前に問題にされることはなかった。しかし、状況は変わったということをアーミッシュ・コミュニティはこの摘発によりはっきりと認識した。状況変化の原因は主として次のような事柄である。第一に、環境問題そのものに対するアメリカ人の関心の高まりがある。特にチェサピーク湾の水質汚染についても漁業関係者のみならず、湾に隣接するワシントンD. C. に在住する政府、議会関係者の関心も集めており、富栄養化による水質汚染の悪化の原因が特にランカスター郡からの汚染水に影響を受けている点に注目が集まった。第二に、旧派アーミッシュの農法も狭い農地から高収益を上げるために、多肥農業に移行し、さらに酪農による肥料過多が加わった。このため従来と同じように近くの小川への排水処理を行っても、富栄養化汚染の度合いは近年飛躍的に高まっている。実際、ランカスター郡の井戸水における水質調査ではアーミッシュ農家の近くの井戸水の六七パーセントが飲料水としての安全基準を上回る栄養塩類を含んでいた[6]。第三に、ランカスター郡が郊外化することによって移住してきた近隣住民の関心がある。静かな田園生活を求めてランカスター郡に住居を構えても、実際には馬、牛等による汚物や肥料の臭いなどに悩まされることがあり、水質汚染を含めて、周辺環境へ新住民の厳しい視線が向けられるようになった。

この状況変化に対するアーミッシュ側の対応はどのようなものであったろうか。ペンシルベニア環境資源省（the Pennsylvania Department of Environmental Resources）に水質汚染を管理する権限が与えられており、河川水質清浄法（the Clean Streams Law）により汚染の危険性のある活動（農業も含めて）を規制することができる。農家に対しては同省の肥料管理マニュアルの実践を促している。大部分のアーミッシュ農家はそのような肥料管理マニュアルについて関心がないか、または知らなかった。ランカスター資源保護区（the Lancaster County Conservation District）や農業省土壌管理サービス（the USDA Soil Conservation Service）などが肥料管理マニュアルの実践のための技術的な情報や政府補助金の情報を提供していたが、旧派アーミッシュは一般的に政府からの干渉を受けることを、たとえそれが援助の形態でも、嫌ってきたし、従来からの彼らの農業法が政府関連の団体に管理されることも好まなかった。[7] しかし、一九八九年のペンシルベニア漁業委員会のアーミッシュ農家に対する措置は農業に従事する旧派アーミッシュに強烈なインパクトを与え、酪農を伴った彼らの集約的農業方法の継続に彼らは不安と危機意識を抱いた。

アーミッシュ農場に対して政府当局の規制の手が伸びてくるなどという噂も広がり始めたため、アーミッシュ支援団体の仲介で旧派アーミッシュとペンシルベニア漁業委員会、ペンシルベニア資源保護省、ランカスター資源保護区の役人との対話集会が開催された。この集会で当局側は従来のアーミッシュの肥料管理の手法では、環境基準の維持が不十分であることを指摘し改善を求めた。アーミッシュ側もチェサピーク湾における汚染状況の説明を受けて、水質汚染に及ぼす彼らの肥料管理の影響を理解するために、チェサピーク湾を訪れ、水質汚染の実態を学んだ。[8] アーミッシュ側が肥料管理を含めた土壌の改善計画を実施するなら、当局側は河川水質清浄法などの法令の厳密な適用はしないことを約束した。[9] このためアーミッシュ農家に対して厳しい法令の規制が課され、集約的農業の継続が困難になるという旧派アーミッシュの不安は当面解消された。

厳しい環境基準の施行により、ランカスター郡のアーミッシュの農業方法も改善を求められる時代となった。問題は都市化が進むランカスター郡では、アーミッシュの天職と見なされていた農業にまで、政府当局の規制が影響を及ぼす時代になったという事実である。現在（一九九四年）、肥料管理法案が州政府で審議されているが、旧派アーミッシュの大多数が法案に反対している。環境保全の必要性は認めても、彼らには政府の法律によって強制的に彼らの伝統的農業法を変更させられるのではなく、アーミッシュ側からの自発的な意志により、環境保全を摸索する道を選びたいのであろう。

アーミッシュ的農業形態が今後環境関連法案との関わりにおいてどのように変質するのか、また変質を避ける手段を旧派アーミッシュが選び得るのか予断を許さない。

二　アーミッシュ・ビジネスと区域規制

ランカスター郡では、過去約二〇年間に旧派アーミッシュの人口が倍増し、一方で農地の拡大は困難なため、若い世代の旧派アーミッシュが農業のみで生計を支えることが難しくなってきた。このため、農業以外の職業選択として、家内工業的な店舗（cottage industry）を家屋や納屋のそばに作り、営業するアーミッシュ・ビジネスの数が飛躍的に増えた。これらの店舗の職種は多岐にわたっており、地元のアーミッシュ・コミュニティが必要とする馬車や農業機械などを製造するビジネスや観光客相手の土産物、キルト、健康食品等を取り扱う店もある。

問題はこれらの店舗がしばしば農業専用区域（agricultural zoning）に建てられている事実である。元々は、農業での生計を助ける副業的な意図で始められた店舗も多く、そのためこれらの店舗は家屋や納屋に隣接する土地を利用して営業をしている。しかし、農業専用区域では商業目的のための土地利用は禁止されているため、厳密な意味では、区域規制の法令が守られていない。区域規制の法令は町区（township）と呼ばれる最小の行政区で決定されるため、地元住民の意向を反映しやすい。通常、ランカスター郡の場合、土地利用に対する苦情を受けた時のみ町区の関係役人は、旧派アーミッシュに対して区域規制の実情を説明し、法令に応じて土地利用の制限を実施する。近年アーミッシュの農業地が郊外化による住居地域に隣接することが多くなったため、区域規制の厳密な実施を求める

住民も増え、苦情の件数も増加した。このため、農業専用区域でのアーミッシュの店舗が閉鎖に追い込まれた例もある。(10)

その一方、ランカスター郡では、家内工業的店舗を中心とするアーミッシュ・ビジネスは今やアーミッシュ共同体存続のために、経済的に必要欠くべからざるものになっており、旧派アーミッシュが規制区域の法的変更などを求めて関係者と折衝せざるをえなくなっている。例えば、リーコック町区(Leacock Township)では区域規制の変更を得るために、数名のアーミッシュが弁護士と専門コンサルタントを雇い、法令改正に成功した。(11)しかし、このような積極策を取るアーミッシュは少数派であり、一般的には当局側とアーミッシュ側との会合が持たれ、そこでアーミッシュ側の実情を考慮して妥協が図られ、農業専用区域の規制緩和が行われる。一九九〇年には、ランカスター郡計画委員会(the Lancaster County Planning Commission)がアーミッシュ共同体の経済的活性化のために果たすアーミッシュ・ビジネスの重要性を認め、各町区のモデルとなる規制緩和の法令を提示した。(12)実際には、各町区においてアーミッシュの人口やビジネス形態、近隣住民との関係などが異なるため、画一的区域規制の変更ではなく、町区の実情とアーミッシュ側の実情のバランスを計って、法令改正がなされている。

ランカスター郡計画委員会がアーミッシュのために法令改正のモデル・ガイドラインを示したことでも分かるように、州や郡関係当事者も農地でのアーミッシュの店舗等のビジネスが今やアーミッシュ・コミュニティにとって重要な経済的存続基盤となっていることを認識している。特に、ランカスター郡ではさらなる農地の開発はほとんど不可能であるから、アーミッシュ共同体が存続するためには、アーミッシュの新たな職業選択を可能にするように、農地に隣接する店舗などに関しては区域規制における法令の柔軟な対応をせざるをえない。さもなければ、アーミッシュが農地を求めて、ランカスター郡を去るような事態になれば、ランカスター郡にとっては、最も有名なアーミッシュ定住地として、アーミッシュがもたらす地元への観光収入が激減する可能性があり、郡の財政に大打撃を与えるかもしれない。したがって、アーミッシュ側からすれば農業専用区域でのファミリー・ビジネスは今や経済的生き残りとアーミッシュ社会の繁栄になくてはならないものとなった。一方同時にこれらのアーミッシュ・ビジネスがランカスター郡の経済的インフラストラクチャーにも組み込まれているため、関係当局も区域規制の柔軟な対応でアーミッシュ側との妥協を図る必要があるため、この問題に関しては双方からの歩み寄りが見られる。

三　農地開発と農地保存

アーミッシュが農業を営む地域において農業区域規制を強化すれば、土地利用において宅地供給等の開発を防げ、農地保存に役立つ。しかし、今や農業のみで生計をたてている専従農家は旧派アーミッシュのなかで少数派であり、ランカスター郡では既婚男性のアーミッシュの約半数が農業以外の職につき、ある教会区では農業専従者は二五パーセントにまで落ち込んでいる[13]。また前節でも述べたように、本来農業専用地域であった場所で店舗を開き、営業するアーミッシュ・ビジネスが飛躍的に増えたため、逆に農業区域の規制緩和を行っているのが現状である。さらに、自分の土地利用に対して、厳しい規制を政府から受けることに伝統的にアーミッシュは嫌悪感を示す。このためアーミッシュ定住区域は農業区域規制としての縛りが弱いために常に宅地開発などの危険にさらされている。

一九九〇年代に入り、旧派アーミッシュの農地利用にまったく新しいふたつの方向性が現れた。ひとつは開発業者への農地の売却である。元来、ランカスター郡ではアーミッシュは農地を売って、他の地域に移住する時、環境保全とアーミッシュ・コミュニティの均一性を守るために、土地の利用変更をせずに、農地を求めている他のアーミッシュなどに売却する。同じアーミッシュの同胞に土地を売ることができなくても、農地として使用収益を求める人々への売却が常であり、多大な利潤を求めて、開発業者へ土地を売り渡すことはなかった。しかし、近年この鉄則が破られた。土地開発を前提とした業者と旧派アーミッシュ関係者との間で不動産取引が数件成立し、アーミッシュ共同体に衝撃を与えた(14)。

特にそのなかで、忌避追放処分を受けた元アーミッシュの所有していた農地が宅地開発を予定している開発業者に売却され、アーミッシュ共同体の真っただ中に分譲住宅が建てられる予定となった。そのため農地の損失だけでなく、緊密な同質的アーミッシュ・コミュニティが価値感を異にする新住民との軋轢によって様々な新しい問題を抱える危険性があり、アーミッシュ・ライフスタイルへの脅威となった。この件は、経済的理由よりも、元アーミッシュの忌避追放処分への復讐説との推測もなされたが、分譲住宅建設を阻止するために、アーミッシュ住民だけでなく、非アーミッシュの近隣住民も反対運動に加わった。メディアもこの開発をアーミッシュへの脅威として取り上げた。結局宅地業者とアーミッシュの指導者との間で話し合いが持たれ、アーミッシュ・コミュニティへのダメージを最小限に抑える方策を開発業者が取ることで決着した(15)。

問題は旧派アーミッシュによる開発業者への農地の売却がアーミッシュ共同体存続に対して致命的打撃を与えることが分かっているにもかかわらず、このような取引がなされた点にある。ついに旧派アーミッシュも経済的利潤の魅力には抗することができなくなったのかという噂が流れ、次に土地を高値で処分するのは誰かという疑心暗鬼がアーミッシュ・コミュニティに広がった[16]。

このような状況の下で、逆に農地の保存こそがアーミッシュ社会の安定に欠くことができないという点が再認識され、政府主導による農地保存政策にアーミッシュが積極的に協力するという今までには見られなかったまったく新しい展開が生まれてきた。

ランカスター郡農業保存委員会（the Lancaster Agricultural Preserve Board）はペンシルベニア州政府から一億ドルの補助金を受けて農家から農業の開発権利を買い取り、乱開発されないように農地保存地域を設ける計画を立てた[17]。この計画に委員会はアーミッシュの参加を求めたが、旧派アーミッシュからの好意的な反応は見られなかった。旧派アーミッシュがこの種の計画に二の足を踏むのにはいくつかの理由がある。まず第一に、伝統的に政府との関わりをできるかぎり忌避するのがアーミッシュの信条である。さらにこの計画ではペンシルベニア州の補助金が出ているが、公的補助を一切受けないのもアーミッシュの伝統的生活信条である[18]。第二に、この計画に参加すれば農地保全のための開発権利などの制限を受けることになり、自分の土地でありながら、制限条項がつき自由に土地利用ができない。特に、旧派アーミッシュの場合、店舗などの営業を農業専用区域で行っていることが多々あり、これらのビジネスも制限を受けてしまう。第三に、将来、価格の高い土地を売り、より大きな農地を求めて他の地域に移転したくても、土地売買に制限を受けてしまう。このように旧派アーミッシュにとってこの計画は魅力の乏しいものであった。

しかし、上述の一部の旧派アーミッシュと開発業者との結託に不安を抱いたアーミッシュ住民はアーミッシュ社会の基礎となる農地保存により積極的な姿勢を見せ始めた。特に私的な農地保護団体であるランカスター農地基金（Lancaster Farmland Trust）がランカスター郡農業委員会から委託を受けて、交渉母体となり農地保全のための開発権利の買い取り業務などを遂行するようになった後は、政府の直接的な関与というイメージが薄れ、ついに一部のアーミッシュが農地保存計画に基づく土地売買に参加した。そして一九九一年三月には、初めて旧派アーミッシュが自分の土地の開発権利をランカスター農地基金に売却し、永久的農地としての利用を表明した(19)。

一九九〇年以降の農地利用をめぐる旧派アーミッシュのふたつの新しい方向性は農地の開発と保存というまったく相反する展開を見せており、今後のランカスター郡のアーミッシュ・コミュニティにとって、どちらの流れが強まるかにより、アーミッシュ共同体が分散に向かうのか、より強固に結束を固めるのかの分岐点となるかもしれない。これからの農地利用の展開の動向が注目される。

おわりに

ランカスター郡は全米で最もよく知られたアーミッシュ定住区であり、オハイオ州ホームズ郡に次ぐアーミッシュ人口を有している。同時に全米に散らばったアーミッシュ定住区のなかで産業化、郊外化、観光化の影響を最も受けており、都市化の進捗が最もはげしい地域でもある。このため、他の田園地域で生活する旧派アーミッシュには降りかからない様々な近代化に端を発する、旧派アーミッシュの生活信条には馴染まない問題を、この地の旧派アーミッシュの人々は解決しなくてはならない。農地利用における近年の問題もランカスター郡に特有のものである。特にランカスター郡の人口が増加すると同時に土地価格が高騰するようになると、土地利用に対する住民の意識も高まる。ひいては住民の意向を反映しなくてはならない政府の土地利用に対する行政政策もよりきめの細かい緻密なものとなる。このため旧派アーミッシュの農地利用も近隣住民や政府の法令によって、より厳しく監視される。同時にアーミッシュ側も十分な土地利用を実践するために法令その他において政府との協調を余儀なくされる。

一九八〇年代後半から頻繁に起こるようになった旧派アーミッシュの農地利用にまつわる問題は他のアーミッシュ定住区の先駆け的兆候かもしれない。農業を天職としてきた旧派アーミッシュがランカスター郡でその基盤を失わずに、同質的アーミッシュ共同体を維持し、伝統的価値観に基づくアーミッシュ社会を今後も継続できるかどうかは農地利用に関する今後の展開が鍵を握っているように思われる。

注

（1）一九七〇年から一九九〇年の二〇年間で人口は一〇万人以上増え、現在約四二万人の人々が住んでいる。Lucian Niemeyer and Donald B. Kraybill, *Old Order Amish* （Baltimore: The Johns Hopkins University Press, 1993）, 15.

（2）本書、第1章三五－三六ページ。

（3）Donald B. Kraybill, *The Riddle of Amish Culture*（Baltimore: The Johns Hopkins University Press 1989）, 199-211.

（4）本書、第1章三七ページ。

（5）Elizabeth Place, "Land Use," in Donald B. Kraybill, ed., *The Amish and the State*（Baltimore: The Johns Hopkins University Press, 1993), 193-195.

（6）*Ibid.*, 196.

（7）本書、第2章を参照。

（8）Lucian Niemeyer and Donald B. Kraybill, *op. cit.*, 139.

（9）Elizabeth Place, *op. cit.*, 197.

（10）*Ibid.*, 200.

（11）*Ibid.*

（12）*Ibid.*, 201.

（13）Donald B. Kraybill, "Constructing Social Fences: Differentiation Among Lancaster's Old Order Amish," Paper presented at the 89th Annual Meeting of the American Anthropological Association, New Orleans, La., 1990. 2.

（14）Lucian Niemeyer and Donald B. Kraybill, *op. cit.*, 22.

（15）Robert L. Kidder, "The Role of Outsiders," in Donald B. Kraybill, ed., *The Amish and the State*（Baltimore: The Johns Hopkins University Press, 1993）, 231-232.

（16）*Ibid.*, 231.

（17）Elizabeth Place, *op. cit.*, 197.

（18）本書、第４章を参照。

（19）Elizabeth Place, *op. cit.*, 207-208.

第6章 ペンシルベニア州ランカスター郡における旧派アーミッシュの高速道路建設反対運動

はじめに

ペンシルベニア州ランカスター郡は旧派アーミッシュの定住地として全米で最もよく知られている地域であるが、旧派アーミッシュの教会区があり、彼らが日常生活を営んでいる区域はランカスター郡のなかで比較的集中している。そのなかで特に旧派アーミッシュの中核地域と言えるエリアは州道23号線と国道30号線に挟まれた区域で、アーミッシュ経営の農場が点々とこの地域に広がり、美しい田園地帯を形成している。一方、この地域はアーミッシュを見ようとする観光客を年間約五〇〇万人も引き寄せるツーリズムのメッカともなっているため、州道３４０号線や国道30号線に沿って、観光客相手のモーテル、土産物屋、レストラン、ショッピング・センターなどが乱立している。このため観光シーズンの夏場になると、これらの幹線道路は観光客の自動車で非常に混雑する。

特に、国道30号線は州都ハリスバーグ（Harrisburg）からランカスターを抜け、フィラデルフィア

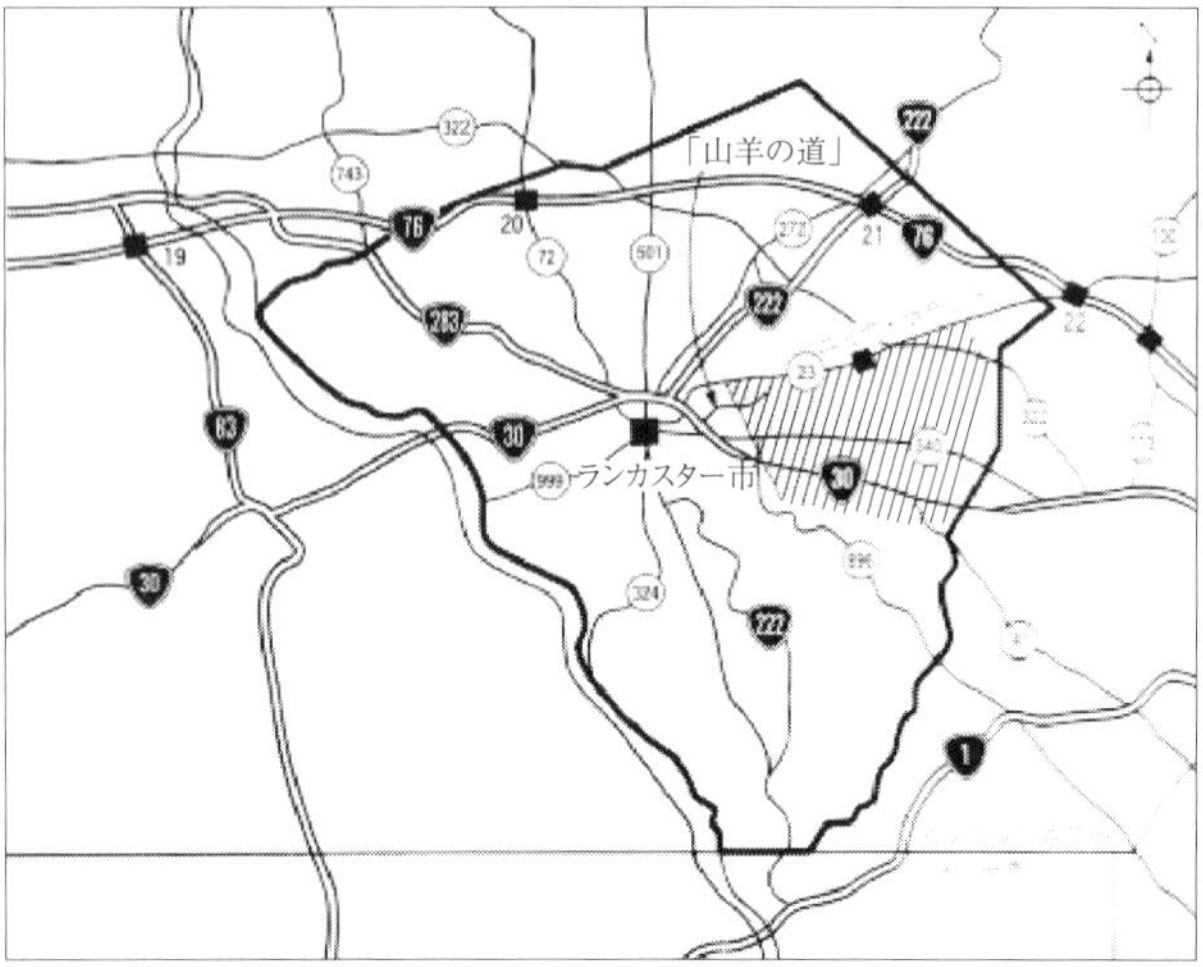

図６－１　太線内がランカスター郡。斜線部分がアーミッシュの中心的定住地域

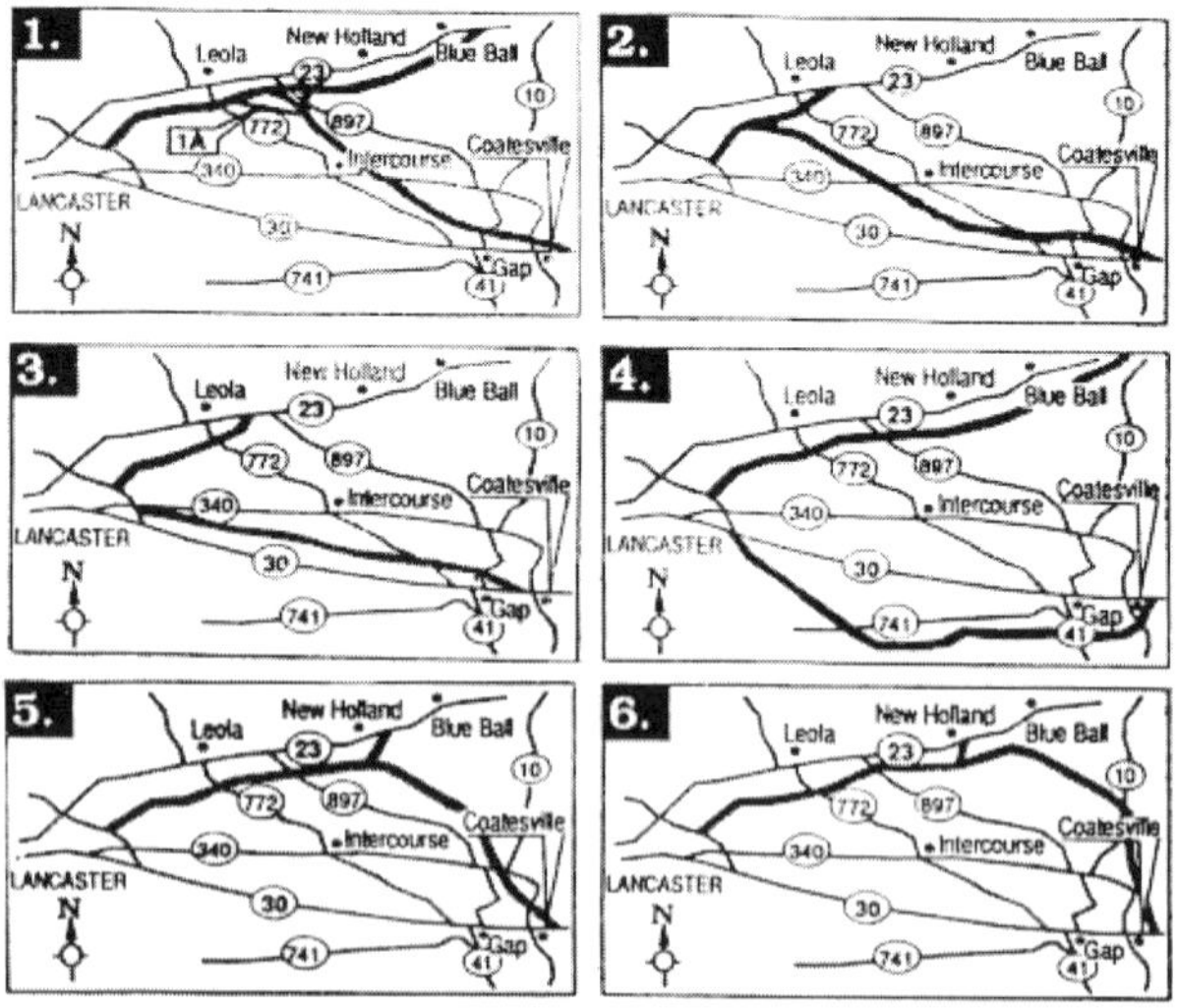

図６－２　州運輸省によって提示された 23-30 号線バイパスコース
地元新聞の *Lancaster New Era*, September 24, 1987 に掲載された６案

に通じるペンシルベニア州を東西に横切る主要幹線道路のひとつであり、トラックなどの運送用の車の交通量も非常に多い。また、国道30号線とほぼ平行に走る主要動脈のひとつである国道76号線は有料高速道路であるため、高速道路代金を嫌う運転手は国道30号線を使う。さらに、ランカスター市を迂回して東進し、アーミッシュ定住地を横断するあたりから国道30号線は高速道路から一般道に変わり、道幅も片側三車線（西から東へ）と片側二車線（東から西へ）になり狭くなる。これらの事情から、ただでさえ、交通渋滞が常態化しているランカスター市東側の国道30号線は、観光客が急増する夏場ともなると、さらなる渋滞でひどい状況となる。このため、旧派アーミッシュが馬車で国道30号線を使うことは非常に危険であり、彼らは近年、生活道路として国道30号線を使うことを諦めている[1]。

一方、州道23号線はランカスター市東側を起点とし北東に伸び、旧派メノナイトの定住地を北側に、旧派アーミッシュの定住地を南側に持つランカスター郡における主要動脈のひとつであり、製造工場、倉庫、自動車販売会社等が沿道に点在し、ランカスター郡の産業集積地のひとつであるニューホランド（New Holland）に通じている。このため、州道23号線は、ランカスター市やニューホランドへの通勤用の車、工場への出入りのトラック、旧派アーミッシュや旧派メノナイト（Old Order Mennonites）の馬車等が交じり合い、特に、ラッシュアワー時に非常に混雑し、渋滞する。

国道30号線、州道23号線を頻繁に使う地元住民、ランカスター郡のビジネス界や関係省庁にとっては、これらふたつの幹線道路の渋滞解消は長年の懸案となっていた。特にランカスター郡は一九七〇年代から経済発展が進み、一九八〇年代に入り目覚ましい産業発展を示し、ペンシルベニア州で最も高い経済成長率を示し好況に沸いていた。このため、さらなる経済発展を願うビジネス界を中心として、ランカスター郡の関係者は郡の東西を結ぶ新たな幹線道路の建設を実現するために、ペンシルベニア州政府に対して一九八〇年代前半から強力に新高速道路誘致運動を働き掛けていた。ペンシルベニア州運輸省も国道30号線、州道23号線の渋滞問題についてはよく認識しており、渋滞解消のための道路網の整備を検討し、最終的に一九八七年に三回にわたって新高速道路の建設案の説明を地元のピクイア・バレー（Pequea Valley）高校で行う旨を発表した。

ピクイア・バレー高校における九月二三日の第二回目の説明集会には前例のない一〇〇〇名以上の旧派アーミッシュが参加し、高速道路建設案に対して無言の抗議を表明した。この集会を契機として、高速道路建設反対派が勢力を増し、結局ペンシルベニア州運輸省は23号線、30号線のバイパスとなる高速道路建設案を撤回したが、その後もランカスター郡における道路建設案とアーミッシュとの関係について論議が続いている。第6章では、州運輸省により提示された新高速道路建設案をめぐり、旧派アーミッシュを含めた関係者がいかにこの問題に対処したかを検討し、ランカスター郡における土地利用に関する価値観の問題を旧派アーミッシュとの関連において考察する。

一　高速道路建設案提示にいたる過程

一九六〇年代前半、ランカスター郡行政官（the Lancaster County Comissioners）は郡の経済発展のために州道23号線の交通量の収容力の増加を目指して、ペンシルベニア州運輸省に23号線の拡大とモーガンタウン（Morgantown）・インターチェンジでの国道76号線への連結を求めていた。これにより、ランカスター郡からフィラデルフィアへの物流がより容易になり、拡大することが期待されていた。ペンシルベニア州運輸省は一九六五年にコンサルティング会社にこの件に関する研究調査を委託し、原案の作成を求めた。一九六六年秋には、コンサルティング会社はランカスター市から国道30号線を横切りニューホランドを結ぶ片側二車線の高速道路建設案を提示した。この案は州道23号線にほぼ平行にランカスター市からニューホランドまでのバイパスを建設することを意味していた。この建設案に関する公聴会が一九六六年一二月八日に行われ、地元関係者、関係自治体、市民グループ他の賛同を得た。建設設計が具体化していく過程で、このバイパス建設が三区分に分けられた。第一区分はランカスター市のダウンタウンにあるブロード・ストリート（Broad Street）から国道30号線までの建設、第二区分は国道30号線から州道772号線までの建設、第三区分は州道772号線からニューホランド南の州道897号線までの建設となった。一九六八年六月には設計案がまとまり、一九七四年までに第一区分、第二区分は最終の道路舗装を残すのみとなった。ところが、この時点でペンシルベニア州は財政難に陥り、州政府が連邦道路管理局（the Federal Highway Administration）に対してマッチング・ファンドとなる拠出金を捻出することができなくなったため、州道23号線のバイパス建設はこの段階で中断してしまった。一九七五年には第二区分の路盤を再度表土で覆い、道路となるべき土地は牧場として地元農民に貸し出された。このため第二区分は蔑称「山羊の道（goat path）」として地元の人々から呼ばれるようになった(2)。

一九七五年以降、この道路建設計画は中断されたままであったが、一九八三年にようやく第一区分の建設再開案が州運輸省により提示された。しかし一九八〇年代に入りアメリカでは環境アセスメントの基準が厳しくなり、第一区分の建設も再度環境面での検討が加えられた。ランカスター市と国道

国道 30 号線

州道 340 号線

州道 23 号線

国道 30 号線

30号線を結ぶ約一・五マイルの第一区分の四車線道路の建設案が出来上がり、ようやく道路建設が始まったのは一九九〇年一〇月であった。約一・五マイルの新23号線バイパス工事は遅延に遅延を重ねて、一九九二年一一月についに完成した(3)。しかし、第二区分は「山羊の道」として放置されたままになり、第三区分は買収交渉もなされていなかったため計画は白紙状態へと戻った。国道30号線に関しても一九七〇年代に道路の拡張やランカスター市からチェスター郡のコーツヴィル（Coatesville）までのバイパス建設が州運輸省によって検討されていたが、七〇年代後半の州政府の財政難から計画は白紙に戻っていた(4)。

一方、ランカスター郡の経済は一九七〇年代から上昇の一途をたどっていた。例えば、一九七〇年から一九八五年までに、建設業は六七九店舗から八四一店舗に、製造業は六六二店舗から七六一店舗、問屋は三七三店舗から六二八店舗、小売業は一七三六店舗から二二〇九店舗、金融業は三四七店舗から五八二店舗、サービス業は一四七七店舗から二四五九店舗に増加している。さらに観光客の増加も急激であり、ペンシルベニア・ダッチ観光案内所（Pennsylvania Dutch Visitors Bureau）を訪れた観光客の数は一九六七年の八万五〇〇〇人から一九八七年には三五万四〇〇〇人に達した(5)。そしてランカスター郡の開発業者による郊外化も拍車がかかり、定住人口も一九七〇年の三万二〇〇〇人から一九八七年の三九万五〇〇〇人へと膨れあがった。当然、これらがランカスター郡の交通事情を悪化させた要因となった。特に一九七〇年から一九八七年までにランカスター郡での自動車の登録台数は一八万五〇〇〇台から三一万三〇〇〇台に急増しているにもかかわらず、郡内での道路拡張は同一七年間に四パーセントの上昇にとどまっていた(6)。ランカスター郡商工会議所を中心とする地元ビジネスグループや年々ひどくなる混雑と渋滞を嫌う地元住民らは、東西主要幹線道路の州道23号線と国道30号線の改善を切に待ち望んでいた。このためランカスター郡計画委員会（the Lancaster County Planning Commission）を中心とする関係省庁および地元ビジネス界は一九七〇年代後半から再度州運輸省に対して粘り強く高速道路建設に対するロビイング活動を繰り返していた(7)。

一九八二年後半からのランカスター郡の政府関係者およびビジネス界からのさらなる強力な嘆願運動を受けて、ペンシルベニア州運輸省は23号線と30号線のバイパスを組み合わせて一本のルートにする可能性の検討に入った。運輸省としては二本のバイパス建設はマッチング・ファンドの拠出金が多額になりすぎるため、財政的には、23号線と30号線双方を結ぶ一本のバイパスの実現を目指す方向に転換した。一方ランカスター郡計画委員会も独自にコンサルティング会社と一九八三年に契約を結び、バイパス建設の実現可能性の調査を依頼した。この調査結果は一九八五年に公開されたが、バイパスルートはランカスター市の東に位置する国道30号線を起点として州道23号線と州道３４０号線の間を東進して、旧派アーミッシュの定住地を横断した後、南下して再度チェスター郡のコーツヴィルで国道30号線と連結する道筋を選んでいた。この計画案の公表を契機として、ランカスター郡で高速道路建設に対する期待と不安が高まり、様々なグループが23－30号線バイパス建設に対して意見を表明し始めた。一方、州運輸省も一九八六年にバイパス建設の本格的な調査に乗り出しグレイナー・エンジニアリング・サイエンシズ会社（Greiner Engineering Sciences, Inc.）をコンサルタント会社として、連邦道路管理局と合同で詳しい環境アセスメント調査を行い、バイパスルート案を作り、一九八七年に三回情報公開のための地元集会を開催することとなった。そこで意見を集約して、最終的なバイパスルートを一九八八年に決定する予定であった[8]。

二　一九八七年九月の地元集会と旧派アーミッシュ

一九八七年五月一一日に第一回目の23－30号線バイパス建設に関する説明会が州運輸省の主催でピクイア・バレー高校で行われたが、説明は新高速道路の必要性や環境調査の結果等、バイパス建設が必要である旨の概略的なレベルで終わった。出席者は約九〇名と少なかったが出席者の大多数が建設賛成派であり、どこに道路が通るかなどの具体案に関心が集まった。予定されている新ルートの公表やその影響に関しては次回の九月の集会で、詳細が説明されることになった[9]。

九月二三日に開催される説明集会の数週間前から計画では六つのルートが検討されていることが分かった。すべてのルートは国道30号線を起点として「山羊の道」を通過していたが、三ルートは州道23号線と国道30号線の真ん中を横断し、旧派アーミッシュの定住地域を分断していた。残りの三ルートも定住地域の中心は迂回したが、アーミッシュ経営の農地が少なからず影響を受けることは明白であった[10]。

旧派アーミッシュと交流を持つ一部の非アーミッシュの近隣住民たちは、この新高速道路建設案が採択されれば、アーミッシュ共同体にとって計り知れない脅威となることを懸念した。さらには全米の「ガーデン・スポット」と呼ばれる肥沃な農地を基盤とするランカスター郡の風土が完全に損なわれ、単なる地方の郊外住宅地に堕落することを恐れた。彼らは旧派アーミッシュ住民と頻繁に対話を交わして新ルートのバイパスの影響を検討した。その結果、旧派アーミッシュ住民側も新ルートに関して大変に憂慮していることが分かり、新高速道路建設反対運動に立ち上がる決意を固めた。反対運動の原動力となった人物はアーミッシュ定住地近郊に住む航空パイロットのリチャード・アームストロングと長年アーミッシュのために助産婦をしてきたペニー・アームストロング夫妻であった。地元集会の約二週間前に、リチャード・アームストロングは旧派アーミッシュ共同体に新高速道路建設案の概要を知らせるパンフレットを作成し、約一〇〇〇部のコピーを用意し、反対派住民の協力を得て、アーミッシュ共同体に配布した[11]。アームストロングはパンフレットのなかで旧派アーミッシュ住民の集会への参加を強く要請した。「私たちはグループとしてこの集会に出席することによって自分たちの土地を愛していることを役人に分からせるべきだ。私たちの土地や生き方を救おうと発言する人々が数多く出席するだろうが、あなたたちの彼らへの支援を明らかにするためにあなたたちに集会に来てほしい。この集会で役人が見たり、聞いたりしたことで決定が下される」と説き、さらに今回の集会が「道路がどこに造られるかを決める唯一の集会である」[12]と強調し、旧派アーミッシュ側の危機意識を煽った。

「この世的な」事柄をできるかぎり忌避するというアーミッシュの信仰上の理由から、旧派アーミッシュは普通は公的な事柄に自分たちの関心を明確には示さない。しかし、今回の高速道路建設計画は彼らの農業地を分断し、アーミッシュ共同体を分解させる恐れがあったため、旧派アーミッシュ共同体のなかでも、真剣に議論がなされ、ある教会区では日曜日の説教礼拝の後の集まりで、新道路の影響以外のことは話し合われていないという状況であった[13]。

九月二三日のピクイア・バレー高校での州運輸省による説明集会が近づくにつれて、地元住民の関心は高まり、旧派アーミッシュを含めて、出席者はかなりの数に上ることが予想された。高速道路建設反対派グループは旧派アーミッシュがかなりの規模で集会に参加することを予想して、説明集会がニュース・バリューを持つと確信した。このため、旧派アーミッシュが世間から注目されることを宗教上の理由から極度に嫌うことを知りながらも、戦術的に州運輸省にプレッシャーをかけるために、全国規模のメディアと接触を持ち、ニューヨーク・タイムズ、ワシントン・ポスト、USAトゥデイ等の新聞やCBS、NBCなどのテレビ局が地元新聞や地元テレビ局とともに集会を取材することになった(14)。

当日の集会には予想をはるかに超える約二〇〇〇名の参加者があったが、少なく見積もっても一〇〇〇名以上の旧派アーミッシュが集会に現れた。これほどの大集団の出現を州運輸省側は予測していなかったため、当初混乱が生じたが、説明集会を三回に分けて行うことになった。旧派アーミッシュが一〇〇〇名以上の大集団で公的な集会に出席したことは過去に例がなく、運輸省役人およびコンサルティング会社の技術者は驚愕した。運輸省役人の説明を黙って聞く彼らの姿から、いかにアーミッシュ共同体がこの計画を憂慮しているかが明白となった。さらに反対派グループのひとりが公衆の面前で意見を述べないアーミッシュの慣習を熟慮して、この計画に反対している者は立ち上がってくださいと一回目と二回目の説明会双方で要請すると、出席していた旧派アーミッシュ全員が黙って立ち上がり彼らの意志を無言で伝えた(15)。州運輸省責任者のロバート・ミューザー（Robert Mueser）は、これからバイパスルートに関する詳細な調査研究を行ったのち、一二月には六つのルートのなかで運輸省が望ましいと思うバイパスを明らかにし、最終の説明集会を開く予定であると述べた。しかし「運輸省はこの計画を市民の人々に無理やり押しつける意向はまったくない[16]」と説明し、新ルートはまだ決定されていないし、これからの数カ月間にこの計画に対して住民側の新ルートに関する意見を集めて、六ルートすべてを慎重に研究する旨を伝えた。また新バイパスを建設しない可能性ももちろん有り得ることを確約した。

説明集会の後、様々な議論が住民同士や関係役人、技術者を交えて、より小さなグループ内で行われたが、アーミッシュ住民もこの機会には新ルートに対する反対意見を述べている。「高速道路を農地の真ん中に通すと、我々にとってとても不便なことになる。ビジネスも観光客も交通量ももっと増えてしまうだろう[17]」とあるアーミッシュ住民は懸念を表した。また別のアーミッシュ住民はランカスター郡の観光産業に触れ、「これで観光客も減るだろう。まずアーミッシュ・コミュニティが破壊されるから、当然観光客も来なくなる[18]」と核心をつくコメントを残している。また非アーミッシュ住民もアーミッシュの農地を分断するバイパスには反対意見を表明している。ジョゼフ・クックという住民は「交通技術者たちはこの地球上で最も肥沃な土地を破壊しようとしている。こんな計画を提出するとは恥ずかしい。この地域は天国のようなのに、それをカリフォルニアにかえるつもりなのか[19]」と憤慨した。自分たちの農地を旧派アーミッシュに貸しているジェイムズ・リリー（James Lile）、ジュディ・リリー（Judy Lile）夫妻は、「どんなに金を積まれても土地は売らない。今夜ここに来たアーミッシュの数を見れば、彼らがどれほど心配しているか、明らかだろう[20]」と指摘した。交通渋滞解消のために新バイパスが必要なことはランカスター住民の間でも十分に認識されていたが、旧派アーミッシュの大集団が集会へ参加し、新ルートに懸念を表明したことにより、反対派の勢いは増し、事態は新たな展開をしていく。

三　高速道路建設反対運動の成功

九月二三日の説明集会の後、23－30号線バイパスのルートをめぐって様々なグループからの働き掛けが表面化するが、旧派アーミッシュの大集団の集会参加のインパクトは大きく、ランカスター郡内外の色々な方面から、旧派アーミッシュの定住地を横断するルートは避けるべきであるという議論が顕著になってくる。

地元新聞のランカスター・ニューエラ（*Lancaster New Era*）とインテリジェンサー・ジャーナル（*Intelligencer Journal*）はともに九月二四日の社説で、バイパスの必要性は認めながらも、アーミッシュ・コミュニティとアーミッシュ文化への配慮を求める論説を掲載している。両新聞ともアーミッシュ定住地の中心を迂回する第六ルートが、アーミッシュ農地の保存という点からは望ましいと結論づけている。さらに、集会から一週間後、ランカスター郡行政官長のジェイムズ・フーバー（James Huber）はアーミッシュの農地を分断せず、迂回するバイパス経路を支持する声明を出した。ランカスター郡はペンシルベニア州第一の農業生産郡であり、世界中で四本の指に入る肥沃な土壌を持っていることを強調し、郡の経済発展は農業、商業、工業の調和のとれた混合経済のためであり、このバランスを崩す新ルートの決定は「ランカスター郡と州にとって金の卵を産むガチョウを殺す[21]」決定となってしまうと危惧を表明した。「金の卵を産むガチョウ」とは意味深長な発言であり、「ガチョウ」が旧派アーミッシュか彼らの農地を意味し、おそらくは「金の卵」は観光産業や農業生産を比喩しているものと思われる。いずれにせよ、ランカスター郡の政府高官が旧派アーミッシュの農地保全をこの段階で表明した影響力は大きく、以後ランカスター郡の政府関係者は旧派アーミッシュの農地を保全するために、アーミッシュ定住地域を迂回するバイパスルートを探る方向に変わっていく。ランカスター郡のビジネス界は早期の高速道路建設を強く望んでいたため、反対意見の多いアーミッシュ定住地域分断のルートを避けることに同意していた[22]。彼らは反対運動により新高速道路の建設そのものが白紙に戻ることを恐れており、道路ができ交通渋滞が緩和されるのであれば、ルートそのものに関することについては妥協の余地は十分にあり、地元政界と歩調を合わせて迂回ルートの道路建設の実現を望んだ。最終的に、地元政財界の合意の下で、一〇月二六日にランカスター郡計画委員会は23号線、30号線に沿って二本の高速道路のバイパスを建設し、旧派アーミッシュの生活様式を守るために、バイパスルートは彼らの定住地域を迂回する第四ルートが最も望ましいと声明を出した[23]。このルートは高速道路否定派以外には受け入れやすい案であったが、二本の高速道路を造るために、当然建設費用は多額になるはずであった。しかし、コース設定の提案だけがなされて、財政的裏づけや、技術上の可能性の検討などは何らなされなかった。

アーミッシュの大集団が集会に参加したことで、ニュースバリューが出てきたため、九月二三日の集会の取材を終えた主要マスメディアは旧派アーミッシュ擁護の観点から報道や記事を出し始めた。例えば、ニューヨーク・タイムズは高速道路計画の地図を見入るアーミッシュ住民の写真を大きく掲載し、この道路計画がいかにアーミッシュ・コミュニティを分断するかを説明した[24]。フィラデルフィア・インクワイアラーは「医者や雑貨屋へ行きたい時、馬車では高速道路に乗れない」と不安感をあらわにしたアーミッシュのコメントを掲載した。[25] 全国ネットのテレビ局の報道やニューヨーク・タイムズ、ウォール・ストリート・ジャーナル（*The Wall Street Journal*）等の記事に触発されて、冷酷なペンシルベニア州運輸省の官僚的措置から貴重なアーミッシュ文化と彼らの豊穣な農地を守れという趣旨の投書が全米からペンシルベニア州運輸省および州知事宛てに殺到した。ランカスター・ニューエラはこの現象を紙面で大きく取り上げた。[26]「我々はアーミッシュから学ぶべきことがある。彼らは称賛されこそすれ、掠奪されたり、罰を受けたりすべきでない」というニューヨーク州（State of New York）からの手紙や「生態学的に言えば、この国の最も豊かな農地を破壊することは殺人を犯すことと同じだ」というコネチカット州（State of Connecticut）からの意見、「ゲティスバーグ（Gettysburg）への不愉快な道程の途中にランカスター郡の遠くに見える農地や起伏する丘を見た時、今までに経験しなかった心の安らぎを感じた」というロードアイランド州（State of Rhode Island and Providence Plantations）からの投書など、[26] アーミッシュ的生活様式やランカスター郡の貴重で豊穣な農地を破壊すべきでないという観点がほとんどの投書の基本的論調であった。

さらに、追い打ちをかけるように、主要新聞も高速道路建設に疑問符を投げ掛ける論調の記事を継続して掲載した。例えば、ニューヨーク・タイムズは高速道路建設がたとえアーミッシュ定住区を迂回したとしても、ランカスター郡にさらなる経済効果をもたらすから、アーミッシュ共同体にとっては、耐えがたいプレッシャーになるだろうと論じた。[27] 記事のなかで匿名のアーミッシュは「もう我慢の限界だ。みんな必死になって昔ながらのやり方を継承しようとしているが、多くの場合もう無理だ。もし高速道路ができたらアーミッシュはここから離れてちりぢりばらばらになるだろう」と予測した。

旧派アーミッシュに集会参加を呼び掛けた高速道路建設反対派グループは新たに「新方向を目指すランカスター同盟」（the Lancaster Alliance for New Directions）を結成し、バイパス問題を契機として、ランカスター郡における土地利用問題において、農地保存の推進派の急先鋒となった[28]。彼らは一二月九日の州運輸省による最終のルート決定の説明集会に向けて、旧派アーミッシュと共同歩調をとり意見の集約を目指すため、アーミッシュ住民との会合を重ねた。例えば、一〇月一九日の集会には旧派アーミッシュ三九名、旧派メノナイト二名を含む五一名の地元住民が集まり、23－30号線バイパスの新ルートに関して話し合った。議論の末に、高速道路建設案に対して採決をとったが、三二名がいかなる建設にも反対し、一四名が最大の迂回コースを取る第六ルートを選んだ[29]。このような集会を重ねて、徐々に「新方向を目指すランカスター同盟」は新ルート案すべてに反対する姿勢を明らかにし始めた。

一方州運輸省も、アーミッシュの九月の集会への参加以後、アーミッシュ住民の意見を求めるため、彼らとの会合を持った。特に、主要メディアや全国からの投書はアーミッシュ定住地域を分断するバイパスルートに対して厳しい批判を展開していたので、アーミッシュ住民との会合で彼らの真意を探ろうとしていた。ある会合ではアーミッシュ側が彼らの定住地域を大きく迂回するバイパスルートを運輸省と技術者に逆提案したが、その提案は財政的に負担が大きすぎることが分かっていながら、検討項目に加え、第七ルートとして研究することになった[30]。

この例などは運輸省側が「アーミッシュ問題」に関して、九月二三日以前とはうって変わり、慎重かつ神経質になってきた変化を示している。さらに州運輸省長官ハワード・エルサリムは一一月上旬の州上院議員への手紙のなかでアーミッシュ・コミュニティに対して「むやみに彼らの生活様式を危機に陥れるようなことはしない」[31]と言明した。

このように関係当事者が様々な動きを展開するなか、第三回説明会が行われる約一週間前の一二月一日に州運輸省の高速道路建設案責任者ロバート・ミューザーは七つのバイパス・ルートの研究調査結果を公表した。公表結果はふたつの点から驚くべきものであった。第一に、建設予算は当初約一億ドルかかると見積もられていたが、今回の詳細な調査では、最も安上がりのルートでも約一億五五〇〇万ドルの見積もりであり、他の六ルートはすべて二億ドル前後かそれ以上の予算措置が必要との結果が出た。第二に運輸省が、財政面、渋滞解消、環境面等を考慮したうえで選んだ最良のルートはまさしくアーミッシュ・コミュニティを真二つに分断する第一ルートであった。特に地元の政財界が強く望んでいた23号線、30号線に沿って二本の高速道路を造り、アーミッシュ定住地域を避ける第四ルートは三億五〇〇〇万ドル以上の予算が必要で、財政面からまったく不可能であるとの結論を得た。[32] この調査結果に地元政財界は失望の色を隠せなかった。郡行政官長ジェイムズ・フーバーは「環境面の考慮とか最上級の農地や独特のアーミッシュ文化を守ることよりも財政面が強調されすぎている」と不満を洩らした。ランカスター商工会議所会長ウォルター・オットー（Walter Otto）は「現在の州のランカスター郡に対する四〇〇〇万ドルの基金では、「山羊の道」を完成させる程度しか実現できない」と述べ「これほどの費用面の強調は計画に対する無力感を助長する」と心配した。アーミッシュ研究の権威ジョン・ホステトラーは「まったくばかげた調査報告だ」と憤慨した。[33]

運輸省による調査報告から約一週間後の一二月九日、23－30号線のバイパス建設案に関する三回目の説明集会が地元高校で開催された。予想されたとおり、今回も約七〇〇名という数多くの地元住民が参加し、そのなかには約二〇〇名の旧派アーミッシュも含まれていた。運輸省側は計画案の詳細な説明の後、参加者との質疑応答に入ったが最初に立ち上がった州道23号線沿いに住むエドワード・アペル（Edward Appel）の言葉が参加者の雰囲気を代弁していた。「23号線沿いに住んでいて交通渋滞と闘うのに時々嫌気がさすが、運輸省と開発業者が最上の農地を少しでも奪うのを見るくらいなら、死ぬまで毎日この道路で交通渋滞と闘っているほうがましだ。……生態破壊に対してけじめをつけ、ノーと言うのにランカスター郡ほど適した場所はない。ルート23－30案を私は拒絶する」[34]と力強く述べると、会場から割れんばかりの拍手が起こった。この後も高速道路建設案廃止を求める声が続出した。「新方向を目指すランカスター同盟」の代表者の一人、フレッド・ドウム（Fred Daum）は現存する道路を改良することで問題解決を計れるのではないかと述べ、バイパス建設は現存する問題に対して犠牲が大きすぎると主張した。高速道路建設に批判的な投書を何百と受け取っていた運輸省役人は会場での否定的コメントにさして驚かず、会場の意見が地元住民の代表的なものであるなら、計画の大幅な縮小もありえることを示唆した。計画案責任者ロバート・ミューザーは地元住民が23－30号線バイパスを望まないなら、今回の調査結果からは長年中断したままである「山羊の道」を完成するだけになるだろうと述べた。[35]今回で説明会は終わり、一九八八年の二月には最終的な高速道路建設案が提示される予定になっていた。

一月に入り、高速道路建設案を廃案とするための駄目押しをすべく、アーミッシュ研究の権威ジョン・ホステトラーはアーミッシュ文化への理解を得るためと運輸省案のアーミッシュ文化への脅威を明らかにするためのレポートを州運輸省に自主的に提出した。[36] さらに、地元新聞紙上で、ホステトラーは新高速道路の建設が進めば、結果は次のふたつのうち、どちらかであろうと推測した。すなわち、ランカスター郡のアーミッシュの生活様式の悪化もしくはアーミッシュのランカスター郡からの集団移住であると。彼は高速道路は新しい産業やショッピングセンターを招き入れる起爆剤となり、アーミッシュの精神的、農民的ルーツを完全に破壊し、ランカスター郡は単なるフィラデルフィアの郊外となるだろうと結論づけた。さらに、もしアーミッシュ住民と非アーミッシュ住民の共存が保たれている現状の存続を選ぶならば、「交通渋滞をランカスター郡で生活するための費用の一部として受け入れ、常にこれからも交通渋滞の問題は継続すると認識するべきだ[37]」と語った。

一二月の集会以後、高速道路建設全面廃止案が勢いを得たことに危機感を抱いた推進派は一月に入り、巻返しを計ろうとする。郡行政官の一人、ボブ・ブレネマン（Bob Brenneman）はランカスター・ロータリー・クラブでの演説で、「新しい高速道路を造るなと人々が言う時、結局、その言葉の中身はこれ以上発展するなと言っているのだ」と述べ、「二五年も前の交通量を基準にした道路しか持たず二一世紀に入ることは郡として無責任だ[38]」と高速道路建設反対派を批判した。ボブ・ウォーカー（Bob Walker）下院議員は州運輸省のバイパスの選定ルートを批判した後、国道30号線の新バイパス建設が可能かどうか連邦運輸省長官にランカスター郡を訪問することを要請すると地元新聞に語った。[39] 州の建設基金不足解消のためには、より多額の連邦高速道路建設基金が引き出せるかどうかが最大の問題となるが、ウォーカーは連邦基金の上乗せの可能性を示唆することにより、高速道路の建設を全面的に廃止することなく段階的にでも年月をかけて推し進める方策を探っていた。二月中旬の州運輸省の最終案に圧力をかけるべく、郡政財界の推進派主要メンバーは、新高速道路建設に関する対案となる提案書を作成し、下旬に州に対して公表しようとしていた。

高速道路建設反対派、推進派とも州運輸省の最終案は二月の中旬に発表される予定であると聞かされていた。ところが、一月二七日に、運輸省長官ハワード・エルサリムは突然記者会見を行い、新バイパス案の撤回を発表した。調査結果を検討したのち、ボブ・ケイシー知事はアーミッシュ・コミュニティを分断したり、アーミッシュの生活様式を混乱させるような新高速道路は造らないと決定したとエルサリムは述べた。代わりに、州運輸省は中断している「山羊の道」を一九九二年までに完成する計画を推進し、その先のニューホランドまでの新道路については環境調査を開始すること、および国道30号線のバイパスについては新たな可能性の研究に着手する予定である旨を明らかにした(40)。この発表は突然であったが、内容はほぼ予測されたものであり、反対派のリーダー、リチャード・アームストロングは今回の決定はランカスター郡の文化面および農業面の重要性を認識した賢明な選択であると評価した(41)。しかし、推進派は二重の意味で失望した。第一に、形勢は不利であると認識していたが、地元政財界を挙げて代替案の提案書を公表しようとしていたにもかかわらず、抜き打ち的に事前の連絡もなく高速道路建設案が撤回されたことに当惑した。仕方なく、翌日の一月二八日に州運輸省の発表の一日前の一月二六日づけでランカスター郡行政官長ジェイムズ・フーバーはランカスター郡計画委員会、ランカスター郡農業保存委員会、ランカスター商工会議所、ペンシルベニア・ダッチ観光案内局、ランカスター自動車クラブからの支持を取りつけた提案書を公表して、ランカスター郡としての高速道路建設に関する見解を示し、高速道路建設の必要性を訴え、州道23号線、国道30号線のバイパス計画案推進にランカスター郡の政財界はさらに努力することを誓った[42]。第二に、州運輸省の具体的代替案は一九九二年までに「山羊の道」を完成させるという計画にとどまり、他の道路計画の可能性については再調査をするという文言で、事実上、振り出しに戻ってしまった。

一月二七日、州知事ケイシーはハリスバーグで声明を発表し、「フィラデルフィア州を偉大な州にしている要因のひとつは我々の文化の多様性だ。この州のかけがえのない貴重な伝統は取り除かれたり、中断されたり、破壊されたりすべきでない。私の判断では、アーミッシュの人々の生活様式と伝統はまさしく州の貴重な伝統だ。高速道路のためにアーミッシュの人々の価値観や生活様式を台無しにすることは公共の利益にならないと私は判断した。高速道路建設用地に関しては、金や交通事情だけでなく、守るべき人々、家族、価値観、伝統などを考慮にいれる価値判断が必要だ[43]」と撤回理由を述べた。ここに、九月の旧派アーミッシュの説明集会参加に始まった数カ月に及ぶ高速道路建設反対派の運動は功を奏し、州政府のバイパス建設案の撤回で、地元政財界悲願の高速道路建設は事実上一旦廃案となり、今回の物語は幕を閉じることになった。

おわりに

一九八七年九月から一九八八年一月末までの新高速道路建設案にまつわる物語を概観して、旧派アーミッシュの九月二三日の説明集会への先例のない多数の参加こそがバイパス建設反対運動の起爆剤となり、後々の廃止への方向を決定づけたと言える。この点から、リチャード・アームストロングが、旧派アーミッシュが公的な事柄に明確に意志表示をすることや世間から脚光を浴びることを宗教上の理由から避けることを知りながら、アーミッシュ・コミュニティへの道路建設の影響を彼らに知らせ、集会参加を促した意味は大きく、彼の戦略は成功したと言える。実際、旧派アーミッシュの集会参加以後、反対運動の中心テーマとして、世界でも稀な豊かな土壌を持つランカスター郡において素朴でシンプルな生活をしている旧派アーミッシュの農地と彼らの生活様式を救えという構図が常に前面に出てくる。ここに旧派アーミッシュと彼らの農地はアメリカにおける侵すべからざる無垢な存在の象徴として捉えられ、「アーミッシュ問題」として、高速道路建設における最大の壁となった。

事実、九月二三日以後、「旧派アーミッシュと彼らの神聖な農地」という論調は常に一貫して新高速道路建設反対運動と対になって表れている。この観点から見ると、旧派アーミッシュの定住地域を分断する計画を遂行しようとする州運輸省とその技術者たちは「無垢なアメリカの聖地」を侵す許しがたい悪者となる。州運輸省に大量に舞い込んだ抗議の投書も基本的に旧派アーミッシュと彼らの農地や生活信条を都市化と産業化が進捗しすぎたアメリカのなかでの懐かしい「ガーデン・スポット」として象徴的に捉えている。このため無機的で、官僚的で、冷酷に映る州運輸省の計画案は「古き良きアメリカ」を蹂躙する悪しき案となる。さらに、マスコミ報道も基本的に、無力なアーミッシュに対する政府の官僚的圧力という構図を描いて、高速道路建設問題を報じた。そのため、その論調はアーミッシュに対して同情的となることが多く、抗議の投書に代表されるように、アーミッシュ擁護の影響を世論に与えた。

渋滞解消とさらなる経済発展を求めて、長年バイパス建設を推進しようとしてきたランカスター郡の地元政財界は、「旧派アーミッシュと彼らの聖なる農地」という経済成長とは価値観が異なる問題が前面に出てきたため苦況に陥った。地元政財界にとっても、旧派アーミッシュがランカスター郡に定住しているため、地元の観光産業が潤い、多大な経済効果をもたらしていることは十分すぎるほど認識していた。そのため、新高速道路建設とアーミッシュ定住地域の保全という問題を両立しなくてはならなかった。したがって反対派勢力と全面的に対立することはできず、自ずとその選択の幅は狭められていった。結局、州運輸省としても、厳しい財政状況から、無理をしてまで「旧派アーミッシュと彼らの豊穣な農地」という錦の御旗を掲げた反対派と彼らに同調する地元住民の意向に逆らって道路建設を推し進める理由はなく、アーミッシュ文化を守るという誰もが反対しにくい根拠で新高速道路案を全面撤回した。

謝辞

第６章の研究は、一九九四年度帝塚山学園特別研究費の助成を受けて行われた。ここに記して深謝を表したい。

注

（1）Penny Armstrong, Gideon Fisher, Ed Klimuska, and Gerald Lestz, *Amish Perspectives*（York, PA: York Graphic Services Inc., 1988）, 96.

（2）Stephen Miller, "A Structurationist Interpretation of Land Use Conflict in Lancaster County, Pennsylvania"（Ph. D. diss., Pennsylvania State University, 1992）, 166-168.

（3）*Lancaster New Era*, June 18, 1992, and November 6, 1992.
（4）Stephen Miller, *op cit.*, 168-169.
（5）Ed Klimuska, *Lancaster County: The*（*Ex?*）*Garden Spot of America*（Lancaster, PA: Lancaster Newspapers, 1988）, 3.
（6）*Ibid.*, 15.
（7）Lancaster County Planning Commission, *Directions: A Comprehensive Plan for Lancaster County, Pennsylvania*（Lancaster, PA: 1975）, 28-29.
（8）Stephen Miller, *op.cit.*, 169-170.
（9）"90 Residents Question PennDOT on Rt. 23-30,"　*Lancaster New Era*, May 12, 1987.
（10）Ernest Schreiber,　"Rt. 23/30 Meeting: Leaflets and Concern Assure Big Turnout of Plain Sect Farmers,"　*Lancaster New Era*, September 23, 1987, 2.
（11）Penny Armstrong, Gideon Fisher, Ed Klimuska, and Gerald Lestz, *op.cit.*, 97-98.
（12）リチャード・アームストロング手書きの旧派アーミッシュに配布されたパンフレット、"Please Help!"。表には集会についての説明が書かれており、裏には六つのルートのバイパス案の地図が載せられている。
（13）*Lancaster New Era*, September 23, 1987.
（14）Stephen Miller, *op.cit.*, 173-174.
（15）Gil Delaney,　"2000 Crowd Meeting On New Route 23/30,"　*Intelligencer Journal*, September 24, 1987, 2.
（16）*Ibid.*, 1.
（17）Ernest Schreiber,　"Big Amish Turnout For Rt. 23/30 Urges Pa. to Save Farms,"　*Lancaster New Era*,

September 24, 1987, 2.

(18) *Ibid*., 1.

(19) *Ibid*.

(20) David Strum, "Amish Speak Out On Highway Plan," *Intelligencer Journal*, Septemer 24, 1987, 9.

(21) Ernest Schreiber, "Huber Says New 23/30 Must Spare Farmland," *Lancaster New Era*, September 29, 1987, 4.

(22) *Lancaster New Era*, September 23, 1987, 2.

(23) Lancaster County Planning Commission, "Resolution of the Lancaster County Planning Commission Supporting a Skirting Route 23/30 Parkway Alignment," (Lancaster PA: October 26, 1987).

(24) *The New York Times*, September 25, 1987.

(25) "Taking an unusual stand, Amish oppose a road," *The Philadelphia Inquirer*, September 25, 1987.

(26) Ernest Schreiber, "From Across U.S., Letters Urge: 'Don't Destroy Amish Farmland'," *Lancaster New Era*, November 25, 1987, 1-2.

(27) William K. Stevens, "For Amish Progress Can Be Threat," *The New York Times*, December 2, 1987.

(28) Ed Klimuska, *op.cit*., 52. Robert L. Kidder, "The Role of Outsiders," in Donald B. Kraybill ed., *The Amish and the State* (Baltimore: The Johns Hopkins University Press, 1993), 221.

(29) Ernest Schreiber, "Amish Ask: 'How Much Will New Highway Help?'," *Lancaster New Era*, October 20, 1987.

(30) "Amishman Suggests 23/30 Follow RR," *Lancaster New Era*, November 19, 1987.

（31）*Lancaster New Era*, November 25, 1987, 2.
（32）Ernest Schreiber, "Pa. Study Says Gap-Leola Path Is 'Best' for New Route 23/30," *Lancaster New Era*, December 2, 1987.1. 7.
（33）*Ibid.*
（34）Rick Sauder, "Most Speak Against New Route 23/30, *Intelligencer Journal*, December 10, 1987, 1.
（35）Ernest Schreiber, "Hundreds Say 'No' To All 6 Proposals For Route 23/30," *Lancaster New Era*, December 10, 1987, 1-2.
（36）John A. Hostetler, "Land Use, Ethics, and Agriculture in Lancaster County," *Report to the Pennsylvania Department of Transportation*, January 12, 1988.
（37）*Lancaster New Era*, January 21, 1988, 2.
（38）Gary Cramer, "Brenneman: Route 23/30 Keys Growth," *Intelligencer Journal*, January 21, 1988, 1-2.
（39）Gil Delaney, "Walker to Seek U.S. Funds for New Rt.23/30," *Intelligencer Journal*, January 21, 1988, 1. 6.
（40）Ernest Schreiber, "Officials Pleased by Casey Move to Finish 'Goat Path' But Disappointed by Rt. 30 Delay," *Lancaster New Era*, January 28, 1988, 1-2.
（41）*Ibid.*, 1.
（42）Gil Delaney, "Leaders Unite On Route 30 Push," *Intelligencer Journal*, January 29, 1988, 1. 6.
（43）William K. Stevens, "Plan for Highway Through Amish Region Is Killed in Pennsylvania," *The New York Times*, January 29, 1988.

第7章

旧派アーミッシュと区域規制

――ペンシルベニア州ランカスター郡における事例研究――

はじめに

ペンシルベニア州ランカスター郡はオハイオ州ホームズ郡、インディアナ州エルクハート郡とともに全米における旧派アーミッシュの三大定住地域のひとつであり、最も古くからアーミッシュ共同体が発展した地域である[1]。肥沃な石灰質の土壌に恵まれているため、アーミッシュを中心とする勤勉な農家が高い農業生産性を保ち、全米有数の農業生産地となっている。また、旧派アーミッシュの定住地域として全米で最もよく知られており、観光客が年間約五〇〇万人も訪れる著名な観光地となっている。またこの地域は東部メガロポリスの西端に位置し勤勉で豊富な労働力にも恵まれているため、一九七〇年代から一九八〇年代にかけて産業化と商業化の波が観光産業の発展とあいまってこの地域に押し寄せ、ペンシルベニア州随一の経済成長率を示す地域になった[2]。同時に開発業者による住宅建設が広がり郊外化が急速に進捗した。このため土地価格が高騰し土地利用に関して一九七〇年代以前には見られなかった様々な問題が表面化してきた[3]。それらの問題に対処するためのひとつの手段としてランカスター郡の各町区（township）で町区事情に応じた区域規制（zoning regulations）がこの時期に次々と導入された。例えば乱開発を防ぎ良好な環境を維持し、貴重な農地を守るひとつの手段として、ランカスター郡の多くの町は農業のための用途地域規制を導入した[4]。

一方、ランカスター郡に定住する旧派アーミッシュは一家族平均七名の子供を持つ多産系のため過去約二〇年間に人口が急増した。一九七〇年には四七教会区に約七〇〇〇人のアーミッシュ人口が存在していたが、一九九〇年には一〇〇教会区に増加し、人口も約一万七〇〇〇人になった[5]。一九七〇年代以前にはランカスター郡の大多数の旧派アーミッシュは農業に従事していたが、一九七〇年代以降の地価の高騰とアーミッシュ人口の急増という事態に直面して、農業以外の職業を選択する者が多数出始めた。特にランカスター郡に特有の現象として、アーミッシュ住民の自営による小規模な様々な種類の店舗が多数現れた[6]。その反面、農業を天賦の職業として近代的農機具の使用を最小限にとどめて家族共同で経営にあたる旧派アーミッシュ農民が依然主流派として存在している。

郊外化が進捗するランカスター郡の近年の急激な変貌のなかで、旧派アーミッシュも職業選択などにおいて事態への対応を迫られた。同時に、ランカスター郡ではこの時期に各町の実情に合わせて、区域規制の網が張りめぐらされたが、旧派アーミッシュはこの区域規制にどのように対応してきたのであろうか。第7章では、旧派アーミッシュが区域規制にどのように対処してきたかを示す最近の事例を紹介し、旧派アーミッシュと区域規制との関係を考察し、近年のランカスター郡の変貌に対処を迫られるアーミッシュ像を紹介する。

一　旧派アーミッシュの生活様式と区域規制との対立

旧派アーミッシュと区域規制の対立の典型的パターンは彼らの従来からの生活様式が新しく設けられた区域規制の法令に抵触し、違反となるケースである。このケースは多数存在するが、典型的な三つの事例を検証する。

（1）一九八九年、ドラモア町（Drumore Township）在住の旧派アーミッシュ、ジャコブ・ハーシュバーガー（Jacob Hershberger）は義父から購入した土地に納屋を建てるためにドラモア町に建築申請を出し、認可を得たのち建築を始めた。しかし担当役人が検査に訪れると、家族九人のための住居用の部屋が納屋の二階に建築されている事実が判明したため、建築許可は取り消された。住居建設のためには、適切な下水道処理設備を備えていることが必要であったが、ハーシュバーガーは屋外便所を設置し、建築を続行し、住居施設を備えた納屋は完成した。旧派アーミッシュは元来政府の干渉を嫌う著しい傾向があり、家屋や納屋の建築の際、建築申請をしない場合がしばしばある。このような時、町の担当役人は、旧派アーミッシュに対して建築申請を行い用途地域の指定に従って法令や条例の許可を得て、建築をするように指導する。ハーシュバーガーの件においても、ドラモア町の関係役人がハーシュバーガーに下水道の認可を得るように指導した。納屋建築に関しては下水道処理さえ適切に行われれば認可がおりることになった。

しかし、屋外便所の設置で問題が起こった。ペンシルベニア州では、下水道工事が行われておらず、排水設備が整っていない地域においては、簡易式汲み取りの屋外便所の設置は認められている。ところが、ハーシュバーガーの住居地域では下水道管が通っているため、簡易式汲み取りの屋外便所の設置および使用は禁止されていた。汚水処理槽を設置すれば、屋外便所の認可はおりたが、汚水処理槽の設置に約五〇〇〇ドルの費用の見積もりがなされたため、ハーシュバーガーは無許可で簡易式汲み取り屋外便所を作り、使用し続けた。郊外化が進捗したランカスター郡では公共下水道設備の配置が近年整いつつあり、旧派アーミッシュの家屋でも水洗式のトイレが普及している。しかし、アーミッシュ児童が通うアーミッシュ運営による小学校やアーミッシュ経営の農場などでは未だに屋外便所が使われているところがある。

行政管轄権のあるデルモア町の汚水管理官、マービン・ストーナー（Marvin Stoner）は六月から七月にかけて再三ハーシュバーガーに警告を発したが、屋外便所の認可のための改善処置はとられなかった。ハーシュバーガーは簡易式汲み取り便所で十分であると主張し、便利さを求める高価な排水設備などは必要ないと述べた。これに対して、ストーナーは汚水処理法違反でハーシュバーガーを告発した。地方裁判所は九月にハーシュバーガーに有罪を言い渡し、六九八ドルの罰金を支払うように命じた。ハーシュバーガーは罰金の支払い拒否を表明したため、最終的に、地方裁判所は彼に三〇日間のランカスター郡刑務所での服役を命じた。ハーシュバーガーは「私がなにか環境を汚染してしまったというのなら、有罪だと思う。罰金も支払う。だが、政府にどのような生活様式をしろと言われる筋合いはない」と抗議し、服役した。服役後、彼は土地を売り払いデルモア町を去った[7]。

（2）ソールズベリー町（Salisbury Township）在住の旧派アーミッシュ、アクイラ・ストルツフス（Aquilla Stoltzfus）はソールズベリー町区域審理委員会からの度重なる呼び出しに辟易としていた。委員会のメンバーであるジョン・コレッツマン（John Koretzman）はストルツフスの敷地内の建物が違反建造物であることを再三指摘した。一九九一年六月には区域審理委員会はストルツフスの大工作業用の納屋と三台の馬車収納用の小屋は住宅地域指定違反であることを明記し、取り壊しを命じた。ストルツフスは納屋の取り壊しには応じたが、馬車収納用の小屋に関して委員会に異義申し立てを唱えた。「馬車をどこに置けと言うのだ。前庭に置いてタープを張れとでも言うのか」と不満を述べると、副委員長、スティーブン・バー（Stephen Barr）は「他のアーミッシュ住民は付属建造物に関しては一一七六平方フィート以内の面積に抑えるソールズベリー町区域規制法を遵守している。なぜ四〇パーセント以上も違反しているのか」と問い質した。ストルツフスは、「二台の馬車を持っているアーミッシュの家族なら、その大きさの小屋で十分だ。私は三台の馬車を持っているので特例として認めてほしい」と嘆願した。コレッツマン委員は「馬車の台数は問題ではない。この小屋の面積はアーミッシュ共同体の人々とも協議し、彼らからもその面積で十分であるとの回答を得たうえで、決定した数字だ。あなただけ特例を認めることなどできない」と返答し、収納小屋の取り壊しを再度命じた。

ストルツフスは「ソールズベリー町はもっと柔軟に対応できないのか。勝手に納屋や小屋の大きさの線引きをして、我々に押しつける。まるでトラブルをわざと作っているようなものだ」と嘆き、「この町から出ていくように仕向けているのか」と不満を述べたが委員会の決定は覆らず、ストルツフスは最終的には馬車収納用の小屋の縮小に応じた。(8)

（３）一九九一年、リーコック町（Leacock Township）在住の旧派アーミッシュ、サミュエル・

エッシュ（Samuel Esh）は二世帯住居を造るために、アーミッシュ家屋独特の「グロスダディ・ハウス」と呼ばれる母屋に隣接する小さな家屋を建設する旨の申請をリーコック町に提出して、認可された。リーコック町では「グロスダディ・ハウス」の建築に関しては母屋に隣接し、双方の家屋が一体化して、双方向に移動可能であることが建築認可の条件のひとつであった。しかしエッシュが実際に建築した家屋は母屋から四〇フィートも離れた完全に独立した一戸建てであった。

この件はリーコック町の二世帯住宅建築の認可条件に明らかに抵触しているため、リーコック町区域審理委員会は、エッシュを呼び、事情聴取を行った。委員会は大家族であるエッシュ家の事情を考慮して、「グロスダディ・ハウス」の取り壊しを命ぜず、元の認可条件を満たすために母屋に隣接させるか、二軒をつなぐ渡り廊下を設置することで問題解決を図った。ソールズベリー町区域審理委員会の強硬な姿勢と比較すると、リーコック町区域審理委員会のエッシュに対する処置ははるかに寛大である。同委員会はエッシュの件と同時に審査した別の違法納屋建築に対しては取り壊しを命じており、エッシュ家への寛大さが目立つ。実際、「グロスダディ・ハウス」を建設したために、敷地面積に対して建蔽率が超過したにもかかわらず、その点については委員会では黙認され、エッシュ家の家庭事情への考慮が最優先された(9)。

これらの三事例はランカスター郡での規制法が程度の差はあるが、かなり厳しく適用されるようになってきたことを表している。ランカスター郡が田園地帯から大都市郊外圏に変貌するにつれて、住宅に関する建築規制が厳しくなり、旧派アーミッシュの家屋にもこれらの規制法が運用される。ところが、アーミッシュ住民側では、伝統的に政府との関わりを持つことを避けてきた(10)。そのため行政側

アーミッシュの二世帯住宅

アーミッシュの近代的な住宅

からの規制に無関心になりがちであり、規制法を遵守しなければならない明確な理由が理解できない。自己の敷地内で他人への迷惑をかけないかぎり、なぜ複雑な建築条件に従う必要性があるのか彼らは理解に苦しむ。このため、住居建設に関して多くの旧派アーミッシュ住民と各町の所轄役人との間で摩擦が生じてきたが、それらの摩擦を通じてアーミッシュ・コミュニティにも住居専用地域における建築規制の意味が理解されるようになってきている。

二　アーミッシュ・ビジネスと土地用途規制の緩和

ランカスター郡における旧派アーミッシュの職業選択は過去約二〇年間で大きく変化した。一九七〇年代以前の旧派アーミッシュの職業として一部、大工や鍛冶屋が存在していたが、大多数は農業に従事していた。ところが、一九七〇年代以後の土地の価格高騰と一家族平均子供七人という多産系によるアーミッシュ人口の増加のため、若いアーミッシュ世帯が農地を買い上げ、専業農家となることが非常に困難になってきた[11]。一方、ランカスター郡への観光客の数は年々増加の一途をたどり、アーミッシュ関係の観光ビジネスへの職業需要は大きく広がった。このため、旧派アーミッシュの数多くの人々が専業農家になることをあきらめ、家内工業的な店舗を自宅の家屋や納屋に作り、営業を始めるアーミッシュ・ビジネスが現れた。ランカスター郡の旧派アーミッシュの主要な定住地域を回ればいかに多種多様な職業がアーミッシュによって経営されているかが分かる。

元来、旧派アーミッシュの主要な職業は農業であったので彼らの住居は農業専用地域にあることが多い。ところが、アーミッシュ・ビジネスは自宅の敷地内で開業するケースが多く、用途規制の法令からすれば商業目的の土地利用は禁止されている地域で営業することになる。このため、旧派アーミッシュ側からの規制除外措置の要求が行政側に相次いだ。用途地域規制の変更は町区で決定されるため、アーミッシュ人口が稠密な町区ではアーミッシュ住民の店舗開設のための様々な方策が展開されている。ここではふたつの町の対応の事例を紹介する。

（1）　イーデン町（Eden Township）では約三〇名の旧派アーミッシュ住民が一九八八年の夏に再三にわたり、イーデン町区域審理委員会に農業専用地域規制からの適用除外措置を申請した。彼らは家内工業的な店舗を自宅の家屋や納屋のそばに作り営業することによって、農業以外からの副収入を得ようとしていた。通常、旧派アーミッシュからの規制区域における例外的措置を求める所轄官庁への申請は個別のアーミッシュ住民の事情に応じて行われるが、イーデン町のように約三〇名もの旧派アーミッシュが集団で何回も明確な意図を持って、例外的措置を要請することはめずらしい。度重なる嘆願にもかかわらず、彼らの申請は一旦は却下された。

しかし、イーデン町区域審理委員会は彼らの集団的適用除外措置の申請を真剣に受け止め、イーデン町における旧派アーミッシュの状況を調査した。その結果、イーデン町のアーミッシュ人口増加に対して彼らが購入できる農地は明らかに減少していることが判明した。このため、多くのアーミッシュ世帯では農業以外からの収入源を求める必要性が生じていた。委員会はこの事態を憂慮し、農業専用地域の規定改正を検討し農場や自宅の家屋での小規模店舗の営業を許可する方向で規約改正の原案作成に乗り出し、改正案をまとめた。

委員会の提示した案は農業専用地域での小規模店舗の許可というアーミッシュ住民の望んでいた方

向で作成されたが、イーデン町の田園的な農業地域としての特徴を損なわないように詳細な付帯条項が盛り込まれていた。営業認可の職種に関しては農業製品販売、工芸品製造販売、帽子店、鍛冶屋、機械修理店、工具製造店、馬車の修理と販売、家具製造販売、キルト等の織物販売、服屋、靴屋、肉屋に限定されていた。農地での営業場所の土地面積は一エーカー以上二エーカー以内とし、店舗、駐車場、倉庫を含み建蔽率は五〇パーセント以内とし、セットバックや景観への配慮が義務づけられる。店舗には最低一名の従業員が常にいること、その他看板の大きさなどこまごましたことも規定されている。自宅の家屋での営業の場合、営業面積は自宅面積の二五パーセント以下でなければならず、五〇〇平方フィートを超える場合は五〇〇平方フィートまでの営業面積しか許可されない。自宅に住まない従業員は二人以上雇えない。駐車場は車三台以上収容可能であることなど、さらに細目が規定されている。

イーデン町は上記の付帯事項を入れて小規模店舗の開設を農業専用地域に認可する条令改正をランカスター郡計画委員会に提示した。ランカスター郡計画委員会はこの改正案に同意したため、一九八八年一二月に公聴会がイーデン町の住民を集めて開かれ、条令改正について住民の意見が求められた。結局賛成多数で改正案が支持されたため、イーデン町は農業専用地域における小規模店舗の認可という条令改正を施行した。(12)

（2）イーデン町の場合は町行政が用途区域規制を主としてアーミッシュ住民のニーズに応じて積極的に変更したが、より一般的には、アーミッシュ住民からの区域規制に対する適用除外措置を求める申し出を区域審理委員会が個別に審査し、申請を認可するか、却下する。旧派アーミッシュは概して適用除外措置の申請に無関心で、区域規制を無視して自宅の敷地内でビジネスを始めることがよくあるが、近年これらの営業に対する取り締まりは強化され営業廃止に追い込まれることもたびたび起こったため、区域規制に対する例外的処置を申請する旧派アーミッシュが増加している。これに対して区域審理委員会も柔軟に対応している。

一例として、一九九三年三月一六日のリーコック町区域審理委員会の五件の旧派アーミッシュからの適用除外措置申請に対する回答を見る。アブナー・フィッシャー（Abner Fisher）は親族の住宅建設のために自分の土地区画の細分化を申請したが却下された。却下理由は土地区画が小さすぎることと、セットバックが十分にとれない点にあった。レヴィ・ストルツフス（Levi Stoltzfus）は現行の適用除外措置を受けている工芸店舗をさらに拡張して展示コーナーを設けることを申請したが、問題なしとして認可された。アブナー・リール（Abner Riehl）は現行の適用除外措置認定の家具製造業を屋根ふきおよびサイディング製造業へ変更することを申請し認可された。コア・ストルツフス（Kore Stolfzfus）は適用除外措置認定のアーミッシュ帽製造業の仕事場を拡張する計画があった。仕事場の建物の建蔽率の大幅な拡大は過去の例から間違いなく却下される予想がついたため、建物の改築はせずに二階も仕事場にする旨の申請をした。委員会側は容積率の変更はないのでこの申請を認可した。ジョン・バイラー（John Beiler）は営業店舗用の駐車場の拡張を適用除外措置として認可されていたが、認められた工期中に工事が完了しなかった。そのため工事期間の延長を申請し、認可された。

これらの例から、リーコック町では、アーミッシュ・ビジネスに対して区域規制の一律緩和措置は取っていないが、個々の旧派アーミッシュ住民の要請に応じて規制緩和への例外措置を柔軟に適用していることが分かる。これはリーコック町には旧派アーミッシュ住民が多数在住し、アーミッシュ観光の中心地でもあり、町行政としても税収財源の面からアーミッシュ住民の意向を慎重に検討する必要があるためである。しかし、アブナー・フィッシャーの場合のように、町の景観に影響を与える変更は審査が厳しく、区域規制の適用除外措置を受けることは困難である。[13]

三　アーミッシュ農家と農地保存運動

ランカスター郡では自営のアーミッシュ・ビジネスが農業以外の職業選択肢として一九七〇年代以降急激に発展してきたが、旧派アーミッシュの専業農家は一九九〇年代においてもアーミッシュ人口の約五割を占め、アーミッシュ農家がアーミッシュ・コミュニティにおける主流派であることに疑いはない。アーミッシュ共同体においても、アーミッシュ社会の根幹を形成する天賦の職業と見なしていた農業の衰退は危機意識を持って捉えられており、アーミッシュ社会の変質を防ぐためにも農地の保存を積極的に推し進めようとする気運が生まれてきている。アーミッシュ農地を守ろうとする旧派アーミッシュ住民のふたつの事例を紹介する。

（1）一九八四年、マンハイム町（Manheim Township）とワーウィック町（Warwick Township）の農家一四世帯は農地がお互いに隣接していたが、彼らの農地が存在する地域一帯は五年前の法令改正で住居地域指定となったため、周辺に開発業者主導による住宅開発が進み、郊外化の波が彼らの農地の近くにまで迫ってきた。一九七九年のマンハイム町の用途区域規制の変更に関する公聴会では大多数の農家は高値での農地売買を妨げる農業専用区域への指定変更に反対していたが、五年後の激しい住宅の乱開発を目のあたりにして、農業を永続的に続けようとする上記の一四農家はこの事態を静観できなくなり、永続的に農地として使用される農業保存地域を一致団結して二町を跨いで創設する決意をした。ランカスター郡農業保存委員会は郡主導で農業保存地域を作ろうとしていたが、各町の農家からの反応がなく困惑していたので、農家主導による農業保存地域創設の計画に驚喜した。マンハイム町、ワーウィック町ともこの動きを歓迎し、一四世帯の土地の合計面積一一一二エーカーだけではなく、さらにその周辺の農地を巻き込み約二倍の面積を農業保存地域にする計画を練った。

問題は周辺農家に六軒の旧派アーミッシュが含まれていたことである。アーミッシュ農家は従来から政府主導の農地計画に積極的に参加することを拒絶してきた。アーミッシュ教会も行政主導による農地保存計画へのアーミッシュ農家の関わりを支持していなかった。このため、アーミッシュ農家との交渉は難航すると予想されていた。農地保存地域に入ると税制上の優遇措置は受けるが、永続的農地保存のために開発権利の制限を受け、農業以外に自分の土地を自由に利用できなくなる。旧派アーミッシュ住民が家内工業的な店舗を農地に構えて営業することが多くなってきた一九八〇年代という時期に、農業保存地域を創設するために六世帯の旧派アーミッシュ農家がこの計画に参加するか否かが注目された。

結果は六世帯すべてが計画案への賛同を示し、専業農家として農業保存地域への参加を確約した。これは、農地保存計画に関して旧派アーミッシュが積極的に参加意志を表明した初のケースであり、注目に値する。旧派アーミッシュ農家にとっても、周辺地区の住宅開発の郊外化は由々しき問題であり、何らかの方策を取る必要性を感じていたのではないか。また、このケースでは、行政主導ではなく、農家主導でまず農地保存の運動が開始されたため、政府干渉を嫌うアーミッシュにとっては、農地保存運動への参加が容易であったと推測できる。この六世帯のアーミッシュ農家の事例を端緒として、他の町区の旧派アーミッシュも農地保存計画に徐々に参加していくことになる(14)。

（2）一九九二年一一月、アール町（Earl Township）はガーデン・スポット・ビレッジ（Garden Spot Village）という巨大な老人ホームの施設建設案に対して認可を与えるために、施設の建設地区を農業専用地区から集合住宅専用地区に変えるための用途区域変更を計画していた。ガーデン・スポット・ビレッジの建設予定地は旧派アーミッシュと旧派メノナイトの農地に隣接していたが、隣接農民は交通渋滞や騒音等の環境悪化を恐れて、用途区域変更反対運動を開始した。旧派アーミッシュは元来不利益を被るような行政政策に対して反対運動を展開するより、耐えて沈黙を守るか、我慢の限界を超えれば住み慣れた土地を捨て移住することを選ぶことが多い。アール町でも沈黙を守り事態の推移を見て、他の地域への移住を考えていた旧派アーミッシュ農家が存在した。しかし、開発のための農地破壊に対してはっきり反対の立場を明確にし、行動を起こす時が来ていると考えた旧派アーミッシュ農民は、同調する旧派メノナイト農民と環境破壊を恐れる一般住民と合同で反対同盟を設立し反対運動を展開した。アーミッシュ農民の一人は「過去五年から一〇年間の開発スピードは犯罪的だ。もし農地保存派がこの戦いに敗北すれば、集団移住が加速するだろう」と述べ、この反対運動の重要性を強調した。また、反対同盟委員のアーミッシュ農民は「我々は未来に対して先例を作ろうとしているのだ。開発がいかにして、どこで止められるかを明確にする必要がある」と決意を語った(15)。

ランカスター郡農業保存委員会もアール町の老人ホーム建設のための用途区域変更に対して公式に

反対声明を出した。反対理由のひとつは建設用地に予定されている農地が分類第一土壌と認定されている最も農業生産性の高い、農地に最適な土壌であったためである。アール町の反対同盟のメンバーやランカスター郡農業保存委員会は老人ホームの建設自体に関してはその必要性を認めていたが、第一級の農地を破壊してまでアール町に事業を勧誘するべきでないという一点で見解が一致していた。アール町の行政側としては、事業誘致の利点は数多くあった。第一に、ガーデン・スポット・ビレッジが完成することにより、税収入の増加および雇用機会の増加が見込まれた。第二に、施工会社は最新式の大容量の汚水処理設備を設置することを確約しており、アール町で問題となっていた汚水処理設備不足をいっきに解決できる見通しが立った。第三に、ランカスター郡では老人ホームの施設が恒常的に不足していたが、アール町での建設でランカスター郡全体での施設不足の解消にアール町が貢献でき、アール町の恰好の宣伝材料となった。結局、一一月九日の町政執行委員会で用途区域変更の議案が論議されたが、老人ホーム事業の有益性を認めながらも、旧派アーミッシュなどの町民の集団離脱を引き起こしては、旧派アーミッシュ人口の稠密なアール町自体の田園的性格が変質し、魅力のない町になるという意見が大勢を占め、用途区域変更は認められず、老人ホーム建設計画は一旦は頓挫した。(16)

おわりに

ランカスター郡における近年の旧派アーミッシュと区域規制との関連を示す事例を概観して、郊外化が進捗し、観光産業と商業が複雑に絡み合って発展を続けるランカスター郡においては、牧歌的な田園風景のなかで農業に従事するアーミッシュの姿の背後で、彼らは生活維持のために常に行政との対応を迫られていることが分かる。住居の改築においては、法的規制の網の目をくぐり抜ける必要がある。営業店舗の認可も町の区域審理委員会の認可がいる。専業農家として農業を営んでいても、土地開発の波と戦わなくてはならない。

伝統的なアーミッシュの生活様式を守ろうとする旧派アーミッシュの住民は困難な状況に陥っているように見える。しかし、ランカスター郡では旧派アーミッシュの集団移住が近年も常に噂として囁かれているが、現実には旧派アーミッシュの人口が急激に増加しているにもかかわらず、一九七八年の集団移住を最後にして彼らはこの地にとどまっている。これは旧派アーミッシュがランカスター郡の変貌に苦慮しながらも、うまく適応している証左ではないだろうか。観光産業をうまく取り込んだアーミッシュ・ビジネスの大発展や他の旧派アーミッシュの定住地域と比較しての変化刷新の速さを考察すると、ランカスター郡の旧派アーミッシュのしたたかさが浮かび上がってくる。

彼らの区域規制との関係においても、区域規制を避けようとする姿勢から転じて、町行政との交渉において対等に接し、有利な展開を引き出そうとする動きが見られる。すなわち、従来のように政府との関係を断ち、アーミッシュ・コミュニティのなかだけでお互い緊密で濃厚な相互扶助的人間関係を築き上げるだけでは、ランカスター郡の変化には対応できないために、行政府や観光産業などと外的関係を構築し、その関係を利用する新アーミッシュ住民層が一九七〇年代から一九九〇年代にかけて現れてきたように思われる。ハーシュバーガーの例のように、頑なに行政側の指示を無視するケースはあるがこれは例外的となっている。ランカスター郡の複雑な区域規制に対処しながら、旧派アーミッシュが今日の繁栄を獲得しているひとつの理由は、彼らの柔軟な区域規制への対応能力ではないだろうか。

注

（1）本書、第1章注（3）を参照。

（2）例えば、一九八〇年から一九八七年にかけての七年間にペンシルベニア州の経済成長率は二二パーセント増加したが、ランカスター郡は四〇パーセント増加した。Ed Klimuska, *Lancaster County: The (Ex?) Garden Spot of America* (Lancaster, PA: Lancaster Newspapers, 1988), 9.

（3）ランカスター郡の土地利用に関しては、Elizabeth Place, "Land Use" in Donald B. Kraybill, ed., *The Amish and the State* (Baltimore: The Johns Hopkins University Press, 1993), 191-210.

（4）ランカスター郡の農地保存問題の詳細に関しては、Stephen Miller, "A Structurationist Interpretation of Land Use Conflict in Lancaster County, Pennsylvania" (Ph.D. diss., Pennsylvania State University, 1992), 105-161.

（5）John A. Hostetler, *Amish Society* (Baltimore: The Johns Hopkins University Press, 1993), 97. Ed Klimuska, "The Amish are changing," *Lancaster New Era*, July 20, 1993 and July 21, 1993.

（6）Donald B. Kraybill, *The Riddle of Amish Culture* (Baltimore: The Johns Hopkins University Press, 1989), 199-206.

（7）Ed Klimuska, "Amish farmer jailed for outhouse violation," *Lancaster New Era*, October 26, 1989. Ed Klimuska, "From prison: Amish man says the issue is religious freedom," *Lancaster New Era*, November 2,

1989. Gil Delaney, "Amish man released from jail," *Intelligencer Journal*, November 10, 1989.

（8）"Salisbury Amishman, zoners debate footage," *Lancaster New Era*, April 30, 1992.

（9）"Leacock residents face prosecution over zoning code," *Intelligencer Journal*, April 17, 1991.

（10）詳しくは、Paton Yoder, "The Amish View of the State," in Donald B. Kraybill, ed., *The Amish and the State* (Baltimore: The Johns Hopkins University Press, 1993), 23-40.

（11）一九四〇年代の農地一エーカーの平均売買価格は三〇〇ドルから四〇〇ドルであった。一九八一年には価格は一エーカー四五五〇ドルまで上昇し、一九九〇年代では、一エーカー七〇〇〇ドルから八〇〇〇ドルで取引されることも珍しくない。Donald B. Kraybill and Steven M. Nolt, "The Rise of Microenterprises," in Donald B. Kraybill and Marc A. Olshan ed., *The Amish Struggle with Modernity* (Hanover and London: University Press of New England, 1994), 150-151.

（12）Michael Lear-Olimpi, "Eden Twp. Eyes Easing Rules For Amish-Farm Businesses," *Lancaster New Era*, November 16, 1988.

（13）"Leacock zoners rule out change for lot subdivision," *Lancaster New Era*, March 31, 1993.

（14）Ad Crable, "Amish Join Fellow Farmers to Create New Ag Preserve," *Lancaster New Era*, May 17, 1984.

（15）Marty Crisp, "Plain don't take a fancy to Earl project," *Lancaster Sunday News*, November 18, 1992.

（16）*Ibid.*

第8章
アーミッシュ・ビジネスの展開
——ペンシルベニア州ランカスター郡の場合——

はじめに

アーミッシュの天賦の職業は農業であるというイメージは一般に広く行き渡っている。近代的農機具を使わずに、額に汗して家族共同で農作物の刈り入れをするアーミッシュの姿を映した写真集などが、農業を中心とする平和で牧歌的なアーミッシュ的生活様式のイメージを強調する。実際、アーミッシュは伝統的に農業を生活の糧とし、宗教－農業自治共同体とも言えるコミュニティを彼らの定住地域に形成してきた。アーミッシュがすぐれた農業従事者であることは事実であり、アーミッシュ共同体のなかで家族や隣人が互いに助け合い、大地を耕し、その恵みの収穫を得る農業をアーミッシュは神聖かつ最適な職業と見なしてきた(1)。しかしながら近年、アーミッシュの職業は農業であるというイメージは現実のアーミッシュの職業形態と離反しつつある。特にこの傾向が顕著であるのがペンシルベニア州ランカスター郡である。

ランカスター郡はオハイオ州ホームズ郡、インディアナ州エルクハート郡、ラグレンジ郡とともに全米における旧派アーミッシュの三大定住地域のひとつであり、最も古くからアーミッシュ共同体が発展した地域である。[2] 肥沃な石灰質の土壌に恵まれているため、アーミッシュを中心とする勤勉な農家が高い農業生産性を保ち、全米有数の農業生産地となっている。さらに、旧派アーミッシュの定住地域として全米で最もよく知られており、アーミッシュを見ようとする観光客が年間約五〇〇万人も訪れる全米有数の観光地ともなっている。この地域はフィラデルフィア市から約六五マイル、ワシントンD.C.から約一三五マイル、ニューヨーク市から約一六五マイルの便利な位置にあり、東部メガロポリスの一端を担っている。ペンシルベニア・ダッチ（Pennsylvania Dutch）に代表される勤勉で安定した労働力の供給、大都市圏への容易なアクセス、観光産業の飛躍的発展などに支えられ、ランカスター郡の経済は一九七〇年代から活況を呈し、ペンシルベニア州で最も高い経済成長率を示し、産業化と郊外化の波がランカスター郡に追しよせた。このため、一九七〇年代から八〇年年代にかけて土地需要が高まり、ひいては土地価格が急速に上昇した。一方、ランカスター郡に定住する旧派アーミッシュは過去約二〇年間に人口が急激に増加していった。一九七〇年には四七教会区に約七〇〇〇人のアーミッシュ人口が存在していたが、一九九〇年には一〇〇教会区に増加し、人口も約一万七〇〇〇人に増えた。[3] アーミッシュは信仰上の理由から避妊を拒否するために、一家族につき平均約七人の子供を産み、子供たちの大半がアーミッシュ共同体から離脱することなく、成人洗礼をして一生涯アーミッシュとして生活することを誓う。一九七〇年以前はランカスター郡の大多数のアーミッシュは農業に従事していたが、地価の高騰とアーミッシュ人口の急増という事態に直面して、彼らはいくつかの選択肢を試みた。第一に、ペンシルベニア州の近隣の郡への集団移住である。ランカスター郡ほど豊穣ではないが、土地価格が低いので広い土地を購入でき、彼らは農業を継続できた。しかし、緊密な相互扶助的人間関係を大切にするアーミッシュにとって、住み慣れたランカスター郡のアーミッシュ共同体を後にすることは、多大な犠牲をはらうことにもなった。急激な地価高騰に耐えられず、一九七〇年代にはペンシルベニア州の近隣の郡への集団移住が活発化したが[4]、一九七八年を最後にして、一九八〇年代はランカスター郡からの近隣の郡への集団的移住は行われていない。第二に、現存するアーミッシュ農地の細分化である。アーミッシュの農業は元来労働集約型であり、一〇〇エーカー以上の農地は稀なため、一家族平均七人の子供がいることを考えれば次世代へ譲り渡すための細分化にも限界がある。第三に、職業選択の多様化である。農地を地価高騰のために購入できず、かつ移住を断念するとすれば、農業以外の職業を選択せざるをえない。事実、専門家の間では農業がアーミッシュ共同体を支えるシンボリックな職業であるため、アーミッシュの他分野への職業進出の可能性は低いと論議されていたが[5]、ランカスター郡ではアーミッシュが様々な自営業を中心とする職業を開拓し、アーミッシュ共同体にとどまっている。

第8章では、ランカスター郡で農業の代替的職業として始まった様々なアーミッシュ・ビジネスの実態を紹介し、それらの成功要因を分析する。そして過去約二〇年間に新たな職業についたアーミッシュのグループが農業を基盤として築き上げられてきたアーミッシュ共同体へどのような影響を与えているかを考察し、彼らの今後の展開を論考する。

一　アーミッシュ・ビジネス急増の実態

一九七〇年代から八〇年代にかけて、ランカスター郡ではアーミッシュ経営の様々な自営業が急速に増加した。同時に農業専従者の割合は減少する一方である。一九五〇年以前には九〇パーセント以上の旧派アーミッシュは農業に従事しており、大工や鍛冶屋などの自営業者はごく一部にかぎられていた。[6]ところが、一九七三年発行のランカスター郡旧派アーミッシュ住所氏名録によれば、旧派アーミッシュの男性労働人口の約六六パーセントが農業に従事し、その他の職業は三四パーセントを占めている。[7]一九八八年の旧派アーミッシュ住所氏名録改訂版では農業専従者が約五五パーセント、その他の職業が約四五パーセントとなっている。[8]推定ではあるが、一九九〇年代に入り、農業専従者の比率は全体の五〇パーセントあたりであろうと言われている。すなわち、旧派アーミッシュの労働人口の約五割が農業以外の職業についていることになる。一方、アーミッシュ人口も同時期に急増している。一九七三年には五〇教会区に旧派アーミッシュの成人男性が約一六〇〇名いたが、一九八八年には教会区は八五に増加し、成人男性も約三八〇〇名になった。[9]この時期にアーミッシュ経営の農地の大幅な拡大はなく、子供への農地の細分化による譲渡も限界があることを考慮に入れれば、成人男性人口の増加分の多くが農業以外の職業によって吸収されたことが分かる。ランカスター郡の旧派アーミッシュ教会は一般に非アーミッシュ経営による会社への就職は極力避けるように指導している。したがって、一九七〇年代から一九八〇年代にかけて多くの成人男性は自分で事業を起こしたか、またはアーミッシュ経営の事業に雇われたと見るのが自然である。

一九九三年、ペンシルベニア州立大学（the Pennsylvania State University）はペンシルベニア州からの要請を受けて、ランカスター郡のアーミッシュ・ビジネスの実態を明らかにするために現地のフィールドワークを行った。アーミッシュ人口の稠密な一三教会区を選び、アーミッシュ・ビジネスが展開されている基準として、次の三条件を課した。⑴年間売上高が一〇〇〇ドルを超えていること。⑵経営者がビジネスをする意図があること。⑶看板や名刺の存在などビジネスを展開している明らかな証拠があること。この三条件を課すことにより、農業のサイドビジネスとして行うアーミッシュの道端での野菜売りなどが除外された。調査結果によると一一八の自営業が存在し、一一八名の自営業者のうち一一四名と詳しい面談が実施された。一三教会区の選定に関しては、農業主体の教会区から、アーミッシュ自営業が集中する教会区まで様々な教会区を選び、ランカスター郡全体のアーミッシュの職業傾向が反映されて、平均的数値が出るように考慮された。一九九三年時点では、ランカスター郡全体では、約九五〇のアーミッシュ自営業が存在すると言われている。[10]

一一四名との面談で特徴あるアーミッシュ・ビジネスの傾向が現れている。第一に、全体の八三パーセントのアーミッシュが事業を自分で起こしたと答えている。親や親類からの譲渡および買収は一五パーセントであり、二パーセントが他のアーミッシュからの買収となっている。すなわち、圧倒的大多数が事業の創業者と言える。第二に、事業を始めた年齢は一九歳から二五歳までが二三パーセント、二六歳から三五歳までが二六パーセント、三六歳から四五歳までが二六パーセント、四六歳以上が二五パーセントとなっている。三五歳以下での創業が約五割もある。第三に、一九六〇年以前に創業されていたものは全体の六パーセント、一九七〇年代の創業が三四パーセント、一九八〇年代以降の創業が六〇パーセントを占めている。[11]これらの数値からアーミッシュ・ビジネスは一九七〇年代以降に花開き、創業の息吹きも聞こえそうな若々しい事業群の台頭であることが分かる。さらに、一三教会区の綿密な調査によって、事業の失敗、撤退がこの時期に皆無であったことが確認されている。

一一八の自営業の内訳では二〇以上の業種があるが木工関連の事業が多く、全体の約二五パーセントを占めている。また金物や機械を取り扱っている自営業も多い[12]。アーミッシュ社会において農業以外の伝統的職業としてアーミッシュ教会およびアーミッシュ共同体から認知を得ていたものに、大工と鍛冶屋があった。このため旧派アーミッシュは木工、金物関係に詳しく、その伝統が受け継がれている傾向があるように思われる。

ペンシルベニア州立大学による調査結果はランカスター郡全体のアーミッシュ自営業の近年の展開をよく反映している。ランカスター郡のアーミッシュ自営業は大きな範疇では三種類に分かれる[13]。第一に、家内工業的な小規模な店舗が一九七〇年代、八〇年代に数多く現れた。ランカスター郡の旧派アーミッシュ定住地域を訪れると、いたる所で家具店、玩具店、キルト販売店、パン屋、食料雑貨店、鍛冶屋、馬車修理屋、金物店等の看板を目にする。これらの店舗は旧派アーミッシュによって経営されているが、その規模は小さく、従業員も一名から数名までで、一般に自宅や納屋のそばに店を作り、品物を製造販売して家族や親族が協力して営業している。これらの店舗の職種は多岐にわたっているが、地元のアーミッシュ、ランカスター郡の住民、観光客などを顧客として利益を上げている。第二に、比較的大きな規模で製造業を営むアーミッシュ・ビジネスがある。しかし、製造業として従業員数は二〇名前後までであり、アーミッシュ事業家がアーミッシュ用の農業機具や動力工具を製造する工場、家具やシステムキッチンの木工場、非アーミッシュの製造会社の下請け工場などを経営している。彼らは出来上がった製品をアーミッシュ自営業者やアーミッシュ農民に納入したり、一般の会社に販売したりしている。これらの工場はアーミッシュの農地跡に建設される場合が多い。第三に、大工や建設業に関わる独立自営型の木工作業グループがある。彼らは要請を受ければ、ランカスター郡のみならず、近隣の州へも足を運び、家の建設やシステムキッチンの備えつけなどの受注した仕事をする。

二　アーミッシュ自営業者の具体例

アーミッシュ・ビジネスがランカスター郡で隆盛をきわめていることは統計的には明らかであるが、ここではアーミッシュ自営業者の具体例を少し紹介して、彼らの事業の展開を垣間見ることとする。

ヘンリー・エッシュ（Henry Esh）はインターコース村（Village of Intercourse）にあるクイーン・ロード・インダストリアル・エンジンズ（Queen Road Industrial Engines）の社長である。彼の会社は主として酪農家に対して牛乳冷却用の装置の販売とそのメンテナンス・サービスを行っている。ランカスター郡のみでなく、東部地域一帯に販売網を展開し、売り上げを伸ばしている。エッシュは一九四五年に五人兄弟の末っ子として生まれた。彼によれば、「自分で生計を立てようとする年齢に達した時には農地は残っていなかった。父親はその時六五歳で銀行から土地を買うために金を借りるには歳を取りすぎていた」ため、インターコース村にある農機具製造販売会社に雇われた。ここで彼は機械類の仕事に非常に興味を持ち、ディーゼルエンジン部門の職工長となった。ディーゼルエンジンと関連製品の技術をマスターしたのち、二七歳で独立した。ディーゼルエンジンを動力源とする牛乳冷却用の装置を開発し、アーミッシュ世帯に販売し成功を収めた。この成功を契機としてさらに事業を拡大して、ディーゼルエンジンに関連した他の製品開発も手掛けた。デール・カーネギー（Dale Carnegie）の販売と経営の通信教育講座も受講したエッシュは、「三種類の人間のタイプがある。ことを起こすタイプ、それを見ているタイプ、何が起こったのかと思っているタイプ。私はことを起こすタイプの人間になりたいんだ」と語り、意欲満々である。[14]

ロンクス村（Village of Ronks）在住のアイザック・カオフマン（Isaac Kauffman Jr.）は手製のアンティーク時計製造の店舗を開いている。彼の作るアンティーク時計は非常に人気があるが、客の注文を受けたのち丁重に時間をかけて作るため、需要に追いつかない。五年間で約五〇個のアンティーク時計を製造している。価格はサイズや模様にもよるが二〇〇〇ドル前後になることが多い。彼の父親は農民であったが、背中を痛めて農業の継続が困難になったため、時計修理の仕事を副業として始め、のちに時計修理が本業となった。息子のアイザックが農業を継続したが、父親の仕事に興味を持ち、結局息子は父の仕事を手伝いながら弟子となり、時計の修理や製造を覚えていった。さらに、アンティークの時計製造の腕を磨き、美しいアンティーク時計を作る評判を高めていった。「時計作りはわたしがしたい仕事なんだ。血筋かな。農業でも生計は立てられるがこの仕事ほど楽しめない」とカオフマンは語る。[15]

ロンクス村在住の二人のジョン・ラップ（John D. Lapp と John K. Lapp）氏を紹介する。彼らは遠い親戚筋にあたり、住居兼仕事場はお互い徒歩約五分ほどの距離に位置している。彼らはジョン・

バイラー（John Beirer）率いる第六一教会区に属している。ジョン・D・ラップ氏は一九四六年生まれであり、一九六九年に結婚し、五男一女に恵まれ父親の後を継ぎ農業を営んでいたが、一九八六年からラップ家具製造販売店を単独で開いた。ラップ氏の作る精巧なロールトップ・デスクは口コミで評判を呼び、二〇〇〇ドル以上の高価なオーク材使用の机であるにもかかわらず、よく売れて全米どこにでも輸送されるまでになった。仕事は繁栄し、息子に農業を任せてラップ氏は家具製造販売の事業に専念している。また息子の一人を家具製造の後継者として育てている。[16] ジョン・K・ラップ氏は一九四九年に生まれた。多産系の家族で一四兄弟の次男として、早くから独立する必要があったため、大工の職業を選んだが、足の負傷を転機として二〇代で玩具製造販売を専業で一人で始め、現在二名（一名は甥のエーミス（Amis）、一七歳）の従業員を雇って順調に事業を展開している。アーミッシュとしては晩婚で三五歳で子供ができ、現在二人の子供がいる。[17] どちらの店も作業場と売場が隣接している。ジョン・K・ラップ氏に筆者が自己紹介して作業場を見せてほしいとお願いすると、いいですよと快く応じてくれた。この日は甥のエーミスが働いていた。エーミスは筆者に空力代替システムについて詳しく教えてくれた。エーミスはこの空力代替システムを使えばほぼ何でも作れると語った。作業場ではディーゼルエンジンから動力を得た空力ポンプで作動できる種々の動力工具が所狭しと置いてあり、精巧な木工製品を作るための道具は取り揃えられている。

三　アーミッシュ・ビジネスの成功要因

アーミッシュ運営による小学校で八年間を過ごし、アーミッシュ女性の教師から基本的な読み・書

ジョン・D. ラップ氏の名刺

ジョン・K. ラップ氏の名刺

ジョン・D. ラップ氏制作の家具

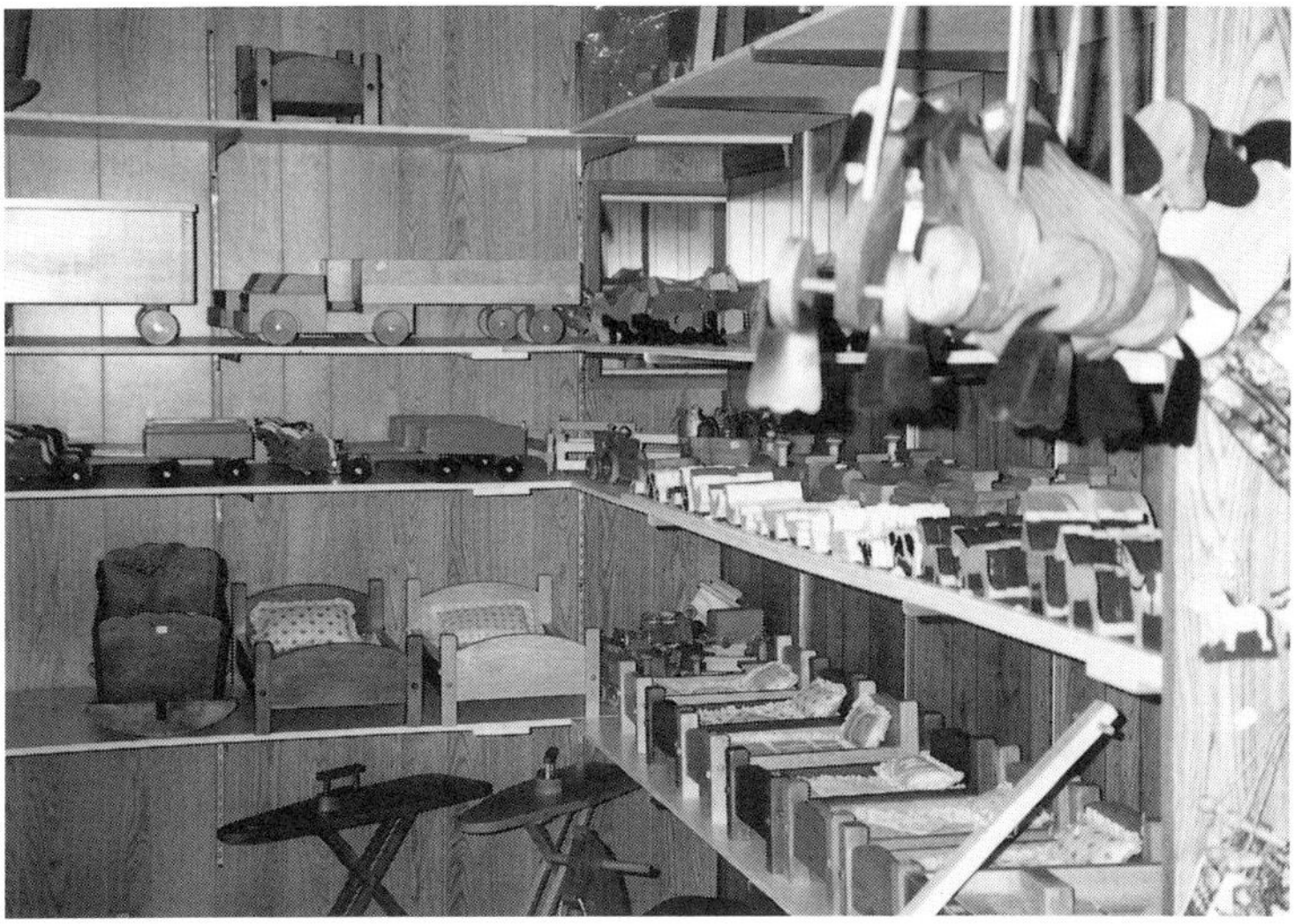

ジョン・K. ラップ氏の玩具屋

工作用器具

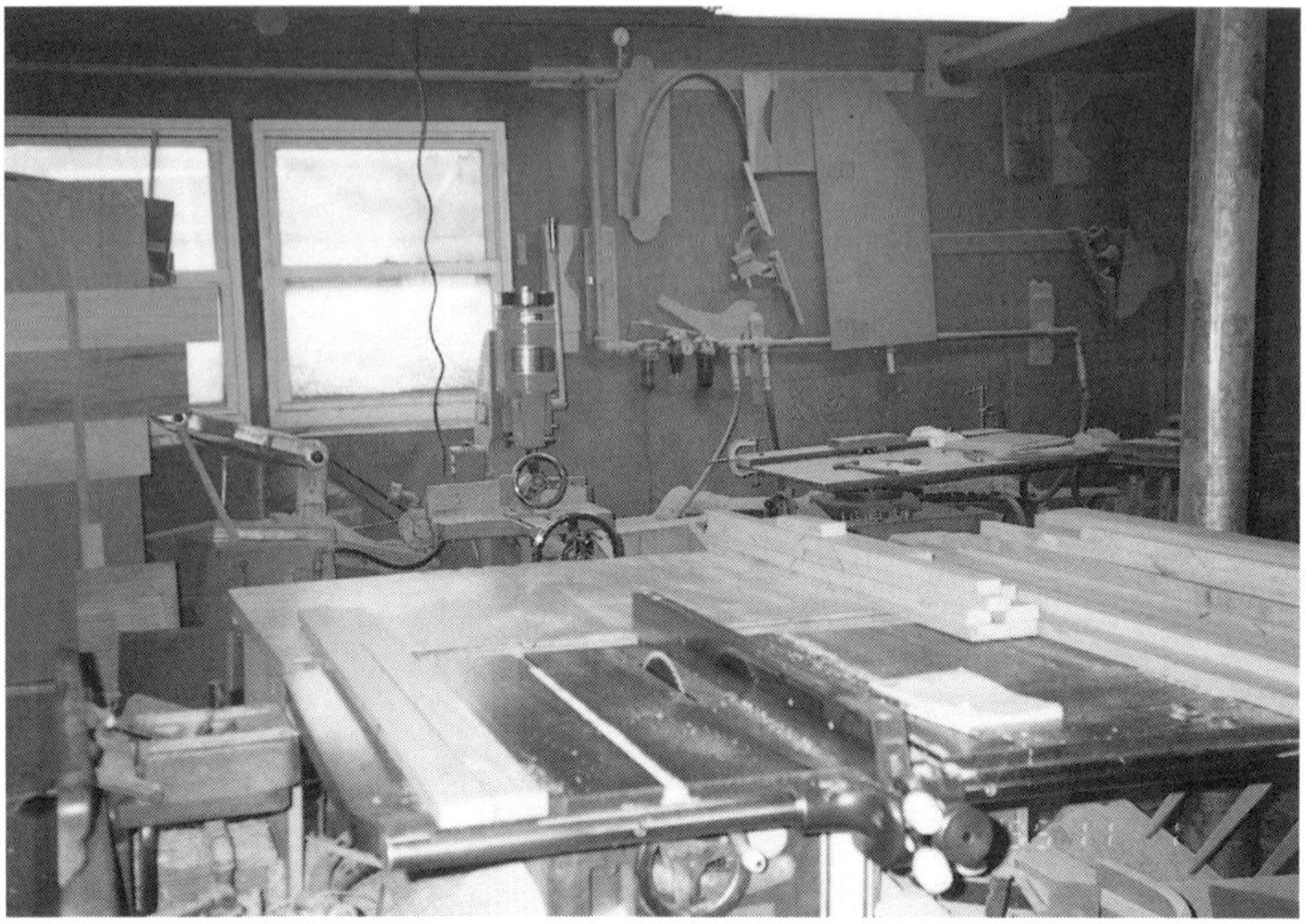

工作用器具

動力源

動力源

The Barn Yard の名刺

PANELING SALES の名刺

バーンヤードで制作された保管庫や展望台

パネリングセールズの工場内部

▲アーミッシュの大規模な工場▼

き・計算の訓練しか受けていないにもかかわらず、アーミッシュ経営による事業が近年次々に出現して成功を収めている。アーミッシュ自営業者を輩出している要因はどのようなものであろうか。

第一に、ランカスター郡の旧派アーミッシュ教会の職業選択における教会戒律の緩和が認められる。ランカスター郡の旧派アーミッシュは北部地区と南部地区に分かれてふたつの大きな連合体を組織しているが、基本的には各教会区の牧師が自分の地区の教会戒律を決めている。教会戒律は牧師からの一方的な宣言ではなく、毎年二回教会員全員の合意を得て、聖餐式の前に確認されるため、教会構成員の実情に応じて徐々に変わってきている。特に教会戒律の変更によるアーミッシュのライフスタイルの変化刷新は、経済的報酬を伴う場合、経済的性格を持たないものよりも教会全体として認知されやすい[18]。アーミッシュ内での広範な自営業の広がりはまさしくこの教会戒律の緩和によるアーミッシュ・ライフの規範の変更を示している。ただ、アーミッシュ事業家に対して旧派アーミッシュとしてアイデンティティの喪失に通じるような劇的な変化刷新をアーミッシュ教会は認めていない。自動車の所有、コンピュータの使用、店舗への電力会社からの電力の供給などは外的世界との無限の接触や無尽蔵の情報提供を可能にするため、アーミッシュ事業家としても忌避しなければならない。

第二に、教会戒律の緩和と密接な関係があるが、一九七〇年代から八〇年代にかけてのアーミッシュ・テクノロジーの進歩がある[19]。旧派アーミッシュは教会戒律により電気の供給を電力会社から受けることができない。しかし、例えば製造業等の自営業を展開したければ、何らかの動力源なしに事業を起こすことはできない。このため、アーミッシュは革新的代替動力システムを考案した。まず、一二ボルト直流バッテリーをスターターとするディーゼルエンジンを備えつけ、そのシャフトからの動力によりエアーコンプレッサーを回し高圧空気をタンクにためる。仕事場に貯蓄タンクからパイプを引く。仕事に必要な動力器具や機器のモーターを空力用に改造し高圧空力によって動かす。これにより、旋盤、メタルプレス、溶接機、ドリルなど製造業に必要な基本的な機械類のほとんどをアーミッシュ自営業者は使うことができるようになった。このため、製品の品質において一般の会社と十分に競争できるようになった。プロパンガスの使用も認められるようになったため、火力の使用が飛躍的に容易になった。さらに、一二ボルトのバッテリーから変換器を通して一一〇ボルトの交流を発生させてこれを動力源としてキャッシュレジスターを使用するアーミッシュ経営の店舗が増えている。[20]すなわち、一一〇ボルトの電線の家屋への引き入れは教会戒律によって禁止されているが、それを補う代替システムの考案により、アーミッシュ事業の展開は著しく活性化され、競争力を持つことになった。

第三に、アーミッシュ人口の飛躍的増加のためアーミッシュのニーズに対応するための店舗が必要となった。例えば、アーミッシュ用の馬車はアーミッシュ経営の店舗が作っている。上述の空力用に改造された工具や機械類もアーミッシュ製造業者が供給している。アーミッシュの家庭に普及している絞り式洗濯機もアーミッシュ業者が製造してアーミッシュ小売店が販売している。[21]同一的価値観を共有するアーミッシュの生活形態を最もよく理解する者は、もちろんアーミッシュであるため、アーミッシュ相互間での物品購入の頻度は高い。すなわち、過去約二〇年間にアーミッシュ社会のなかで様々な自営業が生まれたため、共同体内部で、多くの品物を供給できる相互依存的経済インフラストラクチャーが形成されてきた。

第四に、アーミッシュ的規範に従えば、事業規模を極端に拡大できないため、小規模な自営業者が大半を占めている。「大きい」「目立つ」「派手である」など自己主張、自己のプライドに通じる概念はアーミッシュの基本的態度の根本となる神への「従順」と真っ向から相反する。そのため規模の拡大を目指さないという営業方針が逆説的ではあるがアーミッシュ事業による製品なり、サービスを絞りこませ、質の向上を目指して、利益を上げているように思われる。経費面においても家族経営が大半を占める小規模店舗では人件費は高くないし、派手な広告は行わないため、経常支出自体が低い。貯蔵用納屋の製造販売会社社長のアーミッシュは六名のアーミッシュ従業員と二名の非アーミッシュの運転手を雇っているが、「六名の従業員以上は雇わない。これで十分だ。十分生計を立てている。貪欲になっては駄目だ。この夏は五件のディーラーからの注文を断った。去年の夏は六件断った。……金がありすぎるのはよくない。……繁栄しすぎるのはよくない」と語っている。[22] この適性規模を守ろうとする態度こそが事業の不振や失敗を防いでいるのではないだろうか。

第五に、アーミッシュ経営の事業においては、雇用主と従業員は基本的に同じアーミッシュ・コミュニティに属していることが多い。したがってアーミッシュ共同体における種々の行事にも両者とも柔軟に対応できるだけでなく、文化的規範を共有しているため、緊密で、相互信頼の強い家族経営的事業運営をすることができる。さらに、労使双方が旧派アーミッシュである場合、雇用者、従業員とも社会保障税の免除が連邦政府によって認められているため、労使とも余分な税金の支出を抑えることができる。[23] またアーミッシュ雇用者はアーミッシュ従業員に対して有給休暇、年金プログラム、健康保険などを提供しない。有給休暇の概念そのものがアーミッシュにとっては受け入れがたい。労働に対する対価の形での給料をもらうことには彼らは何ら疑問を感じない。しかし、休暇を取るにもかかわらず、給料を受け取ることに彼らは違和感を持つ。年金は老齢後に対する生活保障であるが、アーミッシュ社会では引退した年長者こそ尊敬を集める存在であり、家族や親類縁者、ひいてはアーミッシュ・コミュニティ全体で面倒を見るのが通例であり、年金制度を取り入れる必要性を認めていない。健康保険は個人の病気に対する保障であるが、アーミッシュ共同体が様々な相互扶助プログラムを持っており、財政的に苦しい病人のいる家族を助ける。すなわちアーミッシュ・コミュニティそのものに緊密な相互福祉、相互扶助の精神が行き渡っているために、アーミッシュ自営業者はアーミッシュ従業員に対する余分な経費の軽減を図ることができ、ひいては事業そのものに対する投資額を増やし、競争力をつけることができる。

第六に、アーミッシュ製造の品物が一般にその品質と価値において高い評価を受けてきたため、アーミッシュ製品は優秀であるというイメージが世間一般に定着している。ランカスター郡を訪れた旅行者に対して行われた一九九三年のアーミッシュに対するイメージ調査をまとめた報告書は「大多数の旅行者はアーミッシュ製品が高品質であり、特異な人々によって作られているため、買う価値があると信じている。また彼らはこれらの製品が工場などでなく、ひとりのアーミッシュによる手作りであると思っている」と述べている。[24] アーミッシュ事業家のなかには抜け目なくこのイメージを市場において活用している者もいる。例えば、あるアーミッシュ経営のキルト店の宣伝パンフレットには、「田園地帯へようこそ。アーミッシュ農場の煙草用の納屋を改造したアーミッシュ家族が経営するキルトとクラフトの店です」とアーミッシュであることをことさらに強調している。[25] いずれにせよ、アーミッシュの品物は高品質であるというイメージはアーミッシュ事業家が市場に進出する際の強力な武器となっている。

以上のような様々な成功要因を含有して、アーミッシュ・ビジネスが一九七〇年代、八〇年代に花開いた。アーミッシュ自営業全体の約一四パーセントが年間売り上げ五〇万ドル以上のアーミッシュ・ビジネスであり、全体の四五パーセントのアーミッシュ・ビジネスは年間売り上げが五万ドルから五〇万ドルあると言われている。(26)

四　アーミッシュ・ビジネスの問題点

ランカスター郡ではアーミッシュ経営の事業や店舗が著しく増加し、一九九〇年代にはアーミッシュ農業従事者が全体のアーミッシュ人口の約五割にまで減少した。ペンシルベニア州に移住した一八世紀初等から一九六〇年代始めまで、農業技術の変化刷新には直面しても、アーミッシュは農業を生活の糧として営み、均質的な宗教共同体を形成してきた。額に汗して土壌を耕し、自然の恵みを収穫して濃密な同志的かつ相互扶助的共同体のなかで自律的に生活できる農業こそ最適な職業と見なしてきた。しかし、アーミッシュ人口の急激な増加と農地価格の高騰により、今日では約五割のアーミッシュ人口が農業以外の職業についているわけであるが、過去約二〇年間に急激に起こったこの職業形態の変化はアーミッシュ・コミュニティやアーミッシュ的価値観にどのような影響を及ぼしているであろうか。

農業を中心とする村社会的アーミッシュ共同体は外部社会からの影響を当然受けてはいたが、比較的自立した自己完結的なコミュニティを形成していた。ところが、コミュニティ内にアーミッシュ経営の店舗が次々と開店していけば、観光客を含めて外的世界との接触は大きくなる。さらに店舗が大きくなれば、物品の購入や受け渡しを通して外部市場との接触が頻繁になり、利益を上げるためにはビジネスにおける交渉などで市場の論理を踏まえなければならない。ここに矛盾はないのであろうか。アーミッシュの日常の生活を営むうえの基本的態度は神の意志に対する「服従」「従順」等と言えるが、この概念は両親、年配者、共同体、教会に対する「従順」にも当てはまる。[27] 自己主張、プライド、自己達成等の資本主義の発達に不可避であった個人主義的特徴こそアーミッシュが忌避しなければならない概念である。アーミッシュ事業の展開において、このような外的世界の概念と無縁でビジネスを継続することは困難であるように思われる。例えば、店舗の存在をはっきり示すために看板を立てたり、仕事のための名刺を作成したりすることがアーミッシュ事業家の間では一般的であるが、これらの行為はまさに自己を目立たせるための自己主張と言える。「この世的な」世界へ堕落することを恐れて「つり合わないくびき」との接触を避けてきたアーミッシュ的倫理体系と資本主義的合理主義に基づく市場原理との間の矛盾を抱えてアーミッシュ自営業者は事業を展開している。彼らはこの矛盾をどのように乗り越えていくのであろうか。

　職業形態の変化はアーミッシュの家族に対して悪影響を与えているかもしれない。アーミッシュ事業家は店舗の規模を小さく保って、家族経営的な事業を展開することにより家族の結束を守ろうとしている。なるほど、遠くの会社に朝早くに通勤し夕方なり夜に帰宅するビジネスパーソンと違い、家族間の接触はもっと多いであろう。しかし農業では、家族が一丸となり朝から夕方まで農場や納屋等で親子共同による作業を通じて、子供はアーミッシュ的価値観と仕事と余暇が渾然一体となるアーミッシュ的ライフスタイルに馴染んでゆく。父親が農業を放棄し、他の職業についている場合、アーミッシュ文化の子供への継承がうまく行われるのであろうか。特に、父親が従業員として外へ働きに出る時、家族との交わりは平日の夜や週末にかぎられてくる。アーミッシュ文化のひとつの特徴は仕事と余暇の融合などに見られるホーリスティック（holistic）なライフスタイルであるが、非農業的職業に従事し、仕事と余暇が分かれるために起こる時間の分断化は家族内の結束を弱める方向に働く可能性がある。

ランカスター郡のアーミッシュは農業主体のコミュニティを形成していた時期は社会階層的には比較的均質であったと言える。ところがアーミッシュ・ビジネスが繁栄することにより、アーミッシュ社会のなかに富の蓄積による階層格差が現れてきた[28]。アーミッシュ・ビジネスの展開において事業家と従業員という労使関係が生まれてきた。事業家のなかでも裕福な層から零細事業者まで様々な富の細分化が現れているが、大きく分けて事業家、労働者、農民の三つの階層がアーミッシュ共同体のなかに混在するようになった。この社会階層の分化によってアーミッシュ共同体はどのような影響を受けるのであろうか。アーミッシュ事業家は財政面で最も恵まれているために労働者や農民よりも豊かなライフスタイルを楽しむことが可能である。また、ビジネスを通して外的世界との接触が最も多く、一般のアメリカ人の価値観や考え方にも触れる機会が多い。このような状況の下で、彼らは質素でゆっくりした伝統的アーミッシュの生活を継続することができるのであろうか。また、アーミッシュ教会の戒律を農民や労働者とともに同一基準で守っていくことができるのであろうか。アーミッシュ労働者の多くはアーミッシュ事業家の下で働きわずかな給料を受け取るため、当然経営者のように財政的余裕はない。自由になる時間も限定されている。アーミッシュの同胞が事業を成功させている姿を目の前で見ていて、独立する資金もない時、彼らは羨望や嫉妬心を雇用者に対して抱かないのであろうか。アーミッシュ農家は財政的には比較的安定しているが彼らの資産は土地にあり、基本的に質素な生活を守っている。アーミッシュ共同体のなかでは人口の割合が減少を続けているが、アーミッシュ農民のライフスタイルが伝統的にアーミッシュの規範となってきた。新たに勢力を伸ばしているアーミッシュ事業家グループがいつまでアーミッシュ農民と同じ価値観やライフスタイルを共有できるのであろうか。アーミッシュ自営業が急激に増加し職業選択の幅が増したことにより、階層格差が現れてきたアーミッシュ・コミュニティが団結を維持していけるかどうか今後の展開を見守る必要がある。

おわりに

ランカスター郡の旧派アーミッシュは一九七〇年代から八〇年代にかけて様々な自営業に進出したが、原則的にアーミッシュ的規範を守りアーミッシュ共同体のなかにとどまっている。しかし、アーミッシュ共同体が農業を基盤としていたころから変質してきている事実は紛れもない。アーミッシュの象徴である馬車、服装、言語、ランプは同じでも、職業の多様化につれて、アーミッシュの生活の変化刷新も加速化している。アーミッシュ共同体内の階層化も著しい。

このような状況の下で、一九九〇年代に入り、旧派アーミッシュはふたつの新しい動向を見せ始めた。ひとつの動きはランカスター郡からの農地を求めての他の州への集団移住である。一九七八年以降ランカスター郡からの集団移住はなく、農業を放棄し自営業を展開することでアーミッシュ・コミュニティにとどまる方針を多くのアーミッシュが取ってきた。しかし、ついに伝統への回帰を求めるランカスター郡の一部のアーミッシュはこの土地を去り、一九八九年にはケンタッキー州(Commonwealth of Kentucky)クリントン郡(Clinton County)、一九九一年にはインディアナ州パーク郡(Parke County)、一九九五年にはインディアナ州ウェイン郡(Wayne County)へと農地を求めて移住した[29]。一方、アーミッシュ・ビジネスの連携をさらに強化しようという動きも見られる。一九九三年に設立されたアーミッシュ経営のカタログ会社はアーミッシュ・ビジネス用の宣伝を掲載するカタログを作成し、アーミッシュ製品の販売をより広い地域へ広げようとしている[30]。一九九四年に設立されたオールド・カントリー・コネクション会社(Olde Country Connections Inc.)はランカスター郡のアーミッシュ自営業者の様々な製品を集めて、一般大衆や関心を持っている会社に対してオークションを開催するために設立された。通信販売のためのカタログも準備して、アーミッシュ製品を広範囲の顧客に販売しようとしている。第一回目のオークションには参加の呼び掛けを受けた二〇〇名のアーミッシュ自営業者のうち五六名が参加した[31]。

最近のふたつのアーミッシュの動きはまったく相反する方向を目指している。一群のアーミッシュは農業という伝統的職業へ回帰するためにあえて、住み慣れた土地を離れた。一方、アーミッシュ事業家の一部はアーミッシュ・ビジネスの業界をさらに強固かつ密接なものにするためカタログやオークションという形を取り、アーミッシュ・ビジネスの結集を図っている。この相反するふたつの動きがさらに大きな流れとなり、ランカスター郡のアーミッシュ社会が二分化していくのか、それとも何らかの妥協策が生まれるのか予断を許さない。

謝辞

第8章の研究は、一九九五年度帝塚山学園特別研究費の助成を受けて行われた。ここに記して深謝を表したい。

注

（1）アーミッシュ研究の先駆者、コルモーゲンは農業こそがアーミッシュの宗教共同体を支える根幹であると看破している。Walter M. Kollmorgen, *Culture of a Contemporary Community: The Old Order Armish of Lancaster County, Pennsylvania* (Rural Life Studies no. 4 Washington D.C.: U.S. Department of Agriculture, 1942), 4.

（2）第1章注（3）を参照。

（3）各情報源によって、教会区の数と人口には若干の相違があるが、概数はほぼ同じである。ここでは、John A. Hostetler, *Amish Society* (Baltimore: The Johns Hopkins University Press, 1993), 97. と Ed Klimuska, "The Amish are changing," *Lancaster New Era*, July 21, 1993. の資料を参考にした。

（4）一九七〇年代の地元新聞は土地価格高騰によるアーミッシュの集団移住の可能性を再三指摘している。例えば、Dick Foster, "Can the Amish Hold on as Farm Prices Soar?" *Lancaster New Era*, July 9, 1973. Dave

Hennigan, "Soaring Cost of Farmland: How Can Those Amishmen Pay for $500,000 Farm?" *Lancaster Sunday News,* January 1, 1978.

（5）例えば、Eugene P. Ericksen, Julia A. Ericksen, and John A. Hostetler, "The Cultivation of the Soil as a Moral Directive: Population Growth, Family Ties, and the Maintenance of Community Among the Old Order Amish," *Rural Sociology,* vol.45 (Spring, 1980), 66.

（6）Donald B. Kraybill, "Constructing Social Fences: Differentiation Among Lancaster's Old Order Amish," Paper presented at the 89th Annual Meeting of the American Anthropological Association, New Orleans, LA., 1990, 2.

（7）*Amish Directory of the Lancaster County Family* (Gordonville, PA.: Pequea Publishers, 1973).

（8）*Amish Directory of the Lancaster County Family* (Gordonville, PA.: Pequea Publishers, 1988).

（9）*Amish Directory*, 1973, 1988.

（10）Donald B. Kraybill and Steven M. Nolt, "The Rise of Microenterprises," in Donald B. Kraybill and Marc A. Olshan, ed., *The Amish Struggle with Modernity* (Hanover, NH.: University Press of New England, 1994), 151-152.

（11）Ed Klimuska, "How the Amish are changing: Scores of farmers are starting non-farm businesses that are amazingly successful," *Lancaster New Era,* June 24, 1994.

（12）*Ibid.*

（13）Donald B. Kraybill, *The Riddle of Amish Culture* (Baltimore: The Johns Hopkins University Press, 1989), 201.

（14）Mary J. Lane, "An Amishman Turns Entrepreneur," *Lancaster Sunday News,* May 3, 1981. *The Lancaster*

County Family Register (Gordonville PA.: Pequea Publishers, 1988), 27.

(15) Douglas J. Wenrich, "Amish Businesses: More Farmers Turn Away from Soil and Toward Carpenter Shop," *Lancaster Sunday News*, April 1, 1984.

(16) *The Lancaster County Family Register*, 1988, 82. および筆者との直接の面談による。

(17) *The Lancaster County Family Register*, 1988, 83. および筆者との直接の面談による。ジョン・K・ラップ氏は最初から農業を職業にする意向はまったくなかったと語った。

(18) John A. Hostetler, *Amish Society*, 363.

(19) アーミッシュにおけるテクノロジーの限定的使用の実態の詳しい説明は、Stephen Scott and Kenneth Pellman, *Living Without Electricity* (Intercourse, PA.: Good Books, 1990). ランカスター郡の一九八〇年代のアーミッシュ・コミュニティにおける代替動力源の普及については、Ernest Schreiber, "Amish tech: Without electricity, ingenious Amish find other ways to power home, farm machines," *Lancaster New Era*, March 13, 1989.

(20) Donald B. Kraybill, *The Riddle of Amish Culture*, 162-163.

(21) *Old Order Shop and Service Directory: United States and Canada* (Gordonville, PA.: Pequea Publishers,1990) に掲載されている宣伝を見ると、旧派アーミッシュがいかに多くの職種の分野に進出しているかがよく分かる。

(22) Penny Armstrong, Gideon Fisher, Ed Klimuska, and Gerald Lestz, *Amish Perspectives* (York, PA.: York Graphic Services Inc., 1988), 50-51.

(23) 本書、第4章を参照。

（24）Ed Klimuska, "Tourists who buy farm-made goods have an idyllic view of Amish life," *Lancaster New Era,* June 24, 1994.

（25）*Ibid.*

（26）Kraybill and Nolts, *op. cit.*, 159.

（27）本書、序章注（8）を参照

（28）Ed Klimuska, "Are Amish dividing into farm, business classes?" *Lancaster New Era,* July 19, 1993.

（29）Ed Klimuska, "As growth crowds in and land prices climb, some local Amish are leaving Pennsylvania," *Lancaster New Era,* April 26, 1995.

（30）Ed Klimuska, "New publication forum for Amish non-ag businesses," *Lancaster New Era,* June 28, 1995.

（31）Daniel Guido, "Auction: Mainly in the Plain," *Lancaster Sunday News,* April 2, 1995.

第9章

アーミッシュ女性像の変化
――ペンシルベニア州ランカスター郡の場合――

はじめに

アーミッシュ社会の規範において、伝統的に男女の役割分担は明確化されている。アーミッシュ女性は家事、子供の育児に専念する。生計を立てるという経済的側面においては、農場での仕事の手伝いなど、アーミッシュ男性の補助的役割を果たす。アーミッシュ共同体の核となるアーミッシュ教会が教会区における教会戒律を決定し、実質的にアーミッシュの日常の生活規範を定めているが、教会の主要メンバーである教役者の牧師、説教者、執事はすべて男性から選ばれる。教会区におけるコミュニティとしての意志決定権は教役者や共同体の長老などの男性が把握している。すなわち、アーミッシュ社会においては従来は男女間の関係は夫婦として固定化しており「妻の夫に対する尊敬という規範は、服従、信頼、夫の心身の世話を含んでいる。夫の妻に対する尊敬には、思いやり、信頼、已むを得ざる場合以外妻を賃労働に出さない、といった事柄を含んでいる」[1]というイメージが確立している。ところが、近年におけるアーミッシュ女性のペンシルベニア州ランカスター郡での活躍はこのようなステレオタイプ化したアーミッシュ女性のイメージとは異なる展開を示している。

ランカスター郡はアーミッシュ定住地として、全米で最もよく知られた地域であり、オハイオ州ホームズ郡に次ぐアーミッシュ人口を有している。この地域は東部メガロポリスの西端にあり、フィラデルフィア市から約六五マイル、ワシントンD.C.から約一三五マイルの便利な位置にあるため、アーミッシュ・コミュニティが集中する地域としては全米のなかで最も産業化、郊外化などの波をまともに受けている地域である。またアーミッシュを見ようとする観光客が年間約五〇〇万人も訪れる全米有数の観光地となっており、アーミッシュ定住地のなかでは最も観光産業が発展している地域でもある。

このような急激な近代化を伴う変化の波に直面して、ランカスター郡の多くのアーミッシュは一九七〇年代以降、土地価格の急騰やアーミッシュ人口の急増などの原因もあり、伝統的職業である農業から離れて、家内工業的な小規模な店舗を開き、アーミッシュ・ビジネスを展開し成功を収めている。(2) 人里離れた田園地帯において、できるかぎり「この世的なもの」を忌避している保守的アーミッシュ・コミュニティとは異なり、様々な変化刷新の波に直面しているランカスター郡のアーミッシュ・コミュニティでは、アーミッシュ女性の役割も変化の兆しを見せ始めている。第9章では、ゲラッセンハイト（Gelasssenheit）を中心とするアーミッシュ的価値観では高い評価を得ない個人の芸術的才能を発揮しているアーミッシュ女性スージー・リール（Susie Riehl）とアーミッシュ女性が運営するアーミッシュ・ビジネスの実態の一部を紹介し、ランカスター郡におけるアーミッシュ女性の伝統的役割からの離脱と変化の兆しを考察する。

一　アーミッシュ芸術家、スージー・リール

アーミッシュ的規範を成立させる基本的概念はゲラッセンハイトと呼ばれる言葉で表すことができる。(3)この言葉は様々な意味にとれるが、一般に神の意志に対する「従順」や「服従」などと言えるだろう。このゲラッセンハイトの概念は両親、年配者、共同体、教会などに対する「従順」にも当てはまり、アーミッシュにとっては自己達成よりも共同体の一員として、いかに贖罪を可能にするような理想的アーミッシュ・コミュニティを作るかがはるかに重要となる。すなわちアーミッシュにとって救済の希望を持ちつつ死にいたるまで自我を抑えて、神の意志に対して従順なる態度をとり続けることが正しい生活スタイルである。したがって、自己を主張したり、プライドを示したり、自己能力をあからさまに表そうとすることは、アーミッシュ的生き方に反する。すなわち、自我や能力や才能を前面に出す個人主義的特徴こそアーミッシュが元来忌避すべき点である。

この観点からすれば、アーミッシュ芸術家という言葉そのものが矛盾をはらんでいる。芸術家とはまさしく自己の内なる才能や能力を表現力という形で世間に問い、世間がその才能や能力を認めている人物である。ところが、アーミッシュはこのような個人的才能の表現の発露は自己主張と見なすため、強烈な自己表現力を世間に訴えたい人物に対しては所属するアーミッシュ教会から厳しい戒めや警告があり、ひいては教会から忌避追放が宣告される場合もある。では、いかにしてアーミッシュ女性スージー・リールは風景画を専門とする芸術家となりえたのであろうか。そしていかに、彼女の住

むアーミッシュ教会区と折り合いをつけているのであろうか。

スージー・リールは一九四八年にラップ（Lapp）家で生まれ、少女時代を過ごし一九六八年にジョン・リール（John Riehl）と結婚し、現在は六人の子供の母親である。(4) 彼女が風景画を職業として描き始めた動機はリール家の経済的困窮を救うためであった。彼女の三番目の子供であるキャロライン（Carolyn）が一九八四年に先天性の肺の病気を持って誕生して以来、リール家は彼女の治療費の支払いを続けるために乳牛を売却し、三〇エーカーの農地を貸し出し、夫のジョンは木工業者として働き始めた。スージーもなんとか家計を助けるために元々興味のあった風景画を描くことにより、「お金を稼ごうと決心しました。私たちは病院の請求書を支払うためにお金が必要だったし、この方法でやれると思いました」と語っている。そして、スージーも「これは伝統的なアーミッシュのやり方ではありません」と認めているが、自分の風景画を売ることにより、家庭の経済的困難を和らげようとした。(5)

スージー・リールが風景画の元になる写真を写してくれる人物を捜していた時、インターコース村にあるダブル・ハーツ・ギャラリー（Double Hearts Gallary）の経営者、シャーリー・ウェンガー（Shirley Wenger）と出会った。ウェンガー女史はスージーの芸術的才能をたちまち見抜き、彼女の風景画描写のための手筈を整えた。ウェンガー女史はスージー・リールと独占契約を取り交わし、自分のギャラリーで彼女の作品を展示し始めた。彼女の風景画は徐々に注目を浴びるようになり、人気もでてきたため、一九九一年にはオリジナル作品で高価なものには三五〇〇ドルもの値段がつき売却された。(6)

ウェンガー女史はメノナイト派に属し、スージー・リールのアーミッシュ・コミュニティでの微妙な立場を理解しているため、彼女を大々的に売り出すことは行っていない。筆者は一九九五年一一月二日にダブル・ハーツ・ギャラリーを訪れ、スージー・リールの芸術家としての立脚点と彼女のアーミッシュ教会区での立場がどのように両立しているのか不思議かつ興味があったため、ウェンガー女史に面会を求めた。彼女は筆者の面会の趣旨を理解し、質問に快く応じてくれた。ウェンガー女史によると、やはりスージー・リールの作品が評判になり始めると、彼女の教会区ではアーミッシュとしてあるまじき行為であり、自粛すべきであるという意見が人々から出たそうである。教役者から直接にリール女史に絵を描くことを止めるようにとの警告はなかったが、インタビューなどでの公的な場所への出席は強く戒められたとのことである。スージー・リールも一時期自粛して風景画を描くことを止めた時期があった。「死んだような気がしました。六カ月間絵を描きませんでした。もし絵を描いても神は許してくれると理解できるようになってようやく自分自身に折り合いをつけることができました」(7)と苦しかった時期のことを語っている。彼女は絵を描くことが強迫観念とならないように注意を払い、アーミッシュ女性として、家族やコミュニティへの義務を果たして、芸術家としてのキャリアが突出しないように注意している。「私が謙虚さを失ったと思ってほしくありません。私は神に与えられた才能を用いて、楽しんでいるだけなのです」(8)とアーミッシュとしての基本姿勢は忘れていないことを強調している。

ギャップ村（Village of Gap）に位置するスージー・リールが属する第二八教会区の教会関係者は、彼女の風景画の制作の直接的動機が子供の病気の治療費を継続的に支払うためという経済的困窮を脱する理由であったため、例外的措置としてスージー・リールの芸術家としての立場を黙認しているそうである。筆者はどうしても、リール女史から直接話を聞きたかったので、仲介してくれるようにウェンガー女史に頼み込んだが、外部からのスージーへの紹介は極力断っていると言われ、色よい返事は得られなかった。現在でも、スージー・リールのアーミッシュ共同体内の立場は微妙であり、忌避追放とまではいかなくてもアーミッシュとして「ボーダーライン上を歩いている」ため、ウェンガー女史も細心の注意を払い、極端な注目を浴びないように彼女の作品を紹介している。しかし、スージー・リールがプロの芸術家として現在も活躍していることは厳然たる事実である。彼女の教会区ではリール女史の芸術的活動に対して、教会戒律の例外的措置が取られたと見るべきであろうか。筆者の見解としては、彼女の活動が黙認されている背景には、近年のランカスター郡における外的要因に対応するために多くのアーミッシュ教会区で教会戒律の締めつけが緩和された事実がある。すなわち、スージー・リールの事例は教会戒律の改訂が急速に進むランカスター郡でこそ起こり得る現象であり、むしろ現在起こっているアーミッシュの急激な内的環境の変化を表す一例のように思える。いずれにせよ、アーミッシュ芸術家としてのリール女史の活躍はランカスター郡のアーミッシュ女性の自立への活路の先鞭をつけていることは間違いない。

二　アーミッシュ女性経営者

独身のアーミッシュ女性がアーミッシュ・コミュニティの外部で働くこと自体は何ら珍しくない。非アーミッシュ経営のレストランや様々な小売り店舗で従業員として働く姿を見かけることはアー

スージー・リールの作品群

ダブル・ハーツ・ギャラリーの内部

ミッシュ定住地近隣ではありふれた光景である。ランカスター郡で近年顕著になっている現象は既婚のアーミッシュ女性がビジネスとして小売り店舗の経営にあたり、成功を収めている点である。アーミッシュのすぐれた研究者、ドナルド・クレイビルによれば、ランカスター郡在住の推定約一〇〇〇名のアーミッシュ経営者のうち約二〇パーセントは女性である[9]。伝統的アーミッシュ共同体では女性が主導権を取ることはないはずであるが、現実には多数のアーミッシュ女性が子供の世話をして家庭を守るという伝統的役割を演じながら、キルト店、工芸店、土産物屋などを経営している。ここでは、アーミッシュ女性経営者の例を紹介して、ランカスター郡での実情の一端を探る。

サリー・ラップ（Sallie Lapp）は観光客相手の土産物屋が軒を並べるセントラル・マーケットで二軒の店を持ち、人形、キルト、アーミッシュ料理本などを売っている。彼女の夫は農業関連のビジネスを展開しており、サリー・ラップの店舗は彼女が完全に切り盛りしている。彼女には一二歳から一六歳の三人の子供がいるが、店舗経営が非常に忙しく、子供の衣服を縫う時間もないため、アーミッシュ用の衣服をアーミッシュ経営の衣服店から直接に購入している。さらに、事業に専念できるように、家事の時間をできるだけ節約するためにメノナイトの女性を雇って家事をまかせている[10]。従来の慣習から考えれば、これは異常な事態である。伝統的アーミッシュの世界では大地を耕す農業において労働と余暇が渾然一体となり、家庭のなかではゆっくりとした時間を過ごし、アーミッシュ的価値観が親から子供へと伝えられていった。ところがアーミッシュ女性経営者サリー・ラップ氏は資本主義市場の典型的アメリカ女性経営者のごとく時間の節約を図るために、より伝統的でないはずの、メノナイトの女性をメイドとして雇うという皮肉な現象を起こしている。まさに、外見上はアーミッシュの衣服をまとい、店を経営する温和な女性であるが、内実は商品の仕入れから売り上げまでを切り盛りする女性のビジネスパーソンとして猛烈に忙しい毎日を送っている。

従来なら、サリー・ラップのような母親は教会区から非難の声が上がり、家庭をもっと大切にするようにと事業の縮小か撤退に追い込まれることが普通であった。しかし、ランカスター郡では観光産業にアーミッシュも経済的に複雑に組み込まれており、彼らの生計がラップ女史のように観光客の落とす金に頼っていることも紛れもない事実である。農業のみに頼って生活を営むことがランカスター郡のアーミッシュ人口の半数以下になっている現状では、[11] 従来なら見過ごすができないようなアーミッシュ的規範からの離脱もアーミッシュ教会は大目に見ざるを得なくなっている。

スーザン・フィッシャー（Susan Fisher）も観光客が集中するインターコース村（Village of Intercourse）で家庭用品とギフト商品を取り扱う店を経営するが、農地を購入する資金がなかったため、結婚当初からこの事業を夫とともに展開している。「農業をしたい人々は他の土地に移っている。ここではもはや土地はない」[12] とフィッシャー女史は言う。彼女のコメントが必ずしも正鵠を射ているとは言い難いが、[13] ランカスター郡のアーミッシュの一般的認識としてアーミッシュ・ビジネスが経済的生き残りの有力な選択肢となっていることは、現在では当然のことと受け止められている。そのためにアーミッシュ・ビジネスを営むためには、アーミッシュ女性が従来のアーミッシュ的規範からかなり逸脱をしても黙認されるようになってきているようだ。

筆者が一九九五年一一月に直接に聞き取り調査を試みたキルト店を経営するアーミッシュ女性のケースを見てみよう。ケイティ・ストルツフス（Katie Stolzfus）は一九四四年生まれで、一九六九年にクリス・ストルツフス（Chris Stolzfus）と結婚し、現在九人の子供がいる。[14] 夫婦でカントリー・レイン・キルツ（Country Lane Quilts）というキルト店を自宅に隣接する場所で開いている。店の名刺やパンフレットを見ると夫婦で経営していることになっているが実質上のキルト店経営者はケイティである。夫のクリスは農場を持ち、そちらの経営に専念している。一〇年前からキルト店を開き今日にいたっている。アーミッシュとメノナイト女性四〇名の請負人と契約を交わし、彼女の店舗のためのキルト作成を要請している。なぜこの店舗を始めたかという質問に対して、「店を始める前は、私もキルト作りの請負人でした。いつもキルト店にキルトを納入しているうちに、自分でも店を持てるのではないか思うようになりました。主人と相談するとやってみたらという返事だったので、決心しました。独立して本当によかった。自分の店を持って心から楽しんでいます」とケイティは筆者に語った。子供や夫の世話に関しては、繁忙期以外は通常隣の自宅にいてベルの音で来客が分かるので、日常の家事は自分でこなしているとのことであった。店舗の前は十分な駐車場のスペースが取ってあり、顧客は誰かと尋ねると、大部分は観光客であるという返事だった。店の内部には様々なキルトやキルトの素材が山積みになっていたが、レジには最新式のカシオのキャッシュレジスターが置かれていた。

ケイティと話をして受けた印象はまず物凄い早口であるということだ。同時に非常に頭がいいと思った。こちらの質問に的確に論理的に答えて、話の筋をそらさない。アーミッシュのイメージとして、田園生活のなかで質素な生活を営みゆっくりしたリズムのなかで日々の日常を送るという構図がよく描かれるが、ケイティの機関銃のような言葉の乱射を聞いていると、そのような無垢の牧歌的生活とは無縁ではないかと感じた。外見はどこから見てもアーミッシュ女性そのものであるが、筆者はこのタイプの女性ならニューヨークのマンハッタンでもビジネスパーソンとして立派に通用すると心から思った。一九九五年一一月の筆者の調査では一八店舗のアーミッシュ・ビジネスに対して聞き取りを行ったが、女性経営者とはケイティを含めて三名と話をする機会があった。三名とも実にその話し方が論理的であるのに驚いた。筆者の書物からのアーミッシュ女性の先入観が強すぎたのかもしれないが、この傾向は明らかに彼女たちがビジネスの取引を通して、培っていったものに違いない。概して、アーミッシュ経営者は男女とも明快な話し方をする傾向が確かにあった。アーミッシュ女性の素朴で無垢なイメージとは裏腹にアーミッシュ女性経営者の辣腕ぶりの一端をケイティのなかに垣間見たような気がした。

ケイティのキルト店経営の過程は様々な意味でアーミッシュ女性経営者の典型的ケースを示している。第一に、店舗の経営に携わる前に、キルト作成請負人として働き、その業界の内部事情を把握している。その後、自分で店舗を持てると意志決定している。第二に、店舗を自宅に隣接して開くことにより、家庭における主婦兼母親の役割と女性のビジネスパーソンしての役割の兼務を可能にしている。サリー・ラップのようにメイドを雇ってビジネスに専念するより、主婦業と経営者の兼務のほうがアーミッシュ・コミュニティのなかではるかに抵抗なく受け入れられやすい。第三に、商品をアーミッシュやメノナイトの気心のしれた請負人から仕入れており、商品受注をやりやすくしている。第四に、自分の子供も店の店員として使っており、従業員コストが非常に安くついている。第五に、夫からの精神的サポートも受けているため店舗経営に関して罪の意識を持たずにすむ。第六に、ラン

No Sunday Sales
Hours 9:00-5:00
717-768-8690

☆ HANDMADE CRAFTS
☆ QUILTS & PILLOWS
☆ WALL HANGINGS
☆ APRONS

MARIAN STOLTZFUS
3066 Irishtown Road
Ronks, PA 17572

SHOP
3070 Irishtown Rd
Ronks, PA 17572

マリアン・ストルツフスの名刺

Country Lane
QUILTS
Chris and Katie Stoltzfus
(717) 656-8476
Please let phone ring
221 South Groffdale Road • Leola, PA 17540

キルト店の名刺

Country Lane Quilts のパンフレット
裏には本物のアーミッシュのキルトであると強調されている。また、オーダーメイドのキルトの制作も可能であると述べている。

店内にはキャシュレジスターが備えつけられている

カスター郡の観光地としての特異な環境が女性経営者育成に多大な貢献をしている。ケイティの場合においても、彼女が述べているように顧客の大部分は観光客が占める。ランカスター郡のツーリズムの重要性[15]はアーミッシュ女性経営者の大部分が観光産業と関連する分野で店舗経営を行っている事実から明らかである。今やアーミッシュ女性経営者の存在はランカスター郡においては周知の事実となっており、今後上記のようなアーミッシュ女性の店舗開設の諸条件を考えると彼女たちの数はますます増加するものと思われる。

おわりに

本稿では、ペンシルベニア州ランカスター郡におけるアーミッシュ芸術家とアーミッシュ経営者というまったく違った分野における女性の活躍を見てきたが、両者の間には共通項がある。両者とも自己の才能や才覚において活躍の場を家庭外に広げており、これは従来のアーミッシュ規範から逸脱しかねない現象とも言える。しかし、特に一九七〇年代以降ランカスター郡のアーミッシュ共同体は全米で最も急激な変化刷新の荒れ狂った波にさらされており、アーミッシュ・コミュニティそのものをランカスター郡で崩壊させないために妥協を繰り返したため、教会戒律の大幅な緩和が進み、アーミッシュ女性の未知の分野の進出にもアーミッシュ教会が随分寛容になったということを示している。さらに逆説的ではあるが、両者ともアーミッシュ・コミュニティ内にとどまり、アーミッシュ・ボーダーラインとも言える規範線上ぎりぎりの位置でうまく活動をしているように思える。スージー・リールは自分が目立ちすぎないように公的な場所での活動は控えているし、その芸術活動も彼女の微妙な立場をよく理解するパートナーによって彼女の所属するアーミッシュ教会を刺激しないように控えめに展開するように戦略が練られている。アーミッシュ女性経営者は極端な規模の拡大は目指しておらず、現状では観光産業関連の店舗の進出という手慣れた分野に限定されており、店舗を自宅のそばに置くなどして家庭と仕事の両立を目指すケースが大部分である。そして両者とも未知の分野への挑戦を心から楽しんでいる点が重要である。

今後ランカスター郡ではアーミッシュ女性が外的世界との頻繁な接触を通して自己能力の発露の場をさらに拡大していくことは確実であり、時計の針はもとには戻らないかもしれない。母親が自律的傾向を顕著に示し、自己の能力や才覚を発揮している姿を子供が身近で見ている時、彼らは大きな影響を母親から受けるに違いない。子供が自己達成に主眼を置き始めた時、母親は子供に対して自己の能力や自我を抑えて、アーミッシュ・コミュニティへ絶対的に従属するように説得できるものであろうか。できなければアーミッシュ共同体から未来の青年層の多くが洗礼を受けず、アーミッシュ共同体にとどまらない可能性もある。アーミッシュ共同体は一般的イメージとは異なり、時代の変化に自律的に対応しアーミッシュ的価値観を損なわない範囲で変化刷新を受け入れることができる場合は、妥協してアーミッシュ社会を維持してきた。アーミッシュ女性の自律的活動がランカスター郡でさらに広がる時、アーミッシュ・コミュニティがどのように変質していき、ランカスター郡での未来のアーミッシュ像はどのようなものになるのであろうか。アーミッシュ的規範が済し崩しに崩壊しジェネラル・コンファレンス・メノナイトのようにアメリカ社会に徐々に同化していくか、回帰現象として他の未開の土地に移住し農業を生活の糧とし保守的立場を再度強固なものにするのか、それともさらなる文化的妥協を重ねて根本的なアーミッシュとしての価値観とアイデンティティのみを守っていくことができるのか、今後の展開に注目し続ける必要がある。

謝辞

第9章の研究は、一九九五年度と一九九六年度の帝塚山学園特別研究費の助成を受けて行われた研究成果の一部である。ここに記して深謝を表したい。

注

（1）坂井信夫『アーミシュの文化と社会』（ヨルダン社、一九七三年）九九ページ。
（2）本書、第8章を参照。
（3）本書、序章注（3）を参照。
（4）*The Lancaster County Family Register*（Gordonville PA.: Pequea Publishers, 1988）, 93.
（5）Chariene Duroni, "Amish artist focuses on practicality of her talent," *Intelligencer Journal*, February 7, 1991.
（6）*Ibid.*
（7）Louise Stoltzfus, *Amish Woman*（Intercourse, PA.: Good Books, 1994）, 41.
（8）Keith Elliot Greenberg, "Amish painter tries to blend the best of both her worlds," *USA TODAY*, January 29, 1991.

（9）Donald B. Kraybill and Steven M. Nolt, *Amish Enterprise: From Plows to Profits*（Baltimore and London: The Johns Hopkins University Press, 1995）, 240.

（10）E. A. Hagen, "Bonnets and briefcases," *Lancaster Sunday News*, March 3, 1996.

（11）一九八八年の旧派アーミッシュ住所氏名録改訂版では農業専従者のランカスター郡における割合は約五五パーセント、その他の職業の割合が約四五パーセントとなっているが、一九九〇年代後半では、アーミッシュの農業専従者の割合は全体の半分以下に落ち込んでいると推定されている。

（12）過去約一〇年間に逆にアーミッシュがランカスター郡の農地を買い戻しているという現象も起こっている。詳しくは、Ed Klimuska, "A farm surprise: Amish are buying most farmland sold in county in last 10 years, study shows," *Lancaster New Era*, October 23, 1995.

（13）Hagen, *op.cit.*

（14）*The Lancaster County Family Register*, 1988, 108.

（15）ペンシルベニア州ランカスター郡のアーミッシュを焦点とするツーリズムの変遷については、David Luthy, "The Origin and Growth of Amish Tourism," in Donald B. Kraybill and Marc A. Olshan ed., *The Amish Struggle with Modernity*（Hanover and London: University Press of New England, 1994）, 113-122.

第10章

旧派アーミッシュ三大定住地における観光産業の発展とその影響

はじめに

旧派アーミッシュ(1)の定住地は今日、全米二二州とカナダのオンタリオ州に存在し、約一四万人のアーミッシュが二二七の定住地に住んでいる。アーミッシュの生活の基盤となる教会区（Church District）も北米で九三〇にまで増加した。アーミッシュの人口が特に稠密な州はオハイオ州、ペンシルベニア州、インディアナ州であり、この三州でアーミッシュ人口の約七割を占める。この三州には最も多くの旧派アーミッシュ人口を有している三大定住地が存在している。最大のアーミッシュ人口を有する定住地がオハイオ州ホームズ郡一帯（ウェイン郡（Wayne County）、タスカラワス郡（Tuscarawas Couty）を含む）であり、ペンシルベニア州ランカスター郡、インディアナ州エルクハート郡一帯（ラグレンジ郡を含む）と続く。ホームズ郡一帯には一四三の教会区、ランカスター郡には一〇三の教会区、エルクハート郡一帯には七八の教会区が存在する。これら三大定住地へのアーミッシュの入植時期は古く、ランカスター郡は一七六〇年、ホームズ郡一帯は一八〇八年、エルクハート郡一帯は一八四一年に教会区が設立されている[2]。

近年の環境問題に対する懸念やエコロジーブームとともに、アーミッシュ的な質素でエネルギー消費を伴わない簡潔な生活スタイルが見直されてきている。したがって、アーミッシュの生活やその文化に対する関心もアメリカのみならず日本においても広がってきている[3]。特にアメリカ人のなかには都会の喧噪から離れ、無垢で純粋な田園生活に郷愁を抱く人々が多く、彼らにとっては自分たちの心のなかにある理想の過去を思い起こさせてくれるアーミッシュ的田園風景は魅力的である。このためアーミッシュを一目見ようとする観光客が一九八〇年代、九〇年代に急増した。そのためアーミッシュ定住地を訪れる観光客を受け入れるために観光産業がアーミッシュ三大定住地で急激に発展している。

ペンシルベニア州ランカスター郡はアーミッシュの定住地としては全米で最も古くかつ最も有名であり、アメリカのガーデン・スポットとして年間約五〇〇万人の観光客が訪れる全米でも有数のツーリズムのメッカとなっている。観光の目玉はもちろんアーミッシュの生活と文化であるが、近年ホームズ郡一帯、エルクハート郡一帯にも同様の現象が顕著に現れており、これらアーミッシュ三大定住地においてアーミッシュを全面に押し出す観光産業の著しい展開が見られる。第10章では、まずアーミッシュ定住地が観光地として発展するほどアーミッシュ人気が高まった原因をアーミッシュ関連の書物や論文に焦点を当て探っていく。そしてアーミッシュのイメージがどのように時代とともに変遷したかを考察して、アーミッシュの人気の原因を明らかにする。次にアーミッシュ三大定住地での観光産業の現状を紹介し、それぞれのアーミッシュ定住地での問題点を考察する。そして今後アーミッシュをテーマとした観光産業の影響が現地でのアーミッシュ住民に対してどのような影響を与えるかを推察し、観光産業とアーミッシュとの関係を考えたい。

一　アーミッシュに対するイメージの変遷

アーミッシュ定住地に観光客が押し寄せるようになった理由のひとつにアーミッシュに対するイメージが大きく変わったことがある。

アーミッシュに関する初の本格的な学術書はアメリカ合衆国農務省主催による六地方の農村生活研究の第四編であるウォルター・コルモーゲンのペンシルベニア州ランカスター郡における旧派アーミッシュ研究（一九四二年）である[4]。この研究においてコルモーゲンは現地に四カ月間住み込んで実地調査を行い、初めてアーミッシュの生活と文化の全体像を明らかにした。コルモーゲンは「アーミッシュ農民が土地と深く結びついているのは、長い農業実践の伝統からだけではない。農業こそがアーミッシュの宗教の教義の一部である。田園生活こそがアーミッシュにとって『この世』からの分離の実践が遂行されるために不可欠なものである」[5]とアーミッシュ共同体と農業の深い結びつきを強調した。事実、一九四〇年代において大部分の旧派アーミッシュの職業は農業であり、アーミッシュ文化の根幹には土地に根ざした農業があると言っても過言ではなかった。以後、田園で自立的農業を営む民としてのアーミッシュのイメージが繰り返し表れる。

ほぼ同時期に地方史家であり、歴史考古学者であるH・M・J・クライン（H. M. J. Klein）は

『アーミッシュの歴史と慣習』（一九四六年）という概説書を出している。[6]「アーミッシュ共同体は一六、一七世紀のヨーロッパの小さな部分が豊かなアメリカの農業地域に移植されたようなものである。アーミッシュ共同体は産業革命以前の文明が高度に産業化した文明のなかに移り住んだようなものであり、新しい環境に適応する願望をまったく持っていない。……彼らの生活はシンプルで、教義に忠実である。昔からの生活方法、よい生活のやりかたを実践して、土地と神の下で暮らしている」[7]と過去のよき部分のみを継承して暮らし、近代文明の利器を受け入れない過去の遺物的な善良なる農民であることを強調している。さらにクラインは一九四〇年代にすでに騒音、戦争、耐えざる神経の緊張を強いる複雑なアメリカ文明のなかでアーミッシュに関する興味がアメリカ人のなかで広がってきていることを指摘している。[8]

一九六三年に出版されたアーミッシュ出身の社会学者ジョン・ホステトラーによる『アーミッシュの社会』はアーミッシュ研究の初期の決定版であるが、ホステトラーはアーミッシュの社会を民俗社会（Folk Society）と規定して、アーミッシュ・コミュニティを対面的接触によって機能する伝統的生活に強く執着する宗教－農業共同体であると論じた。[9]

ホステトラーは土地と農業の重要性を強調しているが、彼はこの見解を、一九六〇年代、および一九七〇年代を通して主張しており一九八〇年の論文においても、田園で農業に従事して「この世的」世界から離れて、家族および隣人がお互いに助け合って自立的生活をして暮らす環境こそが子供にアーミッシュ文化を継承させ、ひいてはアーミッシュ文化を守るための不可欠な条件となると論じている。[10]

一九六〇年代後半から一九七〇年代に入りベトナム戦争への厭戦気分とともに、米国内でも近代文明の弊害が公害、騒音、自然破壊などの現象として、はっきりと現れてくる。また、機械文明や物質中心の生活に反するコミュニティを作ろうとするヒッピー族のような若者が出現する時代風潮になってきた。この風潮に呼応するようにアーミッシュに対する視線も微妙に変わってくる。『やさしい人々』（一九六九年）というアーミッシュの写真集ではアーミッシュの日常風景が柔らかくロマンチックに写され、アーミッシュの人々の柔和な表情を捉えている。[11] 特に一九七二年のウィスコンシン州対ヨーダーの最高裁判所の判決で、アーミッシュ児童に対する八学年以上の義務教育の強制は憲法修正第一条で保障された宗教の自由を侵害するとしてアーミッシュ側の勝訴となった裁判は全米で注目され、アーミッシュの特異な文化形態を広く全米に知らしめることになった。また一九七三年のエネルギー危機などの影響もあり、この時期にはアーミッシュからなにが学べるかという論調の記事や論文が出始める。

レビー・ミラーは「今日のためのアーミッシュの声」（一九七三年）の論文で、教育、生活スタイル、福音主義、エコロジーの四分野でアーミッシュから多くを学べると主張している。[12] 特にエコロジーに関してミラーは「アーミッシュの最も重要なエコロジーに対する声明はもっと多くをと人々が言っている時にもう十分だと言える能力である。……数かぎりない近代文明の利器に否と言えることだ」と述べている。[13] 一方マーサ・デンリンジャー（A. Martha Denlinger）はペンシルベニア州ランカスター郡のメノナイトとアーミッシュを紹介する本『本当の人々』（一九七五年）で一九五五年からすでに観光客がアーミッシュを見るためにランカスター郡に殺到し始めていることを第2章「観光産業の衝撃」で詳しく述べている。[14] 一九七〇年代後半に入ると、三大定住地における土地の値段が高騰したため、多くのアーミッシュが農業以外の職業選択を模索し始め、専門家もこの現象に注目し始めるが、[15] 一般的なアーミッシュのイメージは近代文明の利器を使わず、農業を生活の糧として自立的に生活をする特異な人々として描かれている。[16]

一九八〇年代に入るとアーミッシュへの関心はさらに過熱する。アーミッシュ的生活スタイルに学べという論調はさらに強まる。[17] トーマス・フォスターは「アーミッシュの社会」(一九八一年)の論文で旧派アーミッシュは馬車や伝統的な服装などで後進的な人々と考えられがちであるが、彼らこそ産業社会の落とし穴を避けており、来るべき脱工業化社会のモデルを提示していると主張した。[18] E・F・シューマッハー(E. F. Schumacher)の『スモール・イズ・ビューティフル』[19](一九七三年)で提示されている「質素なコミュニティ」(Frugal Community)という概念を用いて、「アーミッシュの物質主義や消費主義に対する態度はシューマッハーのものと非常に類似している。両者とも人々が常に多くのものを欲しがるかぎりは満足は得られないという点で一致している。もし人々が欲求を抑えることを教えられれば、満足感が充足される」[20]と論じてアーミッシュ共同体は未来社会に通じる省エネルギー共同体のモデルになれると主張した。アーミッシュのすぐれた研究者マーク・オルスハンは「近代性、民俗社会、旧派アーミッシュ」(一九八一年)の論文で旧派アーミッシュは伝統を固守し近代文明を拒絶している保守的な人々ではなく、実は自らの文化体系を維持するために、文明の利器を主体的に取捨選択し利用できる人々であり、自らの意図で共同体存続のために選択肢を選ぶことができる近代性を持った人々であると議論している。[21] ここにおいてアーミッシュのイメージは保守的後進性を表す遺物的存在から未来のモデルにもなり得るポジティブなイメージへと百八十度転換している。

一九八五年にアメリカで公開された映画『刑事ジョン・ブック　目撃者』（Witness）がアーミッシュブームに拍車をかけることになる。映画では、フィラデルフィア駅で殺人を目撃したアーミッシュの少年とともに刑事ジョン・ブックが追っ手を逃れて隠れた先がペンシルベニア州ランカスター郡のアーミッシュ村という設定になっている。アーミッシュの信条や生活スタイルを描いたこのハリウッド映画は日米とも大ヒットになり、ロケ先のランカスター郡はアーミッシュ定住地としての知名度をさらに上げることになった。ペンシルベニア州運輸省と観光局は観光客の増加を期待して、ロケ先の誘致を積極的に行ったが、ホステトラーらアーミッシュ研究者はこの映画はアーミッシュの生活信条や文化を表層的にしか扱っておらず、誤った描写もあると抗議した[22]。また、アーミッシュ教会も再度ランカスター郡とアーミッシュを娯楽映画の対象としないようにペンシルベニア州政府に抗議したが、この映画がアーミッシュ文化の一端を照らしていたことは事実であり、アーミッシュという民族集団の存在を知る人々が飛躍的に増えた。

映画のなかでもアーミッシュは大地を耕す農民として描かれている。また納屋作りの場面を象徴として、アーミッシュが相互扶助精神の下にアーミッシュ共同体の発展と調和のために働いているというイメージも与えている。このためアーミッシュは非アーミッシュとの接触を最小限として、近代文明の利器を使わずに自立的農村生活を仲間との相互扶助を基盤として送っている平和的宗教集団であるというイメージがこの映画からも強化された。

一九七〇年代からホステトラーを第一人者としてアーミッシュ研究の幅と奥行きが広がり始めたが、

一九八〇年代に入り若手の社会学者や文化人類学者がアーミッシュ研究に乗り出し、様々な角度からアーミッシュ文化を検証する実証的な論文が出てきた[23]。特にランカスター郡のアーミッシュに関してはドナルド・クレイビルが『アーミッシュ文化の謎』（一九八九年）を出版して、アーミッシュの農業以外への職業分野での活躍や文明の利器の限定的活用などランカスター郡のアーミッシュ社会の現状を、研究によって蓄積されてきた第二次資料の文献も十分に活用して、広範囲に分析した[24]。この『アーミッシュ文化の謎』を契機に一九九〇年代に入ると、本格的学術研究書が次々と出版されるようになり、アーミッシュの歴史、アーミッシュと政府との問題、アーミッシュと近代との相克、アーミッシュの職業などアーミッシュの多様性が検証されるようになった[25]。一方、一般読者向けのアーミッシュの写真集も一九九〇年代に入り続々と出版され、アーミッシュ人気の高まりを示している[26]。写真集では、アーミッシュ農家の収穫期の刈り取りや、馬車に乗るアーミッシュ・カップルや子供たち、キルト作りに励む婦人など、自然と一体化しているのどかな田園風景を基本的モチーフとしており、ここでも平和で牧歌的な生活を送るアーミッシュというメッセージが読者に送られている。一九七〇年代からアーミッシュへの関心は徐々に高まり、彼らのイメージもポジティブなものに変容した。我々が過去に忘れ去った純粋で無垢な田園生活を営み、宗教的信条に基づき文明の利器を使わずに、自立的に生活している人々というアーミッシュのイメージが現在では一般の人々の間で定着しているように思われる。このようなイメージを抱いて一九八〇年代、九〇年代に観光客がアーミッシュ定住地に押し寄せるようになり、アーミッシュ観光産業が大きく発展することになる。

二　ランカスター郡における観光産業の現状

アーミッシュ関連の観光産業が最も早くから発展し広範囲に展開されている地域はペンシルベニア州ランカスター郡であるが、旧派アーミッシュの教会区があり、彼らが日常生活を営んでいる区域はランカスター郡のなかで比較的集中している。旧派アーミッシュの中核地域と言えるエリアは州道23号線と国道30号線に挟まれた区域で、アーミッシュ経営の農場が点々とこの地域に広がり美しい田園地帯を形成している。この地域に年間約五〇〇万人の観光客が訪れ、四億ドルの金が使われ、ランカスター郡の観光産業が潤っている。[27] 観光客相手のモーテル、土産物屋、キルト店、レストラン、ショッピングセンターなどがこの中核地域内の道路沿いに乱立しているが、特に国道30号線、州道340号線、州道896号線沿いに集中している。このため観光シーズンの夏になると、これらの幹線道路は観光客の自動車で非常に混雑する。

観光客は団体用にチャーターされたバスか自家用車でこの地を訪れるが、彼らの多くがまず最初に行く場所はペンシルベニア・ダッチ・コンベンション・アンド・ビジターズ局（Pennsylvania Dutch Convention & Visitors Bureau）（以下ビジターズ局と略する）が管理運営する国道30号線沿いのペンシルベニア・ダッチ・インフォメーション・センター（Pennsylvania Dutch Information Center）である。車が約一〇〇台ほど駐車できるゆったりした駐車場があり、センター内には、専任のスタッフが数名常勤しており、ランカスター郡のありとあらゆる観光に関する情報の相談に応じてくれる。センター内にはモーテルなどの宿泊施設、アトラクション、イベント、アーミッシュ観光など数え切れないほどの個別のパンフレットが展示してあり持ち帰ることができる。特に、ビジターズ局発行の

ビジターズガイド

フリーマップ・アンド・ビジターズ・ガイド（Free Map & Visitors Guide）（以下ビジターズガイドと略する）はランカスター郡の観光スポットや宿泊施設などを載せた詳しい案内とその位置を示す地図が含まれており、アーミッシュを中心とした観光の包括的なガイドブックとなっている。もちろん無料で配布されている。またアーミッシュを紹介するための約一五分間の映画も有料で上映されている。

インフォメーションセンターの充実ぶりを垣間見るといかにランカスター郡が観光誘致に力を入れているかが実感できる。ビジターズ局はランカスター郡への観光客が年間約一〇〇万人に達した一九五七年にランカスター商工会議所つきの観光局として、観光をランカスター郡で促進するために年間予算二〇〇〇ドルで発足した[28]。その後、観光局はランカスター郡を「アーミッシュ・カントリー」として宣伝活動を行い積極的に観光誘致を計った。一〇年後の一九六七年にインフォメーションセンターがオープンし一九七二年から商工会議所つきから離れ、独立したビジターズ局としてインフォメーションセンターに本部を設置して観光行政に当たっている。二〇年後の一九八七年には一二名の専任スタッフを有して、年間予算一二〇万ドルのうち七〇万ドルを広告費として使い、「別世界へ訪れてください」というスローガンの下にテレビ、新聞、雑誌の広告などにも乗りだした[29]。その市場戦略はより多くの観光客を呼び込み、より長く滞在させ、より多くの観光客を再訪させることにある。一九九〇年代前半には約五〇〇の大小の企業や個人自営業者がビジターズ局の会員となり、ビジターズガイドへ案内と所在地を載せている。またセンター内の掲示や展示を用いて宣伝しており、観光を盛り上げている。しかしアーミッシュ自営業者の会員への申し込みはわずかであり、彼らの宣伝も表だってアーミッシュを売り物にしていない。一方非アーミッシュ経営の企業や店舗はアーミッシュのイメージを前面に押し出し戦略的にアーミッシュ・カントリーの特異性を強調したものが多い。

ランカスター郡が観光を一大産業として捉え観光客と観光産業の積極的な勧誘を行った結果としてどのような現象がアーミッシュ定住地とその周辺で起こっているのであろうか。年間約五〇〇万人もの観光客が訪れるランカスター郡は全米でも屈指の観光のメッカのひとつであり、それだけの観光客を受け入れる観光インフラストラクチャーがこの地域にすでに完成していることを示している。

モーテル、レストラン、土産物屋などは言うに及ばず、観光客の関心を満足させるアーミッシュ関連の観光スポットも充実している。アーミッシュ・ファーム・アンド・ハウス（Amish Farm And House）、アーミッシュ・ビレッジ（Amish Village）、アーミッシュ・カントリー・ホームステッド（Amish Country Homestead）、ウィーバータウン（Weavertown）単級学校などの施設はアーミッシュの日常生活をガイドの説明を聞き、展示物などを見ながら擬似的に体験できるようになっているが、もちろん本当のアーミッシュが生活している訳ではなく、表層的体験に終始する傾向はある。また、実際のアーミッシュ定住地へのツアーも活発に行われており、「ガイドつきの快適なバスでアーミッシュ村に深く入り込む」アーミッシュ・カントリー・ツアーズもある(30)。この場合、提携先のレス

ペンシルベニア州ランカスター郡のインフォメーションセンター

インフォメーションセンターの内部

トランでペンシルベニア・ダッチ風の昼食をとり、提携先の土産物屋に立ち寄り、農村で働く本物のアーミッシュや馬車に乗るアーミッシュを見て感動し、約三時間のツアーが終わる。国道30号線沿いにあるメノナイト・インフォメーション・センター（Mennonite Information Center）にはアーミッシュとメノナイトに関する基本的文献があり、彼らのことについてもう少し本格的に知りたい場合に訪れると有意義になる場所である。ここでは、個人的にガイドを頼むことができ、ふつうはアーミッシュ定住地域に精通しているメノナイトのガイドが自動車の助手席に乗り、アーミッシュ村を案内してくれる。アーミッシュとはいかなる人々かという説明を受けながら、アーミッシュの象徴となるようなアーミッシュ農家のある田園地帯をドライブすることになる。

一方これほどの観光客が来れば、企業参入型の大規模資本を投入するビジネスも増えてくる。典型的なビジネスの展開は一九八〇年代後半から始まった大規模モールや大型ショッピング・アウトレットの建設である。これらは観光の中心地帯、すなわちアーミッシュ定住地近くの国道30号線沿いに次々に建設された。タンガー・アウトレット・センター（Tanger Outlet Center at Millstream）やロックベイル・スクエア・アウトレッツ（Rockvale Square Outlets）などが典型的なケースであるが、いずれも一九九〇年代に入って大拡張が行われ、有名ブランド店がテナントとして入っている。これらの店はアーミッシュと何の関係もないがランカスター郡の繁栄を背景に顧客を呼び入れている。さらに大規模型リゾートとしてウィロウ・バリー・ファミリー・リゾート（Willow Valley Family Resort）がアーミッシュ定住地から少し南に離れた地域に地元ビジネスパーソンによって開発されている。隣接地には豪華な老人ホームが建設されて約一一〇〇人の老人が暮らしているが大半はランカスター郡の環境に魅力を感じたランカスター郡以外からの移住者である[31]。アーミッシュ関連以外の娯楽施設も着実に増えている。アミューズメント・パークのダッチ・ワンダーランド（Dutch Wonderland）、ミュージカルなどが上演されるダッチ・アップル・ディナー（Dutch Apple Dinner）劇場など観光客相手の施設がアーミッシュ関連の店舗と軒を並べて点在している。

重要な点はやはり、これらの施設は観光客の集中するアーミッシュ定住地域の周辺道路沿い（特に国道30号線、州道３４０号線沿いに集中している）に位置するということである。これだけ土地需要があれば、アーミッシュ定住地域の中心地帯からその周辺の土地価格が急騰するのは当然であり、事実一九七〇年代から一九九〇年代にかけて土地価格が高騰したために、アーミッシュが農地を購入することが非常に困難になってきた。同時期にアーミッシュ人口も約二〇年間で倍増しており、多数のアーミッシュが農業を職業とすることを諦め、小規模な自営業の店舗を開設し始めた[32]。

観光客相手の土産物屋、キルト店、玩具店、家具店などを自宅に隣接して開設している旧派アーミッシュの人々も一九七〇年代後半から急速に増え始め、農業を職業として諦めたアーミッシュが小さな自営業を展開し成功しているケースがランカスター郡では非常に多いが、観光産業との関連を抜きにしてはこれらの成功を考えることはできない。小さな看板の掛かったアーミッシュの店舗にも観光客は訪れ、何らかの買い物をする。また道路沿いの果物や野菜売りまで含めるとアーミッシュ自営業者が何らかの形で観光産業の経済的恩恵を受けていることは明らかである。ロイ・ブック（Roy C. Buck）は一九七九年の論文でランカスター郡の旧派アーミッシュと観光産業は互いの間の境界線をうまく維持しながら共存できて、観光産業がアーミッシュに活力を与えるのではないかと推測していた[33]。それから約二〇年を経て、両者の境界線の維持は難しくなってきているのではないだろうか。なるほど表面的にアーミッシュ・カントリーを二、三日訪問して去っていく観光客が大部分を占めるかもしれないが、リピーターも数多くいる。彼らは本物のアーミッシュとの接触を求めてアーミッシュ定住地に入っていくだろう。アーミッシュ側も観光客をもはや厄介者として見る段階は終わり、彼らと共存できるための手段を小売り店舗を構えてビジネスを展開することでしたたかに経済的繁栄を得ている。むしろ、マーク・オルスハンがニューヨーク州における小規模なアーミッシュ自営業者の研究で主張しているように[34]、ランカスター郡で栄えているアーミッシュ経営の店舗の急激な増加は、観光という触媒を使い外部社会との接触の機会を増大させることにより商業的価値観をアーミッシュのなかに植えつけ、農業を基盤としたアーミッシュ文化の変質を迫ることになるのではないのだろうか。なるほど、観光産業はブックの推測どおり、アーミッシュに経済的活力を与えたが、両者の境界線の維持は曖昧になりアーミッシュの観光産業への依存度は加速化しているように見える。農業を営むアーミッシュがランカスター郡では少数派となるのが避けられないかもしれないが、二一世紀において旧派アーミッシュの伝統的価値観を維持する共同体が生き残っていけるのか、新しい価値観を構築してアーミッシュ・コミュニティを維持していくかは定かではない。しかし少なくともアーミッシュ農業の全面的崩壊はランカスター郡では起こり得ないであろう。アーミッシュ農業の壊滅は田園地帯で農業を営むアーミッシュ像の崩壊へとつながるため、観光産業にとっても致命的打撃となる。そのために必ず農業を生計とする旧派アーミッシュが少数派となりながらもランカスター郡に残り、アーミッシュ自営業者と観光産業との危ういながらの共存関係が今後も持続すると思われる[35]。

三　ホームズ郡一帯とエルクハート郡一帯における観光産業の現状

ランカスター郡におけるアーミッシュを前面に押し出した観光産業の展開は他のアーミッシュ定住地と異なり早くも一九五〇年代から始まっていた。ランカスター郡はダッチ・カントリー（Dutch Country）として世間によく知られ、アーミッシュ定住地としても最も古くかつ最も知名度が高かった。またランカスター郡自体も観光誘致に積極的に早い時期から活動を開始していた。したがって他のアーミッシュ定住地と比較する時、ランカスター郡の観光産業がはるかに長い歴史を持ち、すでに現在では爛熟期に入っていることが分かる。言い換えれば他のアーミッシュ定住地における観光産業は、環境問題などが注目を浴び始め、アーミッシュのイメージが好転し始めた一九七〇年代に入って、ようやく端緒についたと言ってもよい。その後、一九八〇年代、九〇年代に入り、ランカスター郡の後を追うように急速に観光産業が発展したアーミッシュ定住地がオハイオ州ホームズ郡（Holmes County）一帯とインディアナ州エルクハート郡（Elkhart County）一帯である。

ウィリアム・シュライバー（William I. Shreiber）による『アーミッシュの隣人たち』（一九六二年）にはオハイオ州ウェイン郡（Wayne County）のアーミッシュの日常生活が描かれており、また当時彼らが直面していた社会保障制度における連邦政府との対立の問題なども記述されているが、アーミッシュと観光に関する情報はまったくない[36]。ところが一九七五年ころには多数の観光客が起伏の多いホームズ郡を訪れ始めており、住民の一人は「ホームズ郡のこのごろといったら。観光客ばかりだ！……パンを買いに町に行っても、駐車できる場所がほとんどない[37]」と感想を述べている。

一九七六年にはオハイオ州運輸省（the Ohio Department of Transportation）はホームズ郡の観光の目玉としてアーミッシュ・カントリーの宣伝を始め、一九七九年にはオハイオ州経済コミュニティ省（the Ohio Department of Economic and Community Development）は「オハイオ州への旅行」（Travel Ohio）シリーズで「オハイオ・アーミッシュ・カントリー」（Ohio's Amish Country）なる小冊子を発売して、ホームズ郡一帯のアーミッシュ定住地域を紹介して、観光客の流入を計った。一九八九年には年間約一〇〇万人の観光客がホームズ郡を訪れ四五〇〇万ドルを使ったと見積もられている。(38) 隣接するウェイン郡も観光誘致に熱心である。例えば、ウェイン郡コンベンション・アンド・ビジターズ局（Convention & Visitors Bureau）発行による一九九六年度版ウェイン郡ビジターズ・ガイド・アンド・ディレクトリー（Visitors' Guide & Directory）の表紙の写真はアーミッシュの馬車であり、キャッチ・フレーズを「アーミッシュ・カントリーへの道」（Gateway to Amish Country）としてウェイン郡を位置づけている。

オハイオ・アーミッシュ・カントリーの小冊子

ホームズ郡一帯のアーミッシュ定住地域はランカスター郡より広範

囲にわたり、かつ起伏の多い丘に点在している。アーミッシュ定住地域に向かうにはフリーウエー77号線から国道62号線か州道39号線に降りてホームズ郡に入るが、国道62号線と州道39号線が交わる所に人口約四〇〇人の小さな町ベルリン（Berlin）があり、この町がホームズ郡の観光産業の拠点と言える。この町の中心となる州道39号線沿いにアーミッシュを売り物にする土産物屋がずらりと並び、観光バスが入れるように大きな駐車スペースが取ってある。しかし、如何せん州道39号線は片側一車線の小さな道路であり、観光シーズンの夏場となると極端に道路が混雑する。アーミッシュ村の疑似体験ができるアーミッシュ・ファーム（Amish Farm）なども39号線沿いや州道515号線沿いにあるが、無秩序的な観光開発が行われたように思われ、乱雑さが目立ち、全体的な統一感がない。

ホームズ郡には、観光部門を扱うホームズ郡商業観光局（Holmes County Chamber of Commerce and Tourism Bureau）という公的部署があるが、情報提供のためのインフォメーション・センターが欠如しているため、観光客は無料の商業広告新聞紙『オハイオのアーミッシュ・カントリー』（*Ohio's Amish Country*）、『オリジナル・アーミッシュ・カントリー・ビジターズ・ガイド』（*The Original Amish Country Visitors Guide*）や各広告小冊子に頼ることになる。これらは土産物屋に無料で配布してあるが、観光客がアーミッシュ観光の情報をこれらから仕入れようとすると、掲載されている膨大な店舗の宣伝をチェックすることになり、初めてこの地域を訪れた者にとっては混乱するかもしれない。ベルリンにあるメノナイト・インフォメーション・センター（the Mennonite Information Center）はアーミッシュ、メノナイト関係の書籍や現地関係の様々な小冊子の提供、現地案内の相談も受けつけているが、場所が少し中心街から離れているため観光客に十分認識されていないかもしれない。ホームズ郡一帯の場合、アーミッシュ定住地域が点在している。ベルリン町以外にもアーミッシュ関連の観光産業を積極的に受け入れている町が点在している。ホームズ郡のウォルナット・クリーク（Walnut Creek）やマウント・ホープ（Mount Hope）、ウェイン郡のアップル・クリーク（Apple Creek）。タスカラワス郡のシュガー・クリーク（Sugar Creek）などの町にも観光産業が広がっており、ランカスター郡のように一カ所集中型というわけではない。当然宿泊施設も国道62号線、州道39号線、州道241号線、州道557号線沿いなどに点在しており、アーミッシュ・カントリーとしての一体感は少し欠ける嫌いがある。

　アーミッシュ住民はこの観光産業の近年の大発展をどのように受け止めているのであろうか。ランカスター郡と同様にアーミッシュの経営する店舗は存在するが、大部分の土産物屋やレストランなどはアーミッシュという名を借りた非アーミッシュや元アーミッシュ経営の商業主義の店舗である。ホームズ郡一帯においても農業に従事するアーミッシュの割合は一九七〇年代から減少し、八〇年代には五割を切っているが、大工関係の仕事請負人、機械修理工、キャビネット、家具、馬車関係、鍛冶屋などの職工、および工場労働者の割合が増えている(39)。ホームズ郡におけるアーミッシュ自営業者の観光産業への積極的な関わりが広範囲に見られるかどうかの研究はまだなされて

ウェイン郡のビジターズガイド

おらず、調査を待たないと断定できないが、筆者の見たところランカスター郡に多く見られる明らかに観光客を相手とするアーミッシュ経営の店舗は数少ないようだ。ただ土産物屋にあるキルトや木工製品などは地元のアーミッシュも職人として製造しているために、彼らが観光産業から直接的にしろ間接的にしろ経済的な潤いを得ていることは間違いないと思われる。オハイオ州ホームズ郡の急激な観光産業の発展はランカスター郡に続くが、全体として乱雑な発展が顕著であり、今後現地のアーミッシュ住民との調和の問題がいずれ表面化するであろう。

インディアナ州エルクハート郡、ラグレンジ郡一帯の旧派アーミッシュ定住地域はホームズ郡、ランカスター郡と比べると、比較的小さな地域に限定される。国道20号線沿いのエルクハート郡のミドルベリー（MIddlebury）町からラグレンジ郡のシップシワナ（Shipshe-wana）町辺り一帯が中心的定住地域となるが、国道20号線北の州道120号線をアーミッシュ住民は馬車でよく行き来する。シップシワナ町を南北に通る州道5号線近辺もアーミッシ・コミュニティが集中している。このためシップシワナ町がこの地帯のアーミッシュ観光の中心として近年急速に発展をしてきている。シップシワナ町は元来、のみの市の開催場所として有名で、毎水曜日に牛、馬のオークションの他、様々な行商人が集まり店を出していたが、口コミで年々規模が大きくなり、一九七七年から火曜、水曜の二日間開催されることが許可された。一九八六年までに会場には一〇〇〇以上の屋台が並び一日約三万人の買い物客や観光客が集まるようになった。[40] アーミッシュ住民も、のみの市に売り手買い手双方として現れている。これらの買い物客や観光客にとってアーミッシュは興味の対象となり、シップシワナ町を中心として観光客相手の店舗が一九八〇年代から増加してきた。しかし、ランカスター郡、ホームズ郡一帯と比較すると、モーテル、土産物屋などの数は少ない。一九九〇年代に入り、観光客向けの大店舗や駐車場の建設が続いており、エルクハート郡一帯の観光産業が今後飛躍的に発展する可能性は十分にあり、ランカスター郡、ホームズ郡の後を追っている。

一九八八年にシップシワナ町の国道20号線と州道5号線の角にメノホフ（Menno-Hof）というアーミッシュとメノナイトに関する情報を提供するビジターズ・センターがオープンした。この建物は

TOUR INFORMATION

What "Anabaptist" Means
The Mennonites, Amish and Hutterites come from the Anabaptist movement that began during the Reformation in 16th-century Europe.
The word "Anabaptist" means "to rebaptize." This name was attached to a group of believers who called for voluntary, adult baptisms at a time when the state allowed only infant baptism.
At Menno-Hof we use "Anabaptist" to describe:

1) the central beliefs of the 16th-century Anabaptist movement.
For instance, communal living is a unique Hutterite practice, while commitment to Christian community is an Anabaptist belief held by all three groups.

2) members of two or more of the groups that emerged from the Anabaptist movement.
For instance, Northern Indiana is one of the largest Anabaptist (Mennonite and Amish) communities in the world.

Three Clues
As you tour Menno-Hof, the following clues can help you better understand the Mennonites, Amish and Hutterites.

1) Unity Amidst Diversity

While all three groups hold to common beliefs — community, nonresistance, simplicity, service to the needy, justice, humility, stewardship of the land — each group practices these beliefs in different ways. One also finds a wide variety of viewpoints and practices within each group.

2) Community and Communication

The early Anabaptists believed in both withdrawing from the world to form Christian community and communicating their faith to those outside their communities.

Today, the Amish and Hutterites have chosen to emphasize withdrawal from the world into distinct communities, while the Mennonites have chosen to emphasize ongoing interaction and communication with the world.

3) Following Christ

The beliefs and behavior of the Anabaptists can be fully understood only when one recognizes that at the center of those beliefs is a strong and enduring desire to follow Christ in all aspects of daily life.

"For no one can lay any foundation other than the one already laid, which is Jesus Christ."
1 Corinthians 3:11

MENNO-HOF
Mennonite-Amish
Visitors Center

Tour Guide

Shipshewana, Indiana

メノホフのツアーガイドブック

ちょうど州道5号線を隔てて、のみの市会場の向かい側に建っており、観光客を引きつけるには絶好の場所に位置している。メノホフはインディアナ州北部のメノナイトとアーミッシュ・メノナイトによって運営されている非営利団体経営のセンターであり、入場料の代わりに数ドルの寄付金を払って施設に入る。筆者の感想ではアーミッシュ三大定住地内のインフォメーション・センターの中でメノホフはアーミッシュ、メノナイト、フッタライトの歴史、文化やそれぞれの宗派の類似点、相違点などに関して最も詳しく、かつ分かりやすく展示物などを配列して説明してお

オハイオ州ホームズ郡ベルリン町の州道 39 号線

ベルリン町にある
州道 39 号線沿いの土産物屋の看板

インディアナ州エルクハート郡の州道 120 号線を走るアーミッシュの馬車

120 号線沿いの工場の入り口

り、教育的観点からも非常によくできた施設である。今後、メノホフがエルクハート郡一帯のアーミッシュ観光の中心になることは間違いがないし、このようなすぐれたビジターズ・センターを開設させたこの地帯のアーミッシュ、メノナイトの力量は侮れない。これはひとつには、メノナイトの学問的拠点であるゴーシェン大学（Goshen College）がアーミッシュ定住地域のすぐ近くのゴーシェン町にあり、学問的蓄積がこの地域で十分にあるため、その情報が活用されたと思われる。アカデミックな施設が存在しないホームズ郡の観光事業における乱開発を見る時、エルクハート郡一帯は観光産業の無秩序な開発には、何らかの歯止めがメノナイト側のアカデミックな勢力からかかるかもしれないし、そう期待したい。

メノホフを除けば、この地域にはアーミッシュ村を疑似体験できる大規模なアーミッシュ・ファームのようなアーミッシュ関連の観光スポットはないが[41]、現実のアーミッシュ経営の農場が集中しているので容易に彼らの働く姿を見ることができる。また州道１２０号線沿いに移動住宅を作る会社があり、この地域の多くのアーミッシュが従業員として働いている。また同じ道路沿いにチーズ工場があるがここでもアーミッシュが従業員として働いている[42]。アーミッシュ自営業者が観光客を目的とした店舗をはっきりと開設している例は、のみの市を除いてはあまり見受けられない。これはエルクハート郡一帯が観光客を引きつけ始めたとは言っても、まだランカスター郡やホームズ郡一帯と比較すれば観光開発発展途上の地域であり、多数のアーミッシュが観光産業関連の仕事についたり、アーミッシュ経営の店舗を自宅に開くような状況には達していない。道路沿いに小さな小屋を建て野菜や果物などを売るアーミッシュは存在するが、これはエルクハート郡にかぎらずアーミッシュ・コミュニティがある地域ならどこでも見受けられる光景である。エルクハート郡一帯に関してはランカスター郡やホームズ郡一帯ほど観光産業が発展していないために、今後の展開次第ではランカスター郡やホームズ郡とは違ったアーミッシュと観光産業の関わり合いを構築できる地域となる可能性がまだ存在する。

おわりに

第一節でアーミッシュのイメージがどのように時代とともに変化してきたかをアーミッシュを扱う書物や論文を中心に見てきたが、明らかに一九七〇年代以降、彼らのイメージに関しては、環境に優しいアーミッシュというポジティブな論調が主流を占めるようになった。一方、実際にはアーミッシュの職業形態が多様化しているにもかかわらず、牧歌的に田園で農業を職業として近代文明の利器を使わず、昔ながらのやり方で家族や近隣の同胞とお互い助け合って暮らすというイメージ上のアーミッシュ像が浸透している。そのため、産業社会が生み出す疎外感、技術文明の発展の加速化、自然からの離脱感などに悩む現代人にとっては、アーミッシュは古き良きアメリカの無垢な農村時代をノスタルジックに思い起こさせる魅力的な存在と映るようになってきた。このためアーミッシュを一目見ようとする観光客が特に一九七〇年代以降アーミッシュ定住地域を訪れることが多くなった。

アーミッシュ観光のメッカはペンシルベニア州ランカスター郡であるが、アーミッシュを観光の目玉として観光誘致を積極的に推し進めてきた州および郡行政の方針や、東海岸のメガロポリスの一端に位置する地理上の好条件、ペンシルベニア・ダッチでの高い知名度などにより、他のアーミッシュ定住地の先端を切り、観光産業が発展してきた。近年はランカスター郡の観光産業は巨大化して、大手資本も参入する爛熟期を迎えつつある。結局ランカスター郡のアーミッシュは郡政府とビジネス界連動の観光産業コングロマリットに組み込まれ始めているのかもしれない。一方そのなかに分け入ることにより、したたかに小規模自営業の展開という形で経済的恩恵を得ているアーミッシュも数多く出現している。観光産業もアーミッシュの存在なくしては成り立たないことは自明の理であるから、アーミッシュに定住してもらい、農業を継続させアメリカのガーデン・スポットの象徴として田園風景を守る必要がある。ここにアーミッシュ農業とアーミッシュ自営業者と観光産業の危ういながらの共存関係が築かれている訳がある。

オハイオ州ホームズ郡一帯は観光産業の発展度ではランカスター郡を追う一番手である。しかし、アーミッシュ定住地が広範囲の地域に点在するため観光客も全体に分散する。そのため観光客目当ての土産物屋なども郡一帯に点在しており、全体として乱雑な観光開発となっている。郡行政も統一的な観光誘致を行っておらず、非アーミッシュによる商業主義の疑似アーミッシュ店が多数存在する。アーミッシュ側もコミュニティが点在していることもあり、道ばたの果物や野菜を売るアーミッシュを例外とすれば、アーミッシュ自営業者の観光産業への積極的な関わりは多くはないと推察される。今後ランカスター郡のように明らかに観光客相手のアーミッシュ経営の店舗が出てくるかどうかは、さらなる観光客の増加があるかどうかにかかっていると思われる。全体として乱雑な観光開発が行われているため今後アーミッシュ農民との摩擦が表面化するかもしれない。

インディアナ州エルクハート郡一帯も一九八〇年代以降観光客が増加してきたが、ランカスター郡やホームズ郡と比較すればまだ観光化は始まったばかりと言える。モーテル、土産物店なども少なくこれから建設される時期にさしかかっている。それだけに郡行政がいかに手腕を発揮できるかによってアーミッシュ観光が地域と調和をとれる形で発展できる可能性がまだ残っている。特にメノホフの建設に見られるように、ゴーシェン大学を中心としたこの地域のメノナイト勢力が結集して地域発展に、アーミッシュ観光産業をうまく利用すればランカター郡の巨大観光産業やホームズ郡一帯の乱雑な観光産業の開発とはまた違った別の道を歩めるかもしれない。いずれにしろ旧派アーミッシュ三大定住地におけるアーミッシュ関連の観光産業は、今後現地のアーミッシュ住民との摩擦や混乱の生じる可能性を秘めながらも、さらに発展し定着するものと思われる。

謝辞

第10章の研究は、一九九六年度と一九九七年度の帝塚山学園特別研究費の助成を受けて行われた研究成果の一部である。ここに記して深謝を表したい。

注

（1）本書、第1章注（3）を参照。

（2）David Luthy, "Amish Migration Patterns: 1972-1992," in Donald B. Kraybill and Marc A. Olshan ed., *Amish Struggle with Modernity*（Hanover, NH: Univervisty Press of New England, 1994）, 243-259.

（3）最近日本においてもアーミッシュ紹介の概説書が相次いで出版されている。池田智『アーミッシュの人々』（サイマル出版、一九九五年）。ドナルド・B・クレイビル著、杉原利治／大藪千穂訳『アーミッシュの謎』（論創社、一九九六年）。原題は Donald B. Kraybill, *The Puzzles of Amish Life*（Intercourse, PA: Good Books, 1990）. 森 孝一『宗教からよむ「アメリカ」』（講談社、一九九六年）のなかにもアーミッシュに関する記述がある。菅原千代志『アーミッシュ』（丸善ブックス、一九九七年）。

（4）Walter M. Kollmorgen, *Culture of a Contemporary Community: The Old Order Amish of Lancaster County, Pennsylvania*（Rural Life Studies no.4 Washington D.C.: U.S. Department of Agriculture, 1942）.

（5）*Ibid*., 4.

（6）H. M. J. Klein, *History and Customs of The Amish People*（York PA: The Maple Press Company, 1946）.

（7）*Ibid*., 3-4.

（8）*Ibid*., 4.

（9）John A. Hostetler, *Amish Society*（Baltimore: The Johns Hopkins University Press, 1963）. 一九六八年改訂第二版、一九八〇年改訂第三版、一九九三年改訂第四版まで発行されている。アーミッシュと農業の関係の重要性をホステトラーは一貫して述べている。

（10）Eugene P. Ericksen, Julia A. Ericksen, and John A. Hostetler, "The Cultivation of the Soil as a Moral Directive: Population Growth, Family Ties and the Maintenance of Community Among the Old Order Amish," *Rural Sociology*, 45（Spring, 1980）, 49-68.

（11）James A. Warner and Donald M. Delinger, *The Gentle People: A Portrait of the Amish*（Wilmington, DEL: The Middle Atlantic Press, 1969）.

（12）Levi Miller, "The Amish Word for Today," *The Christian Century* 90（January 17, 1973）, 70-73.

（13）*Ibid.*, 73.

（14）A. Martha Denlinger, *Real People*（Scottdale, PA: Herald Press, 1975）.

（15）例えば、William H. Martineau and Rhonda Sayres MacQueen, "Occupational Differentiation Among the Old Order Amish," *Rural Sociology*, 42（Fall, 1977）, 383-397.

（16）時期的に少し後になるが、全国向けの雑誌ナショナル・ジオグラフィック誌の一九八四年四月号でペンシルベニア・ダッチの特集記事を組んでいるが、ほとんどの写真は牧歌的生活を営む人々というイメージである。Douglas Lee and Jerry Irwin, "The Plain People of Pennsylvania," *National Geographic* 165（April, 1984）, 492-519.

（17）例えば、George De Vries, Jr., "Lessons from an Alternative Culture: the Old Order Amish," *Christian Scholar's Review* 10（Fall, 1981）, 218-228. Donald Kachel, "What Can We Learn from Amish Education?," *The Education Digest* 89（November, 1989）, 61-63.

（18）Thomas W. Foster, "Amish Society," *The Futurist* 15（December, 1981）, 33-40.

（19）E. F. Schumacher, *Small Is Beautiful*（London: Blond & Briggs Ltd, 1973）.

（20）Foster, *op.cit.*, 37-40.

（21）Marc A. Olshan, "Modernity, the Folk Society, and the Old Order Amish: an Alternatve Interpretation," *Rural Sociology* 46（Summer, 1981）, 297-309.

（22）例えば、John A. Hostetler, "Marketing the Amish soul," *Gospel Herald* (June 26, 1984）, 452-453. Robert Hostetter, "A Controversial 'Witness'," *The Christian Century*, 102（April 10, 1985）, 341-342. John A. Hostetler and Donald B. Kraybill, "Hollywood Markets the Amish," in John Katz and Jay Ruby ed., *Image*

Ethics: The Moral Rights of Subjects in Photography, Film and Television（New York: Oxford University Press. 1988）, 220-235.

（23）例えば、旧派アーミッシュに関する一九八〇年代の博士論文には、Mark A. Olshan, "The Old Order Amish as a Model for Development"（Ph. D. diss., Cornell University 1980）. Thomas E. Gallagher, "Clinging to the Past or Preparing for the Future? The Structure of Selective Modernization Among Old Order Amish of Lancaster County, Pennsylvania"（Ph. D. diss., Temple University, 1981）. Thomas J. Meyers, "Stress and the Amish Community in Transition"（Ph. D. diss., Boston University, 1983）. Anna F. Wenger, "The Phenomenon of Care in a High Context Culture: The Old Order Amish"（Ph. D. diss., Wayne State University, 1988）などがある。

（24）Donald B. Kraybill, *The Riddle of Amish Culture*（Baltimore: The Johns Hopkins University Press, 1989）.

（25）Paton Yoder, *Tradition & Transition: Amish Mennonites and Old Order Amish 1800-1900*（Scottdale, PA: Herald Press, 1991）. Steven M. Nolt, *A History of the Amish*（Intercourse, PA: Good Books, 1992）. Donald B. Kraybill ed., *The Amish and State*（Baltimore and London: The Johns Hopkins University Press, 1993）. Donald B. Kraybill and Marc A. Olshan ed., *The Amish Struggle with Modernity*（Hanover and London: University Press of New England, 1994）. Donald B. Kraybill and Steven M. Nolt, *Amish Enterprise: From Plow to Profits*（Baltimore and London: The Johns Hopkins University Press, 1995）.

（26）例えば、Leslie Ann Hauslein and Jerry Irwin, *The Amish*（New York: Outlet Book Company, 1991）. Ruth Hoover Seitz and Blair Seitz, *Amish Ways*（Harrisburg, PA: RB Books, 1991）. Doyle Yoder and Leslie A. Kelly, *America's Amish Country*（Berlin, OH: America's Amish Country Publications, 1992）. Donald B.

Kraybill and Lucian Niemeyer, *Old Order Amish*（Baltimore and London: The Johns Hopkins University Press, 1993）.

（27）Kraybill, *The Riddle of Amish Culture*, 228.

（28）Ed Klimuska, *Lancaster County: The*（*Ex?*）*Garden Spot of America*（Lancaster, PA: Lancaster Newspapers, 1988）, 24.

（29）*Ibid.*, 21, 24.

（30）*Lancaster New Era*, December 26, 10.

（31）Klimuska, *op. cit.*, 24, 28-30.

（32）ランカスター郡の旧派アーミッシュ経営による事業の展開に関する詳細な研究は Kraybill and Nolt, *Amish Enterprise: From Plows to Profits*.

（33）Roy C. Buck, "Boundary Maintenance Revisited: Tourist Experience in an Old Order Amish Community," *Rural Sociology* 43（Summer, 1979）, 221-234. Roy C. Buck and Ted Alleman, "Tourist Enterprise Concentration and Old Order Amish Survival: Explorations in Productive Coexistence," *Journal of Travel Research* 18（Summer, 1979）, 15-20.

（34）Marc A.Olshan, "The Opening of Amish Society: Cottage Industry as Trojan Horse," *Human Organization* 50（No. 4, 1991）, 378-384.

（35）ランカスター郡のアーミッシュ農民の存在感がいかに強いかを表す好例が一九八七年から八八年にかけての旧派アーミッシュを中心とした高速道路建設反対運動である。詳しくは本書、第6章参照。

（36）William I. Shreiber, *Our Amish Neighbors*（Chicago: University of Chicago Press, 1962）.

（37）David Luthy, "The Origin and Growth of Amish Tourism," in Kraybill and Olshan ed., *Amish Struggle with Modernity*, 124.

（38）*Ibid.*, 124-125.

（39）Henry Troyer and Lee Willoughby, "Changing Occupational Patterns in the Holmes County Ohio Amish Community," Werner Enninger ed., *Internal and External Perspectives on Amish and Mennonite Life Vol.1*（Essen: Unipress, 1984）, 65-68. 二〇〇〇年代以降のオハイオ州ホームズ郡におけるアーミッシュ共同体の急激な変化刷新や外的世界との対応についてのすぐれた研究書は、Charles E. Hurst and David L. McConnell, *An Amish Paradox: Diversity and Change in the World's Largest Amish Community*（Baltimore: The Johns Hopkins University Press, 2010）.

（40）Luthy, "The Origin and Growth of Amish Tourism," 127.

（41）近隣のエルクハート郡南部に位置するナパニー町（Nappanee）周辺にもアーミッシュ定住地があるが、ここでは観光客向けの大規模なアーミッシュ村（Amish Acres）が経営されている（次ページの図を参照）。

（42）エルクハート郡一帯のアーミッシュは非アーミッシュ経営の会社に職工として働く者が多い。一般に外部の会社などにアーミッシュが勤めると、外的世界の価値観や環境に慣れてしまうためにアーミッシュ・コミュニティから離脱する者が増加すると言われている。しかし、エルクハート郡一帯の最近の研究では、離脱率の増加は見られない。詳しくは、Thomas J. Meyers, "Population Growth and Its Consequences in the Elkhart-LaGrange Old Order Amish Settlement," *Mennonite Quarterly Review* 65（July, 1991）, 308-321.

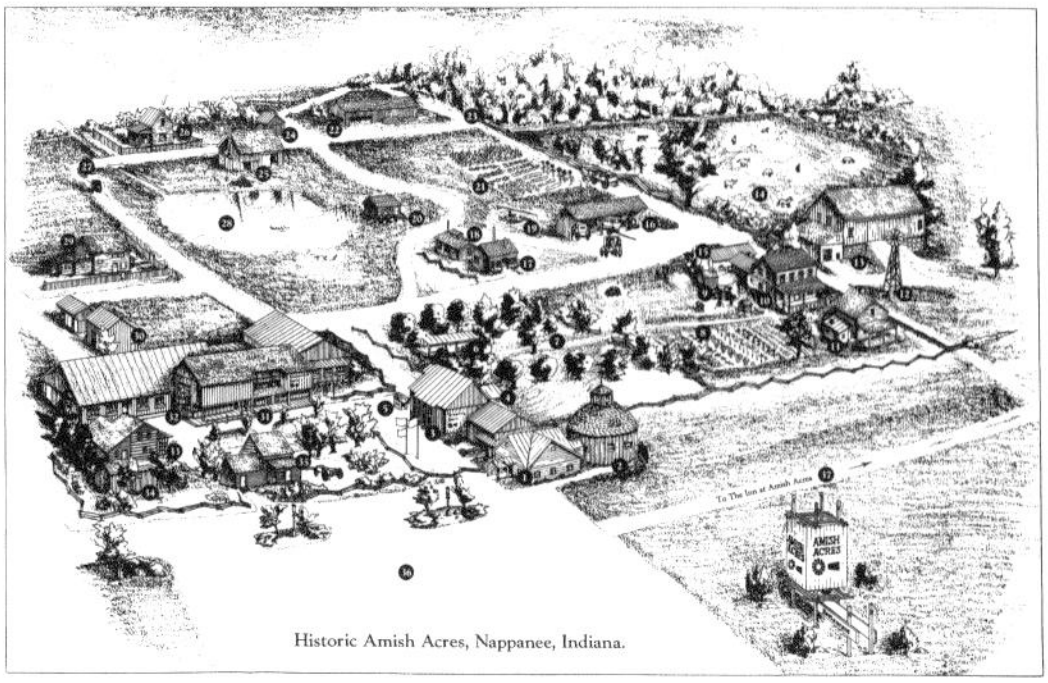

エルクハート郡ナパニー町のアーミッシュ村

第11章

アメリカ合衆国におけるアーミッシュ・スクールの確立とその展開

はじめに

アーミッシュ[1]の北米での人口が増え続けている。アーミッシュの人口は一九八〇年には約九万五〇〇〇人、一九九〇年に約一二万八〇〇〇人、二〇〇〇年に約一八万人となり二〇年間でほぼ倍増した。同時に二〇〇三年時点でアーミッシュの定住地域もカナダのオンタリオ州と全米二八州に広がっており、定住地域内に点在するアーミッシュの基本的生活基盤であるアーミッシュ共同体を形成する教会区の数も一九八〇年には五九四教区であったが、一九九〇年には七八四教区、二〇〇三年には一四一〇教区と増加した[2]。

アーミッシュは外部の人々に対する伝道活動や改宗運動を行わない。したがって一家族当たりの子供の数が約七人である彼らの高い出生率が人口増加の原因である[3]。しかし、アーミッシュは再洗礼派の一派であるため幼児洗礼を認めない。青年期に達した男女は自発的な成人洗礼を経てアーミッシュと認められる。成人洗礼を受けるか受けないかは若者たちの判断によるのでアメリカ的価値観の影響を受けてアーミッシュ社会を離脱する若者はもちろん存在する。しかし彼らの約八割が成人洗礼を受け、生涯アーミッシュであることを決意してアーミッシュ社会にとどまる。(4) 過去約二〇年間にアーミッシュの人口が顕著に増加し続けた事実は、アーミッシュ社会が子供たちに対する外部の北米社会からの文化的影響を最小限にとどめ、子供たちにアーミッシュ文化の価値観を植えつけ、アーミッシュとしてのアイデンティティを確立させてきた証左である。

その成功要因は様々なものが考えられるが、最も重要なもののひとつにアーミッシュ独自の教育制度の確立があると思われる。現在、北米の大部分のアーミッシ教会区では八学年までのアーミッシュ運営による単級私立学校が設立されており、アーミッシュの子供たちは近隣のアーミッシュ・スクールに通っている。これは一九七二年のウィスコンシン州対ヨーダー裁判での連法最高裁判所の判決で、アーミッシュ児童に対する八学年以上の州の義務教育化は憲法修正第一条で保障されているアーミッシュの宗教の自由を侵害しているとして、アーミッシュの八学年までの教育が保障されたためである。(5) それ以前の一九五〇年代から一九六〇年代にかけては、ペンシルベニア州、オハイオ州、インディアナ州、カンザス州、アイオワ州、ウィスコンシン州などで、アーミッシュ児童の義務教育に関して、中規模学区制による大規模小学校へのアーミッシュ児童の編入と義務教育年限の引き上げをめぐってアーミッシュと州教育当局との間で激しい対立が頻繁に起こっていた。公立学校への登校を忌避するために一九五〇年代からアーミッシュは本格的にアーミッシュ・スクールの建設に乗り出し一九五〇年代には五〇校、一九六〇年代には一五三校を設立した。最高裁判所の判決以後、アーミッシュ・スクールの建設に拍車がかかり一九七〇年代には一七一校、一九八〇年代には二一二校、一九九〇年代には三六三校ものアーミッシュ・スクールが設立された。[6] 高校、大学の高等教育はアーミッシュ的価値観と相反する近代的価値観や批判的、分析的能力の育成を目指すため、アーミッシュは高等教育を禁じている。高等教育は個人主義の悪弊である傲慢、うぬぼれ、自己中心的精神をもたらすとアーミッシュは考える。[7] したがってアーミッシュの学校教育はアーミッシュ教師による読み、書き、計算を学習の基本とするアーミッシュの子供たちへの八年間の訓練で完了する。そこで第11章では、まずアーミッシュの教育観と一九五〇年代、六〇年代の公立学校改革がいかに相反しているかを明らかにした後、アメリカでのアーミッシュと州教育行政との対立と最終的に一九七二年のウィスコンシン州対ヨーダー判決にいたる過程を概観する。そしてアーミッシュ・スクールが現在どのように運営、展開されているかを考察して、アーミッシュ・スクールがいかにアーミッシュ的アイデンティティを児童に植えつけていることに成功しているかを示したい。

一　アーミッシュの教育観と公立学校改革

アーミッシュは同じ再洗礼派のフッタライトとは異なり、[8] 私有財産制を認めており個々の家族が生活の基本的単位となっているが、ひとつの教会区内に約二〇、三〇世帯の家族が暮らしており、彼らがひとつの宗教共同体を形成している。この教会区が彼らの生活基盤の中心であり、各々の教会がアーミッシュ的生活様式を決める教会戒律（Ordnung）を定めている。[9] この教会戒律こそが彼らを取り巻く外の世界、すなわちアメリカ社会とアメリカ的価値観との境界線を作り、アーミッシュ文化を守るものである。一方アーミッシュが教会区を中心とする宗教共同体を維持、発展させるためには子供が青年期に達した時に自発的にアーミッシュの価値観を受け入れ生涯アーミッシュとして生きる決意を固めて洗礼を受け、アーミッシュ教会に入ることが必要である。したがって、アーミッシュにとって子供を教育する過程で最も重要なことは、子供がアーミッシュ文化の価値観を受け入れ継承することである。

では、アーミッシュ的価値観とはどのようなものであろうか。第一に、彼らの宗教共同体は真のキリスト者の集まりとしての兄弟愛に基づく自由教会を基盤としているため、外部社会という「つり合わないくびき」をともにしない（コリントの信徒への手紙二6・14－17）、すなわち「この世的なもの」を厳格に忌避することが要求される。彼らの生活環境での「この世的なもの」とはアメリカ社会の特徴である物質主義、消費主義、個人主義、科学至上主義などであるから、これらの考え方から離反しなければならない。第二にアーミッシュの日々暮らしていくうえでの基本的態度はゲラッセンハイト（Gelassenheit）という言葉に代表される神に対する「従順」「服従」である。[10]この概念は自己達成、自己主張、プライドの表出などの個人主義的特長と逆に位置する考え方で、アーミッシュは救済の希望を持ちつつ死にいたるまで自我を抑えて、神の意志に対して「従順」なる態度をとる。ゲラッセンハイトの概念は両親、年配者、共同体、教会にも適用され、自己達成よりもいかに「従順」なる生活を送り、宗教共同体の一員として贖罪を可能にするような理想的コミュニティを作り、それに貢献できるかが問題となる。

このような価値観の伝承こそがアーミッシュ児童を教育するなかで最も重要となるが、アーミッシュは学校教育が価値観形成の中核であるとは思っていない。児童の両親、ひいてはアーミッシュ共同体が子供への価値観の伝承という全人格的教育の責任を負う。そのため、アーミッシュの価値観の根本をなす宗教教育は家庭や教会が責任を負い、学校には任されていない[11]。学校教育は北米社会のなかで生き残るための英語での実践的読み、書き、計算を教える場であればよいとアーミッシュは考えてきた。一九三〇年代までアメリカの農村地域では、大部分の公立小学校は小規模学区制による単級小学校から成り立ち、近隣児童に読み、書き、算数という3Rを教えることをその眼目としていた。したがって、公立学校がアーミッシュの価値観に大きなダメージを与える恐れもなかったためアーミッシュ児童は生家から公立学校に通っていたし、非アーミッシュの児童との交流にも両親は神経質になっていなかった[12]。実際アーミッシュ人口が稠密な地域での小学校ではアーミッシュ児童が大半を占めるケースも多かった。

アーミッシュが公立学校制度に疑問を呈し始めたのは、州政府が小規模学区制による単級小学校を廃止し、かつ統合して中規模学区制による統合小学校を設立する改革を行い始めた時である。統合小学校にアーミッシュ児童を通わす危険性をアーミッシュの親たちはどこに見ていたのだろうか。第一に、通学距離が伸びるためバス通学となり、バスに乗ることが習慣化する。第二に、学年によってクラスが振り分けられ、様々な価値観を持つ教師が児童を教える。第三にアーミッシュ児童が多数派を占めめず、親の監視の目が届きにくい[13]。すなわち統合小学校ではアメリカ社会の外的情報に一方的にさらされる機会が多く、アーミッシュ児童が忌避しなければならないアメリカ的価値観に染まる恐れが多分にあった。

公立学校の改革において統合小学校の設立と同様に、アーミッシュにとって困難な問題となったのは全米の各州が取り組んだ義務教育の年限引き上げである。高等学校教育の義務化が第二次世界大戦後に各州で施行され、各州で状況は異なるが一六歳以上に義務教育年齢が引き上げられた。元来アーミッシュの学校教育は読み、書き、計算を習得する小学校の八年間で十分であり、以後の青年期は親の監督の下で、農業であれ、他の職業であれ、徒弟期間を経て一人前のアーミッシュ職業人となる道を目指すのが一般的であった。この青年期の徒弟期間を通して、アーミッシュ青年層はアーミッシュとしてのアイデンティティを確立し、アーミッシュ職業人としての自覚を認識して、ひいては洗礼を受けてアーミッシュ社会の重要な一員となる。仕事の伝承を通して、アーミッシュ的生活方法を学ぶ青年期のこのプロセスは欠くことができないものであった。しかし、この重要な青年期に、町に存在する高等学校にアーミッシュを通わすことはアーミッシュのアイデンティティ形成に著しい損害を被る危険性があった。高等学校で教わる教科は専門的になり、分析的思考能力の向上を目標とするため、対面的でホーリスティック（holistic）な体験を重視し、それに基づいた知恵を尊重するアーミッシュの価値観とは真っ向から対立する。さらに感受性の強い青年期に非アーミッシュの高校生と頻繁に交流すればアメリカ的価値観を一部でも受け入れるのは明らかであった。州政府によって施行されたふたつの教育改革はアーミッシュの教育観と際立って対立するものであり、アーミッシュ的価値観を根底から破壊する危険性に満ちており、アーミッシュ・ウェイ・オブ・ライフの存亡に関わる重大事であった。このため、アーミッシュ定住地を有する様々な州でアーミッシュと行政当局とのアーミッシュ児童をめぐる教育権に関して鋭い対立が頻繁に起こるようになった。[14]

二　州政府との対立とアーミッシュ・スクールの確立

一九二五年、デラウェア州（State of Delaware）ドーバー市（City of Dover）の近郊に、単級小学校統合に反対するアーミッシュによってアーミッシュ・スクールが初めて開設された。しかし、アーミッシュが本格的に公立学校制度から撤退してアーミッシュ運営によるアーミッシュ・スクールの設立を開始し始めたのは一九三八年であり、ペンシルベニア州ランカスター郡のアーミッシュが端緒を開いた(15)。この年、ランカスター郡のイースト・ランピーター町は州政府から補助金を得て、小規模学区制による一〇の単級小学校を統合し、中規模学区制による統合小学校の建設を始めた。統合小学校の建設を差し止めるために、アーミッシュ父兄とアーミッシュを支援する人々がフィラデルフィア在住の弁護士を雇い、小学校建設中止の訴訟を起こした。アーミッシュの指導者たちは法廷闘争に持ち込んだアーミッシュ父兄を批判したが、関係児童を持つアーミッシュの親の多くが統合小学校への通学に懸念を持っていた。アーミッシュの基本信条からすれば、争いごとを公的機関である裁判所に持ち込むことは最も忌み嫌うべき事柄であった。元来アーミッシュのゲラッセンハイトの理念に基づけば、外的世界との問題解決のためには、対立するよりも自分が不利な立場に立っても非抵抗主義を貫き、節度を持って、あるがままに事態を受け入れることがアーミッシュ的問題解決法と言える。しかし、アーミッシュ共同体のなかでも、この事態はアーミッシュの価値観の崩壊にもつながりかねない重要問題であったために、この訴訟に関しては賛否両論に分かれた。州地方裁判所は建設差し止めを認めたが、控訴裁判所は州の教育権の行使を認め、アーミッシュ側の敗訴に終わった。イースト・ランピーター町ではアーミッシュは新しく建設された統合小学校に児童を通わせる代わりに、単級の公立小学校舎をアーミッシュ運営のアーミッシュ・スクールとして使用し、児童をアーミッシュ・スクールに通わせた。アーミッシュ側とランカスター郡教育委員会との係争は九カ月以上も継続して対立点は解決されないまま残ったが、最終的に控訴裁判所がアーミッシュ・スクールの設立を認可した。ここにランカスター郡のアーミッシュは独自のアーミッシュ経営による私立小学校を設立するという選択肢を選んだ[16]。

この訴訟を契機に、アーミッシュ側も具体的な対応策を模索し始めた。一九三七年九月には一六の教会区を代表する一六名の委員から構成されるランカスター郡アーミッシュ学校委員会（the Lancaster County Amish School Committee）が開催された。この学校委員会をランカスター郡のアーミッシュを代表する交渉母体とすることによって、行政当局と教育問題を話し合い解決しようとした[17]。そして彼らは州司法長官や州議会議員へ一四歳以上のアーミッシュ児童に関する高校教育免除の嘆願書を送るなどの活動を開始した。その努力が実り、一九三九年にペンシルベニア州議会はアーミッシュ向けに一四歳児童に農場や家内店舗で働く労働許可書を与える法案を通過させた。さらに州議会は一九四三年には各地方教育委員会が労働許可書をより柔軟に出せる法案を通過させ、高等学校教育をアーミッシュ児童が受けなければならない事態は避けられた。さらに、第二次世界大戦の影響で一九四〇年代は行政当局の改革案の施行は休止していたため、対立は激化しなかった。しかし、一九四九年には一六歳までの高等学校義務教育化が州議会で決定し、厳密に施行されることになった。さらに近隣に高等学校がない場合は、生徒はバス通学をすることになった[18]。

このような事態になり、アーミッシュ側も妥協の余地がなくなり、教育当局との対立が激化した。

一九四九年から一九五四年までに一四歳児童を故意に高等学校に通わせず、児童の教育を受ける権利を侵害したとして、逮捕されるアーミッシュの父親が続出した。彼らは科料を払って非を認めるよりもあえて投獄されることを選んだ。二名の父親は逮捕を不服として控訴したが、宗教集団も教育の義務を免れるものではないという理由で却下された。平和主義者のアーミッシュが次々と投獄されたため、ジャーナリズムでも、この問題がセンセーショナルに報道され、世間の注目を集めた[19]。州政府としてもこの問題を放置できず、アーミッシュ側の学校委員会代表アニドリュー・キンシンガー氏と州公立学校委員長ラルフ・スワン（Ralph Swan）博士との間で何回も話し合いが持たれ、定時制職業訓練校をアーミッシュ児童のために設置することで妥協し、合意文書が一九五五年に作成された。定時制職業訓練校は翌年の一九五六年にアーミッシュの家庭に開設された。この学校にアーミッシュ児童は週三時間出席することが義務づけられアーミッシュの指導者（多くの場合、教区の聖職者）が教師の役割を果たして、ホームプロジェクトを与えた。実際には、このプロジェクトは農業などの問題を家庭で児童に勉強させて、児童がプロジェクトの報告書を教師に提出することになっていた。そして、最終的にアーミッシュの教師が郡教育局に出席時間数や教育内容を報告した。アーミッシュにとっては児童を外部の公立高校に通わせる必要もなく、農業の繁忙期に児童に手伝いをさせることもでき、定時制職業訓練校はアーミッシュ側に十分に配慮をした案であった。ここにペンシルベニア州では高等学校の義務化問題は決着した[20]。

一方、一九五〇年代にペンシルベニア州全域で統合小学校の建設が進むにつれて、アーミッシュ単級小学校の設立にも拍車がかかった。ランカスター郡では一九五四年の五校から一九五六年には五二校にまで増加した。ランカスター郡以外のアーミッシュ定住地でも一九五〇年代後半から単級小学校の設立が始まったため、単級小学校に共通する基準やガイドラインを設定することが必要となった。このためペンシルベニア州全域でのアーミッシュ学校委員会（the Amish School Committee）が組織された。第一回アーミッシュ州学校委員会が一九五七年に開催され、各地域から二五名の代表者が出席して、教科書の統一化を中心として議論が進められた。

さらに三名の委員から構成される旧派アーミッシュ・ブック協会（the Old Order Amish Book Society）が州委員会内に作られ、アーミッシュ・スクールと州の間で起こるあらゆる問題を解決する連絡機関としての役割を担うことになった。その後、アーミッシュ州学校委員会の役割は拡大し、アーミッシュ教師の給料から教科書のカリキュラム編成までも議論するようになった[21]。

このようにペンシルベニア州では、アーミッシュ側による私立単級小学校の設立と州によるアーミッシュのための定時制職業訓練校の設置という妥協によって、アーミッシュ児童に関する教育問題は一九六〇年代には沈静化した。アーミッシュ人口の稠密なオハイオ州、インディアナ州においても時期のずれはあるが、同様の経過をたどった。オハイオ州では一九五八年にペンシルベニア州の例に倣って、職業訓練校が設置された。インディアナ州ではペンシルベニア州と同様に職業訓練校とアーミッシュ・スクールに関する合意文書が一九六七年に締結された。現在も *Regulations and Guidelines for Amish Parochial Schools of Indiana* として改定され年間授業日数、出席率、カリキュラム、アーミッシュ教育委員会、消防法などに関する規定を設けている[22]。アイオワ州も、全国的に注目を集めたブキャナン郡のアーミッシュを巻き込んだ一九六五年のヘーズルトン学校区とウーワイン学校区の住民による学校紛争の後、一九六七年に施行された学校法で事実上八学年制のアーミッシュ・スクールの教育を認め、それ以上の義務教育は免除された。[23] このようにアーミッシュ・スクールが多くの州で一九五〇年代、六〇年代に公式に認められ始めたため、アーミッシュ・スクールの数が飛躍的に伸びだした。

一方、アーミッシュの定住が比較的新しく、アーミッシュ人口が少ないウィスコンシン州では一九六〇年代に義務教育年齢をめぐってアーミッシュと州の教育当局が対立した。一九六八年の秋に、グリーン郡（Green County）在住のジョナス・ヨーダー（Jonas Yodar）他二名のアーミッシュが一四歳と一五歳の子供を高校に入学させない理由により逮捕された。アーミッシュの教育理念と宗教の自由を守ろうと一九六六年に結成された非アーミッシュによるアーミッシュ支援団体「アーミッシュの宗教的自由を守る全国委員会」議長でルーテル派教会のウィリアム・リンドホルム牧師は、この分野の専門家であるウィリアム・ボール弁護士と連絡を取り、ヨーダー氏らの了解を取り、法廷闘争に持ち込んだ。ボール弁護士はアーミッシュ教育研究の専門家ドナルド・エリクソン、シカゴ大学準教授、アーミッシュ研究の権威、ジョン・ホステトラー、テンプル大学教授の証言などを得て、アーミッシュの宗教的理念および文化的価値観からは、高校進学がいかに無益であるばかりか、アーミッシュの存続基盤であるアーミッシュ的価値観の継承を侵害し、ひいてはアーミッシュの宗教の自由をも脅かす恐れがあることを力説した。[24] 裁判はグリーン郡地方裁判所、グリーン郡巡回裁判所では州の児童に対する教育義務が優先することを理由に敗訴となった。しかし、ボール弁護士はウィスコンシン州最高裁判所に上告し逆転勝訴した。その間の裁判費用のために「アーミッシュの宗教的自由

を守る全国委員会」が積極的に資金集めに奔走した。(25)

ウィスコンシン州は敗訴を不服として、連邦最高裁判所に上告し、審議が受理された。もし、この裁判でヨーダー側が敗れれば、全米各州でアーミッシュの義務教育年齢の引き上げが行われる可能性があり、アメリカ合衆国からのアーミッシュの集団移住の可能性もあるという論評も表れた。(26)ここでヨーダー側が勝訴すれば、高等学校義務化の問題は決着がつき、アーミッシュ・スクールの普及が正式に全国で認められることになる。結局、一九七二年、連邦最高裁判所はアーミッシュ児童に対する八学年以上の州の義務教育は憲法修正第一条で保障されたアーミッシュの宗教の自由を侵害すると判断して、ヨーダー側の勝訴となった。ここに八学年までのアーミッシュ・スクールは公式に認められ、以後アーミッシュ定住地がある全米各州でアーミッシュ・スクールが建設されるようになった。

三　アーミッシュ・スクールの現状

一九二五年にデラウェア州ドーバー町で初めてアーミッシュ運営のアーミッシュ・スクールが開設されて以降、二〇〇二年度にはアーミッシュ・スクールの学校数は一二四六、教師数一七七八人、生徒数三万四一九四人を数えるまでになり、アーミッシュ・スクールは北米のアーミッシュ児童の教育を担う重要な存在となった。(27)特に、一九七二年の最高裁判所判決以後は州政府の干渉もほとんどの州でなくなり、(28)学校数が急増した事実はアーミッシュ・スクールがアーミッシュ共同体の教育ニーズに対応していることの表れであると思われる。それでは、アーミッシュ・スクールの成功要因はどこにあるのであろうか。学校運営、教師、カリキュラムなどを考察して、アーミッシュ・スクールの実態を見てみよう。

アーミッシュ・スクールの存続の基本は教会区のアーミッシュ共同体が全責任を負うということにある。すなわち、教区内のアーミッシュ共同体がアーミッシュ・スクールの経営権を保持する。小学校用地の準備と校舎建設および学校運営と維持は教会区の全成員が関わり合いを持ち、経済的負担の責任も持つ。小学校用地は多くの場合アーミッシュ教会員から寄贈を受ける。用地を購入する場合、共同体の教会員全員が資金を頭割りで出すか、固定資産税割で出す。建設はアーミッシュの成人男女の労働奉仕を得て校舎の新築がなされる。建設作業の人件費がボランティアで賄えても、建設材料費として最低でも二万ドル以上の費用がかかるので、教会が費用を徴収するケースが多くなっている。この場合建物は教会所有となる。旧単級公立小学校やアーミッシュ・スクール用に改築できる建物などを買収したりして校舎とする場合もある。いずれにしても、児童が歩いて通える場所が理想的であるが、学校区に教会区が複数存在している場合や、教会区自体が大きい場合は通学手段として馬車などが使われる。アーミッシュ児童の授業料は管轄区のアーミッシュ教育委員会が授業料の金額を決定して、親が負担してアーミッシュ・スクールの運営費の一部となる。アーミッシュは公立学校維持のための固定資産税を、当然市民として支払わなくてはならない。そのうえ教会区内のアーミッシュ児童の教育のためにさらなる出費が必要となるため、アーミッシュ・スクールの通常の運営、維持のための経済的負担は大きい(29)。アーミッシュ児童一人あたりの年間教育費は約四〇〇ドルと言われており、生徒数が三〇名とすると、平均教会区の世帯数が二〇から三〇あたりであるから推定で各世帯は年間四〇〇ドルから六〇〇ドルを小学校維持のために使っていることになる(30)。

学校の管理、運営に関わる詳細は教育委員会（school board）が責任を持つ。基本的には各々のアーミッシュ・スクールに教育委員会が設置されている。教育委員会は通常三名で構成される。教育委員会がふたつ以上のアーミッシュ・スクールを管轄する場合、五名から構成される場合もある。委員は教会区の成人教会員のなかから選挙で選ばれる。女性は委員には選出されない。教育委員会の仕事は多岐にわたり、教師の採用、解雇、教師の給料の決定と支払い、校舎、運動場の維持管理、教科書、カリキュラムへの助言、授業料の設定と徴収にまでいたる。委員会と教師は少なくとも一カ月に一度は会議を持ち、諸問題を話し合う。保護者や関心がある教会員もこの会議に出席する。州政府支給の私立小学校児童を対象とする補助金を拒否するアーミッシュにとって、教会区から学校運営のために基金を調達することは教育委員会の特に重要な仕事である。すなわち、教育委員会は教務面のみならず、教会区のアーミッシュ共同体に対してアーミッシュ・スクールの経営責任も持つ。アーミッシュ人口が稠密なペンシルベニア州、オハイオ州、インディアナ州などには上部組織の州教育委員会があり、ペンシルベニア州は一九五七年、オハイオ州は一九五八年、インディアナ州は一九六四年以来、毎年州教育委員会を開催している。州教育委員会の仕事は、郡や州の教育当局とカリキュラムの調整や教育法の改正に伴う交渉、新規の学校開設に当たる建設許可や建設の基金調達などを担当する。(31)

教師は非アーミッシュからは採用されない。すなわち、大学を出た州政府認可の資格を持つ教師が雇われアーミッシュ・スクールで教えることはない。アーミッシュ的価値観の伝承を最重要視するアーミッシュ共同体にとっては、外部世界から教師を採用することは児童に対して外部世界の価値観の刷り込みの機会を増やす可能性を意味する。このような事態を避けるためにアーミッシュ・コミュニティ内からアーミッシュ教師を採用している。

教師に期待される役割は模範的なアーミッシュ個人として「服従」「質素」「神への尊重」などを日々の学校の暮らしのなかで体現して、アーミッシュ的価値観とアーミッシュ・ウェイ・オブ・ライフを教育現場で児童に伝えることである。すなわち、よい教師とは全人格的にアーミッシュとしてのロール・モデルを子供たちに提示できる人物である。[32] したがってアーミッシュ・スクールで教える条件としては特殊な高等教育は必要ない。むしろ高等教育を受け、分析的能力を高めた人物はアーミッシュ児童には危険である。そのため高等教育を受けていない八学年の小学校教育を終了したアーミッシュ青年層から教師候補が選ばれる。そして、アーミッシュ教会区内で教育に興味があり、学業成績が優秀で、信仰や行動様式、価値観が確固としている青年男女に教育委員会が教師就任を依頼する。候補者が就任に同意すると、見習い教師としていくつかの学校で数週間、ベテラン教師のアシスタントとなり教育実習を体験した後、予定のアーミッシュ・スクールに就任する。[33] 女性教師対男性教師の比率は約五対一である。これは、専任教師としてアーミッシュ児童の教育に時間と労力を十分に費やす必要があるが、給料は年収約八〇〇〇ドルと高くなく、成年男子が教師一筋で一家の生計を養うことは難しい。そのため結婚前の未婚の女性教師の比率が最も高くなっている。[34]

教師の教育方法や教育技術における相互の意見交換のために、地域集会は頻繁に開かれているが、州単位でも教員集会が毎年開かれている。各セッションで様々な問題が討議され、彼らの教育や学校を向上するための実践的な方法論などが意見交換される。さらに毎年夏に、全国教員集会が開催され、数百人規模の教育関係者が集まり、パネル・ディスカッションが行われる。これらの州や全国規模の教員集会では相互に重要な情報交換が教師同士の間で公式、非公式に行われるため、教師は十分な刺激と最新の必要な情報を持って就任地に戻ってくることができると言われている。また、アーミッシュ経営によるパスウェイ出版社（Pathway Publishers）によってアーミッシュ教師のために一九五七年に創刊された月刊誌『ブラックボード誌』（*Blackboard Bulletin*）は発行部数約一万六〇〇〇を誇るが、学校関係者や教員の体験談、最近の必要資料などを盛り込み、全国のアーミッシュ教育情報を提供しており、教師や学校関係者にとって必読の雑誌となっている。アーミッシュ教師は具体的、実践的教育談義や事例研究を好む傾向にあるため、『ブラックボード誌』は彼らの欲求を十分に満たす機能を果たしている[35]。

アーミッシュ・スクールの学年暦は各州や郡の規則に則っている。ペンシルベニア州、ニューヨーク州では出席日数は一八〇日、インディアナ州は一六七日、オハイオ州は一六〇日である。すべてのアーミッシュ・スクールは児童の出席日数の記録を管理し、州の教育当局に記録を提出することを義務づけられている。出席日数の管理責任はアーミッシュ教育委員会にあり、州当局は日々の授業で全児童の九〇パーセントから九五パーセントの出席率を維持するように教育委員会に指導しているところが多い。インディアナ州のように九七パーセントという出席率の厳しいラインを設けているところでは「登録児童の年間平均出席率が九七パーセント以下に落ち込めば、学校は九七パーセントを確保するために、新たに学習日を設定して補習をしなければならない」という規則を設けている[36]。アーミッシュ・スクール独特の行事としては、その共同体内で結婚式や葬式が行われた場合、教師と大部分の児童が式に参加するので学校は休校となることが多い。また、農繁期には、児童の労働がどうしても必要となるので、二、三日休校になることもある。このような場合、土曜日が補講日となる。[37]

ではカリキュラムはどのようになっているのであろうか。カリキュラムの設定は各州や各郡で異なるが、一例としてインディアナ州のケースを取り上げてみよう。アーミッシュ・スクールでは伝統的に実践的な3Rすなわち読み，書き、算数を重要視する。アーミッシュは日常生活ではドイツ語の方言を使っている。したがって、外部社会と共存して生きてゆくためには英語の習得は必須である。そのため、授業はドイツ語の科目以外すべて英語で行われ、3Rのなかでも特に読みが強調される。低学年（一年、二年）では英語の正しい発音とスペリングが最初に教えられる。その後、パスウェイ社発行のリーディングの教科書六冊が課題として与えられ、そのなかの物語を声を出して読み、正しい発音かどうかを教師がチェックする。ライティングはスペリングを習得した後に *Climbing to Good English* などのアーミッシュ用教科書を使い、正しい綴り方や文法の基礎などを習得させる。算数は足し算、引き算を中心に教えられるが、教科書はアーミッシュの児童の生活体験を映し出す物語のなかで、数の概念を教える。例えば、「ベンチの上に四つの帽子があります。三つが風によって飛ばされました。ベンチにはいくつの帽子があるでしょう」というような問題が設定されている。アーミッシュ児童用の算数の教科書には *Learning Numbers with Spunky* などが使われる。[38]中学年（三年、四年、五年）では、四年で歴史または地理とドイツ語、五年で保健または科学が週一回の割合で加わる。高学年（六年、七年、八年）においても、科目編成は中学年とほぼ同じであるが、七年、八年は児童の義務教育の最終段階であるため、外部社会に出ても通用するように読み、書き、算数の完成に特に重点が置かれる。インディアナ州での高学年の時間割の一例は表14－1のようになる。[39]

表 14－1　インディアナ州での高学年の時間割の一例

月曜日	算数（9:30-10:40）	英語（11:15-12:05）	リーディング（13:35-14:20）
火曜日	算数（9:30-10:40）	英語（11:15-12:05）	歴史（13:35-14:20）
水曜日	保健（9:30-10:40）	ドイツ語（11:15-12:05）	スペリング（13:35-14:20）
木曜日	算数（9:30-10:40）	英語（11:15-12:05）	リーディング（13:35-14:20）
金曜日	算数（9:30-10:40）	英語（11:15-12:05）	歴史（13:35-14:20）

このカリキュラムの特徴は第一に宗教教育がないということである。確かに、毎朝授業が始まる五分前にドイツ語での聖書の祈りは行われる。しかし教師は聖職者ではないので、聖書の解釈、説明は一切行わない。アーミッシュ共同体は宗教教育を学校の責任と考えていない。児童に対するアーミッシュの根幹を形成する宗教教育はまず両親の責任であり、ひいては、教会を中心とする共同体がアーミッシュの価値観の中核をなすアーミッシュ信仰に全責任を持つ。一方学校教育はアーミッシュ・ウェイ・オブ・ライフを送るうえでのアーミッシュ児童同士の社会化と、外部社会で暮らすための実践的な英語での読み、書き、算数の習得が第一目標となっている。第二に、ドイツ語が正式に教科として組み込まれている点に特徴がある。アーミッシュの日常会話はペンシルベニア・ダッチ（Pennsylvania Dutch）と呼ばれるドイツ語方言のため、聖書を読むための正式のドイツ語を習得する必要がある。教師はドイツ語の能力を保持して児童に教える必要があるが、アーミッシュ教師はこの責務を十分に果たしていると言われている。小学校教育課程の終了時には児童は聖書文献を読めるレベルにまで達している(40)。第三の特徴として、教科書はパスウェイ社などのアーミッシュ経営の出版社のものを使っているため、日進月歩する外部情報や異なる価値観にさらされることがなく、アーミッシュの生活と社会を前提とした背景の下で物語などが展開されるた

め、アーミッシュの自文化の維持、継続に強い影響力があると思われる。また、アーミッシュの価値観を損なう教科、事項（例えば、テレビ、コンピュータ、ポップカルチャーなど）は排除されている。進化論を教える理科はカリキュラムにはない。また保健での性に関する項目などは削除されている。すなわち、カリキュラムはアーミッシュの価値基準に合致するように変更されている。(41)

このようなカリキュラムの下で、アーミッシュ教師が教える教育方法と成績評価はどのようなものであろうか。学校教育の目標はアーミッシュ的生活方法と大人となる責任を児童に準備させることであり、「従順」「質素」「神への尊重」という概念を児童に行き渡らせることにもある。教師はアーミッシュ的価値観を教育方法のなかで示すことを目標とし、責任あるアーミッシュの大人として、児童の規範となり、何をすべきかを述べ、児童はその目的を果たす。すなわち、教師が教える事項を決定して児童がそれに従う。従順と秩序が行き渡る学校がよい学校であり、児童の批判精神や、個人主義、競争心を高める教育方法は、アーミッシュにとってはよい教育方法ではなく回避すべきものである。教師の質問に対して、手を上げて自己の知識を誇示することはよいこととは思われない。教師が平等に生徒に質問をして、生徒が正しく答えることが理想である。生徒が質問に答えられない時は他の生徒が質問に答える。教師は児童に正しい知識を体得させることを重要視して、事実を記憶させることを教材を使って繰り返し行い、児童を訓練する。児童にとって「何が」と「どこで」が教えられる事項であり、「なぜ」と「どうして」は重要ではない。物事を分析して真理を追究することは人間が解決することではなく、神が扱う事柄であり、真理は聖書に啓示されているとアーミッシュは考える。そして個人の能力は神から与えられた恩寵であるので、日々のテストや達成度で児童の成績評価

▲ペンシルベニア州ランカスター郡の単級小学校▼

はするが、成績の良し悪しで児童を評価しない。能力の差異は神の意志であり、児童個人にはそれぞれ与えられた役割の場所があると考える。教師も両親も児童も能力差にはいたって寛大であり、児童がすべきことはよい成績を上げるというよりも、勤勉に黙々と学習して与えられた時間と役割を有意義に使うことである。教師は児童に行動の基本原理（黄金律）として「人にしてもらいたいと思うことは何でも、あなたがたも人にしなさい」（マタイによる福音書7・12）というモットーなどを教室の前面に掲げ、自己主張や競争心よりも協調の精神の大切さを常に強調する[42]。

おわりに

アーミッシュ・スクールが確立されてきた過程とその後の展開そしてアーミッシュ・スクールの現状を考察してきたが、アーミッシュ・スクールの特徴とは何であろうか。

第一に、アーミッシュ・スクールはまさしくアーミッシュ児童を健全なアーミッシュの大人へと導くための学校である。言い換えれば、アーミッシュ児童を外部社会からの影響からできるかぎり遮断して、アーミッシュのアイデンティティを備えたアーミッシュ教師がロール・モデルとして児童に実践的な読み、書き、算数を英語の教科書で教え、さらに聖書の文献購読に必要なドイツ語を教えることにより、児童はアーミッシュ社会で生きてゆくための知識と知恵を身につけることになる。教師は競争、自尊心、分析能力の向上といった公立学校では当たり前の概念をできるだけ排除し、服従、従順、謙虚、質素、協調、調和、などをキーワードとした教育方針をとり、アーミッシュ向けに作成された教科書でアーミッシュの価値観から逸脱しないようにする。

第二に、アーミッシュ・スクールは学校と教育を混合しない。アーミッシュ・スクールは教育の一機関ではあるが、アーミッシュ教育のすべてではない。このことをアーミッシュはよく認識している。両親、共同体、学校の三位一体で児童の教育がなされ、三者が関連していることはアーミッシュにとっては明白である。小学校教育が終わった後の青年期にアーミッシュはアーミッシュ共同体のなかで主に両親の下で農業、製造業、大工などの見習いを積み重ね、仕事を通して具体的な実践教育を受けて、アーミッシュ社会での構成員として責任ある大人への道を歩む。最終的に教会で洗礼を受けアーミッシュの成員となるわけであるが、アーミッシュ・スクールでの教育はアーミッシュ成人となる教育の重要なプロセスのひとつである。それゆえ、外部の公立学校入学によりこの道筋を妨げられる恐れが生じた時、アーミッシュはアーミッシュ児童のアイデンティティの崩壊を恐れて、州教育当局と妥協せずに交渉し、最終的に一九七二年の連邦最高裁判所のウィスコンシン州対ヨーダーの判決を勝ち取り、アーミッシュ児童の義務教育期間は八年となった。これによりアーミッシュ・スクールの設立が法的に認められたため、アーミッシュ・スクールはアーミッシュ定住地域のある各州に急速に広がっていった。

第三に、アーミッシュ・スクールはアーミッシュ共同体と緊密な関係を持つ私立学校であるため、きわめて地域性の濃い学校である。アーミッシュは定住地域で教会戒律が若干異なり、また地域によってアーミッシュの職業に偏りがあるため、これらの要素が学校教育の内容に反映することがある。さらに、州や郡の教育当局からも一部規制を受けるため、全国統一基準となるアーミッシュ・スクールが存在しているわけではない。アーミッシュ・スクールは地域性やその地域に特徴的なアーミッシュ共同体を反映する私立小学校なのである。[43] しかし、それにもかかわらず、アーミッシュ・スクールの教育には全国組織的な動きが多く見られる。教育委員会は郡組織、州組織を形成して、横断的にアーミッシュ・スクールの問題点の解決に当たっている。教師も郡単位，州単位での集会を開催して，研鑽を積んでおり、活発な意見交換を行っている。さらに、全国教員集会を年一回開き数百人規模の参加者が活発な議論を行っている。最近の最も重要なアーミッシュ・スクールのカリキュラムの変化には教科書、教師のガイドブック、テストなどがアーミッシュ経営の出版社によって発行され、これらの教材を全国のアーミッシュ・スクールが採用するようになったことである。このため、アーミッシュ・スクールはきわめて地域性の高い私立学校であるが、その一方、教育内容に関しては組織的動きがあり、教材、カリキュラム、教師の指導法などで、全国横断の情報交換が可能となり、教育内容の均一化が進んでいるように思われる。アーミッシュ・スクールは一九七〇年代以来、急速な勢いでその数を増やしている。この現象はまさしくアーミッシュ・スクールがアーミッシュ社会の児童に対する教育機関として、もはや必要不可欠な存在として定着したことを示していると言ってよいであろう。

注

（1）旧派アーミッシュについては第1章、注（3）を参照。

（2）John A. Hostetler, *Amish Society* fourth ed. (Baltimore: The Johns Hopkins University Press, 1993), 97. Steven M. Nolt, *A History of the Amish*, second ed. (Intercourse, PA: Good Books, 2003), 335-336.

（3）Hostetler, *Amish Society*, 99.

（4）*Ibid.*, 103.

（5）ウィスコンシン州対ヨーダー裁判の最も包括的な説明は、Shawn F. Peters, *The Yoder Case: Religious Freedom, Education, and Parental Rights* (Lawrence: University Press of Kansas, 2003).

（6）Nolt, 309.

（7）Donald B. Kraybill, *The Puzzles of Amish Life* (Intercourse, PA: Good Books, 1990), 90.

（8）アーミッシュとフッタライトの概括的な比較に関しては、Donald B. Kraybill and Carl F. Bowman, *On the Backroad to Heaven: Old Order Hutterites, Mennonites, Amish and Brethren* (Baltimore: The Johns Hopkins University Press, 2001).

（9）アーミッシュ教会は会衆派的な教会であり、各々の教会区が独立自治を維持している。もちろん、近隣の教会区同士が相互扶助の精神で協力し合う場合も多いが、基本的に自分が属する教会区の教会戒律がそのアーミッシュ共同体の生活規範を規定すると考えてよい。したがって、地域ごとのアーミッシュの職業選択における可能性などによっても、アーミッシュが外部社会と妥協をする必要がある場合もあるため、定住地域によってかなり教会戒律の解釈の幅があると考えたほうが妥当である。すなわち、旧派アーミッシュが北米で統一的で、均一な教会戒律を持っているわけではない。

（10）本書、序章注（3）を参照。

（11）John A. Hostetler and Gertrude Enders Huntington, *Amish Children: Education in the Family, School, and Community*, second ed. (New York: Harcourt Brace Jovanovich College Publishers, 1992), 71-72.

（12）Herbert V. Fester, "The Development of the Amish School System," *Pennsylvania Mennonite Heritage* 6

(April 1983), 7.

(13) Harold D. Lehman, "Accommodating Religious Needs: The Mennonite and Amish Perspective," *Religion and Public Education* 16 (Spring/Summer 1989), 272.

(14) Albert N. Keim, "A Chronology of Amish Court Case," in Albert N. Keim ed., *Compulsory Education and Amish: The Right Not to Be Modern* (Boston: Beacon Press, 1975), 93-98.

(15) Thomas J. Meyers, "Education and Schooling," in Donald B. Kraybill ed.,*The Amish and the State* (Baltimore and London: The Johns Hopkins University Press, 1993), 88.

(16) Donald B. Kraybill, *The Riddle of Amish Culture*, second ed. (Baltimore: Johns Hopkins University Press, 2001), 164.

(17) Levi A. Esh, "The Amish Parochial School Movement," *The Mennonite Quarterly Review* 51 (January 1977), 70-71.

(18) Kraybill, *The Riddle of Amish Culture*, 167-168.

(19) *Ibid.*, 168-171.

(20) Fester, 9-10. Kraybill, *The Riddle of Amish Culture*, 171-172.

(21) Esh, 72.

(22) Meyers, 93-97. Stephen B. Harroff, *The Amish Schools of Indiana* (West Lafayette: Purdue University Press, 2004), 8-9.

(23) Meyers, 97-100.

(24) Peters, 90-98.

（25）Keim, 93-94.
（26）“The Agony of the Amish: Exodus from America?” *School and Society* (Summer 1972), 281-282.
（27）Nolt, 309.
（28）一九七二年の連邦最高裁判所判決以後、アーミッシュ・スクールの開設に関する障害がすべての州で取り除かれた訳ではない。例えば、アーミッシュがオハイオ州からネブラスカ州（State of Nebraska）に一九七八年に移住してきて、アーミッシュ・スクールを開こうとした時、ネブラスカ州は大学を卒業して教員免許を持った教師を採用することを要求した。またネブラスカ州では一六歳までの義務教育が厳密に実施されてきたため、ネブラスカ州在住のアーミッシュはこれらの教育問題を避けるために一九八二年までに全員他の州に移ってしまった。David Luthy, *Amish Settlements Across America* (Aylmer, Ontario: Pathway Publishers, 1985), 5. Sara E. Fisher and Rachel K. Stahl, *The Amish School* (Intercourse, PA: Good Books, 1986), 18. Fester, 14.
（29）Hostetler and Huntington, *Amish Children*, 54-55.
（30）Kraybill, *The Riddle of Amish Culture*, 180.
（31）Hostetler and Huntington, *Amish Children*, 51-54. Fisher and Stahl, 54-57.
（32）Hostetler and Huntington, *Amish Children*, 75-76.
（33）*Ibid.*, 78-79.
（34）Gertrude Enders Huntington, “Persistence and Change in Amish Education,” in Donald B. Kraybill and Marc A. Olshan, ed., *The Amish Struggle with Modernity* (Hanover: University Press of New England, 1994), 91-92. Kraybill, *The Riddle of Amish Culture*, 180.

（35）Hostetler and Huntington, *Amish Children*, 79-82. Fisher and Rachel, 58-60.
（36）Fester, 12-13.
（37）Hostetler and Huntington, *Amish Children*, 59.
（38）Harroff, 73-82.
（39）*Ibid.*, 105.
（40）*Ibid.*, 117.
（41）*Ibid.*, 116.
（42）Hostetler and Huntington, *Amish Children*, 82-86.
（43）例えば、インディアナ州アレン郡にはアーミッシュ・スクールは六校存在するが、すべて一〇〇名以上のアーミッシュ児童を収容し、インディアナ州の他の郡のアーミッシュ・スクールが均三〇名から五〇名を収容することと比較すると、非常に大きいことが分かる。当然一校に教室が複数存在する。教師も複数勤めている。通学はアレン郡のスクール・バスを使用する。これは、アレン郡の学校区が複数の教会区にまたがり、徒歩通学や自転車通学や馬車通学が不可能なためである。Harroff, 27-32.

第12章

フッタライトと土地購入問題

——カナダ、アルバータ州を例として——

はじめに

フッタライトは再洗礼派から生まれた宗教共同体のセクト集団であり、現在アメリカ合衆国のモンタナ州（State of Montana）、ノースダコタ州（State of North Dakota）、サウスダコタ州（State of South Dakota）、ワシントン州（State of Washington）、ミネソタ州（State of Minnesota）とカナダのアルバータ州（the Province of Alberta）、マニトバ州（the Province of Manitoba）、サスカチュワン州（the Province of Saskatchewan）、ブリティッシュ・コロンビア州（the Province of British Columbia）に在住し、コロニー（集落）を形成して生活している。一九八八年の統計では、コロニーの総数は三六八を数えて、アメリカ合衆国に一〇六、カナダに二六二のコロニーが存在する。コロニーの平均人数は九三人であり、総数約三万五〇〇〇人のフッタライトの人々が北米で農業、牧畜を中心とした共同体生活を営んでいる。(1)

フッタライトが、同じく再洗礼派の流れをくみ、教義的にはきわめて近いアーミッシュやメノナイトと著しく異なるところは、彼らが教徒の私有財産制を拒否して、コロニー全体として財産を共有して強固な宗教共同体を作り上げている点である。彼らは共同体の生活基盤を安定させるために、経済面では最新の農業機械を購入して競争力のある効率的な大規模農業を営む。一方、信仰、思想において、彼らは中世の時代と変わらない日々を送っており、邪悪な「この世的なもの」を忌避するためにコロニー内での自給自足的な自己完結型の生活を基本としている。そのためフッタライトの外部社会との接触は限定されている。宗教的側面と経済的側面の著しく異なる二面性から、フッタライトはしばしば外部社会から疑惑の目を向けられ、周辺住民と軋轢を生む傾向がある。

フッタライトは民族的に見ると、チロルおよびカリンシア地域（現在のオーストリアおよび南ドイツ）の出身である。フッタライトの信仰は一六世紀の宗教改革運動から生まれた再洗礼派にその起源を見いだす。再洗礼派は中世カソリック教会の抜本的改革を要求した人々であり、彼らの主張は幼児洗礼の否定、絶対的平和主義、教会と国家の分離（したがって彼らの政府官職への参加の否定）など、当時の権力者（国家および教会）の側から見れば、自分たちの存立基盤を脅かす危険な考え方を含んでいた。したがって、再洗礼派の人々はヨーロッパ中で迫害、弾圧を受け殉教者が続出した。フッタライトはその迫害のさなか、一五二八年にヤコブ・フッターを指導者としてモラヴィアで誕生した。フッタライトの迫害を避ける旅の途中で彼らはすべての財産を共有することに同意した。これが今日まで続くフッタライトの私有財産制の否定、共同財産制の始まりである。ここにフッタライトは初代キリスト教会の例に従い、真のキリスト者はすべてを分かち合うという信条を教団の支柱として、他の再洗礼派のグループとの相違を明確にした。

財産共有制を実践するフッタライト共同体は、ヨーロッパ各地で迫害を受け、その定住地をモラヴィアから北ハンガリー（North Hungary）、トランシルヴァニア（Transylvania）、南ロシア（South Russia）へと移動し、ついには宗教的自由を求めて一八七四年にアメリカ合衆国に渡ってきた。しかし一九一七年、アメリカ合衆国が第一次世界大戦に参戦した年、日常の会話をドイツ語で行い、戦争協力の姿勢をまったく見せないフッタライト共同体に対して周辺住民やサウスダコタ州政府からの批判が強まった。絶対的平和主義を信条とするフッタライトの若者が兵役忌避のため投獄され、拷問同然の取り扱いのため二名の同胞が死亡した事件を契機として、大多数のフッタライトは兵役忌避を確約しており、かつ開拓農民の労働力を必要としていたカナダ政府の招きでカナダに移住した(2)。マニトバ州で六つ、アルバータ州で九つのコロニーが一九一八年に設立された。一九一八年以降、フッタライトはカナダで急速に人口を増加した。一五のコロニーで始まったフッタライトのカナダでの定住地が七〇年後の一九八八年には二六二のコロニーへと激増した。農村部での急激な人口増加とそれに伴う土地購入により、フッタライトはカナダ社会においても様々な軋轢を生んできた。第12章では、フッタライトがカナダ、アルバータ州に入植してからの土地購入に関する問題をフッタライト土地制限法（the Communal Property Act）(3)の成立から廃止までを中心として論考することにより、カナダ社会での少数派集団、フッタライトが直面する土地購入に関する問題を明らかにしたい。

一 フッタライト共同体

フッタライトは私有財産制を認めず、財産共有制の共同体をコロニーに建設しているが、彼らの生活はヨーロッパで確立したパターンに基づいている。彼らは中規模（約六〇人から一六〇人くらいまで）のコロニーと呼ばれる共同社会のなかで暮らす。フッタライトは、外部社会を堕落した罪の社会と見なすため、コロニーではできるかぎり外的社会の影響を遮断する閉ざされた自己完結型、自給自足型を目指す共同体を形成する。しかし、共同体の生活基盤を確立するためには、やはり経済的に外部社会と折り合う必要がある。このため各コロニーは独自の経済活動を行うが、北米移住以後は広大な土地を利用した大規模農業および酪農を展開している。集落の中心には食堂を配置して全員が一緒にここで食事をする。その周りに各家族の宿舎が配置される。各宿舎は一般的には四家族が収容できるように区切られている。その外側に幼稚園、学校の建物がある。コロニーによっては礼拝のための教会堂は建設しないこともある。この場合、コロニー内の全員が参加する日曜日の説教礼拝は学校の建物で行われる。仕事に必要な建物も宿舎の外側に作られる。さらにその周りには広大な農場や牧畜のための土地がある。これらを含めてひとつの集落として存在して、農村部の辺境にコロニーが立地されることが多い(4)。

各コロニーは互いに独立しており自立的に運営されているが、コロニー内の組織内容は明確に規定されているため、コロニー間の組織内容の差はほとんどない。フッタライトは宗教集団あり、日々の生活は彼らの信仰を中心にして展開しているため、共同体の最高責任者は牧師（minister）である。牧師は教会員の日常生活すべての責任者であり、共同体の精神的支柱となる。通常、牧師を補佐する牧師補（second minister）を設ける。コロニーの財政全般を取り扱う総支配人（householder）が世俗的な側面の総責任を負う。この牧師と総支配人が精神面と経済面での最高の役職となる。次に、現実の全職場の最高責任者としての農事頭（field manager）がいる。彼は総支配人と相談して各職場の責任者を洗礼を受けた男子の教会員から選び、班長（department manager）として任命する。まだ洗礼を受けず、教会員となっていない若者には適材適所の仕事を与えて適性を見る。ドイツ語教師（German teacher）が子供たちのフッタライトとしての規律と教育に責任を負う。これら牧師、牧師補、総支配人、農事頭、ドイツ語教師が評議会を形成する。通常さらに二、三人の長老が評議員として評議会に入り、コロニー内の意志決定機関となる。共同体にとって、非常に重要な問題は洗礼を受けた男子の教会員が全員で討議するが、最終的に投票による多数決にて決定する。女性は役職にはつかず、投票権もないが、親族男子への影響力は強く、間接的にコロニー内の決定事項に深く関わっている。女性の仕事は衣食住に関する家事が中心であり、輪番制で与えられた仕事を行う。料理長が女子のなかで最も重要な影響力のある地位であり、コロニー内の女性のリーダーがこの役割を担う。料理長は女子の仕事全般に対する指示、指導を行う責任も負う。牧師や総支配人の妻が料理長になることが多い(5)。

フッタライトはカナダの学校教育法を遵守するためコロニー内に学校の建物を建築して、外部社会から教師を招いている。この教師が子供たちにとって唯一の外部社会との接触となり、子供たちはフッタライトとはまったく違った価値観の世界が外に広がっていることを知る。また英語は彼らの義務教育時にこの教師から学ぶことになる。しかし、子供に対するフッタライト教育は幼児期から、ドイツ語教師を中心として共同体全体で行われるため、フッタライト的価値観の刷り込みは徹底している。このためフッタライトの若者が青年期に達して、洗礼を受ける年齢層になると、男女ともほとんどが洗礼を受けて正式に教会員となる。コロニーからの離反率も極端に低く離反しても大半の者は再度コロニーに戻ってくる。[6]

フッタライトは避妊を禁じている。北米移住以後、ヨーロッパでの迫害を受け続けた時期に比べてコロニー内の生活が安定しているため、彼らは高出産率を維持した。同時に乳幼児の死亡率も減った。このためにフッタライト人口の急激な増加現象が見られる。コロニーがある一定以上の規模（約一三〇人から一五〇人）に達すると役職の欠如や共同体の管理能力の限界に達するために、ブランチングアウト（branching-out〈分村〉）と呼ばれる新コロニーの建設を計画して実行する。ひとつのコロニーが分村を行う期間はそれぞれ異なるが、平均では約一四年の歳月を要する。この期間にコロニーの人口が約七〇名から一三〇名へと増加する。順調にコロニーが成長すると、新しいコロニーを設立するための資本が十分に蓄積された後に、コロニー建設のための土地が探されて購入される。入植者のための各施設の建築が始まり、新しいコロニーへの入植の準備が完成する。新しいコロニーに誰が移住するかを決めるために、まったく同じ役職による組織をふたつ作る。そのため、牧師二人、総支配人二人、農事頭二人、ドイツ語教師二人、その他に必要な責任者も二人ずつ任命される。すなわち、人数的にもほぼ同数となるふたつのグループが作られる。これは人口、社会組織において著しく類似するグループを旧コロニー内にふたつ作ることを意味する。この作業は評議会を中心として全員の合意を得て行われる。新しいコロニーに移る一団と旧コロニーに残る一団は同じ社会組織と機能を持つ。どちらのグループが新コロニーに移住するかは最終的にくじで決められる。このようにして、フッタライトの人口がコロニー内に増えるにつれてコロニーの分割が行われ、姉妹コロニーの数が増加していく。ここに周辺住民との摩擦の種がまかれることになる。(7)

フッタライトは北米で三つの大きなグループに分かれている。一九世紀後半ロシアでフッタライト共同体が弱体化して、財産共有制が一時放棄された時期があったが、信仰復興が異なった三グループで始まり、財産共有制も復活した。アメリカ合衆国に移住したこれらのグループは、指導者の名前や職業にちなんで鍛冶組（指導者、ミカエル・ワルドナー（Michael Waldner）が鍛冶屋）、ダリウス組（指導者、ダリウス・ワルター（Darius Walter）の名前）、教師組（指導者二人が教師）と呼ばれるようになった。これら三グループは同じ教義と組織を持つが、グループ内だけの同族結婚を繰り返し、グループ間の結婚はないため、習慣や服装規定などの詳細な部分では異なっている。(8) しかし、三グループは結束してフッタライト教会を設立して、フッタライト教団として教義における統一性を維持している。鍛冶組はマニトバ州とサウスダコタ州、ノースダコタ州、ミネソタ州を定住地としている。一方、ダリウス組と教師組はアルバータ州、サスカチュワン州とモンタナ州にコロニーを展開している。ダリウス組は近年ブリティッシュ・コロンビア州、ワシントン州にもコロニーを建設している。

二　アルバータ州フッタライト土地制限法の成立までの軌跡

一九一八年九月にカナダのアルバータ州に教師組とダリウス組が入植して、アルバータ州に合計九つのフッタライトのコロニーが設立された。アルバータ州ではカルガリー（Calgary）やレスブリッジ（Lethbridge）近郊の南部アルバータ州にコロニーが集中した。連邦政府は貴重な労働力として歓迎したが入植地では第一次世界大戦の終結直前でもあり、ドイツ語を話す平和主義者のフッタライトに反感を持つ者も存在していた。地元新聞の *The Calgary Eye Opener* は「帰国する兵士や市民はフッタライトの兵役免除に耐えられないだろう」とフッタライトの入植に対して危惧を表した。事実、第一次世界大戦退役軍人協会（the Great War Veterans Association）などが中心となり反フッタライト運動が高まった(9)。しかし一九二〇年代に入り経済が復興し始めると、労働力が必要となり、フッタライトを含めた移民に対する偏見も幾分和らいだ。比較的平穏で豊かな二〇年代を通して大平原で暮らすフッタライトはその数を増した。しかし、彼らのコロニー数はまだ少なく周辺農家に対して大きな脅威とはならなかったために、次第に勤勉な農民として南部地域で受け入れられるようになった。

一九三〇年代の大恐慌時にはフッタライトは納税滞納を行わない模範的農民団体としてアルバータ州の地方自治体にとって最も好ましいグループとなった。アルバータ州政府は倒産の危機に直面しており、財政状況を好転させるためであれば、いかなる手段も取り入れる用意があった。州の各地方自治体の財政も同様に危機的状況にあり、フッタライトのコロニーを誘致するために、互いに競い合った。フッタライトは個人経営の農業従事者と比較すると、主として三つの面で経済的に有利であった。第一に、共同体として、約七〇名から一五〇名の人間が目的をともにして、大規模農業を効率よく展開するため、規模の優位性があった。第二に、ひとつのコロニーが経済的な危機に陥っても、同胞の姉妹コロニーからの援助が財政的に期待できた。第三に、フッタライトの人々は勤勉に働き、かつ自給自足的な質素な生活を旨とするため必要経費以外の支出が少なかった。このため、一九三五年には、フッタライトが集団離脱したサウスダコタ州でさえも、フッタライトのカナダからの再入国を期待してコロニーを団体法人として認める法律を通過させた(10)。

しかし、第二次世界大戦の勃発とともに、フッタライトに対する好意的な風潮は消え去った。フッタライトの兵役拒否がやはり、アルバータ州の人々からの避難の的となった。例えば、アルバータ農民連合（the United Farmers of Alberta）は連邦政府のフッタライトへの兵役免除を無効にするように要求した。フッタライトは第一次世界大戦の時と同様に、兵役および兵役猶予となる代替的奉仕を当初は拒否していたが、非難が強まるにつれて、代替的奉仕は受け入れた。適齢期の青年たちは徴兵されて道路整備や森林伐採の仕事などについた。さらにフッタライトが戦時公債の購入を戦争への支持を表すという理由のために拒否した時、再度、激しい非難の声が上がった。アルバータ州のフッタライトは危機感を共有していたため、団結して赤十字社に多額の寄付を申し出ると同時に、戦争目的以外の政府公債を約五〇万ドルも購入してカナダ政府への協力の姿勢を示した。しかし軍需景気で経済が持ち直すにつれて、個人経営の農業も好景気の恩恵を受けて利益を十分に出せるようになった。このためコロニー数を増やしているフッタライトへの反感が周辺農民を中心として急速に広がり始めた。土地購入で競合する近隣農民にとって、フッタライトの急激な膨張は、はっきりと脅威に映った。彼らはフッタライトがいったん土地を手に入れると、再度その土地が売りにだされることはないということをよく認識していたため、フッタライトの土地購入に関して法的規制を要求した。この動きはさらに広まり、カナダ在郷軍人会や各農協団体などからの法的規制要求、アルバータ州南部でのタウン・ミーティングでの抗議声明などが圧力となり、州政府はフッタライトに関する農地購入の法規制の検討に入った(11)。

一九四二年三月一一日、与党の社会信用党議員ソロン・ロー（Solon Low）はフッタライトおよび敵性外国人への土地譲渡を戦争が終結するまで禁止する法案を提出した。この法案は懲罰的な手段ではなく、戦争以来醸し出されているフッタライトに対する暴力的な雰囲気の状況に対処するための「一時的な措置」であるとソロン・ローは言明した。一年後の一九四三年三月、この法案はさらに厳しく改正されて土地の売買のみならず、土地の賃貸借をもフッタライトと敵性外国人に禁止する条項が加えられた。しかし連邦政府は敵性外国人の権利、義務分野の立法化は連邦政府の専決領域であり、法案はその範疇を侵害しているとして無効とした。このため州議会は敵性外国人の項目をはずして、単にフッタライトのみを目標とした土地売買禁止法（the Land Sales Prohibition Act）を一九四四年に成立させた。一九四五年の修正案はこの法律が戦争終結以後さらに一年間有効である旨を添えた。一九四六年の修正案ではさらに一九四七年五月一日まで法律の有効期限が延長された。そして一九四七年一月一八日付で州議会に承認された立法府委員会（the Legislative Committee）はアルバータ州におけるフッタライト問題を調査することにより、土地売買禁止法が一九四七年以降も法律として残るべきかどうかを審議することになった(12)。

立法府委員会は公聴会を開き、市民団体、自治体、農協、退役軍人会など様々な団体や、個人から意見を集めた。委員たちはフッタライトのコロニーも訪問してフッタライトの生活を観察し、彼らの信条や意見も聴取した。反フッタライトの意見はふたつの点に集約される。フッタライトの急速すぎる拡張とカナダ社会への同化拒否の問題である。アルバータ州農業協同組合は「すでにワーナー自治体では六分の一、シュガーシティ自治体では十分の一の土地がフッタライトに買収された」事実を指摘して、これ以上土地が必要であるのならアルバータ州から出ていくことを強く要求した。さらに戦争中にフッタライトがコロニーを急増できた理由として、カナダの若者が国の生存をかけて戦っていたり、殺されている間に兵役忌避したフッタライトが十分な利益を得て、コロニーを増加したと主張した。国のために戦った退役軍人の青年農民が土地を購入しようとしてもフッタライトとの競合で高くなった土地は手に入らないと非難した。アルバータ州農協はフッタライトのカナダ社会への同化拒否にも触れ、子供たちに自由な個人、カナダ市民として生きていく権利を否定するようなグループは特別な権利を与えられるべきではないと述べた。さらに、「もしフッタライトが膨張し続ければ、私たちの学校、病院、公園、遊び場、スイミングプール、スケートリンク、教会などはどうなるのか」とコミュニティの崩壊を示唆した。フッタライト側の弁護士、L・S・ターコット（L.S. Turcotte）はフッタライトは法律を遵守して税金も支払っていること、アルバータ州の農地六万七六二一平方マイルのうちフッタライトの農地は二七五平方マイルしかなく、フッタライトの膨張は異常に誇張されていること、大部分のコロニーは農村部の辺境地に位置していること、近隣農民からの苦情はないこと、新しく制定されたアルバータ州の権利章典は「アルバータ州市民すべては法律を遵守するかぎり、自由に土地を購入できる」権利を保障していることなどを列挙して法律の不当性を訴えた(13)。

意見聴取を終えた委員会は州議会に提出するレポートでフッタライト問題を、フッタライトの歴史、コロニー、農業、教育、自治体におけるフッタライトの五章に分けて、分析を試みているが、レポートは自治体とフッタライトとの関係について最も詳細に述べている。農業に従事するフッタライトは彼らのコロニーがある自治体の管轄内に入るため、関係自治体にとってフッタライト・コロニーの増加は解決すべき重要な問題であった。一九四七年時点で、アルバータ州には三四のコロニーが存在していた。コロニーは平均一二〇名からなり、約五〇〇〇エーカーの耕作地を所有していた。レポートはフッタライトと自治体の関係を八項目に分けて、詳しく論じている。自治体への税金については、フッタライトの土地は他の農家と同様に評価され、課税されていること、自治体への税金は彼らはすべて適切に納入していること、所得税は法人として分類されていること、彼らは年金の受け取りを拒否していることなどの事実を列挙している。さらに、フッタライトが平和な法律を遵守する人々であることも明記している。

しかし、最後の二項目で、レポートは自治体との関係においてフッタライトが与える否定的側面を強調している。

(7) フッタライトの子供はコロニー内で生活してそこで働く。……子供たちはコロニーの外の世界を知る機会がほとんどない。彼らはコロニー内で教えられたことと共同体の生活のみを知っている。明らかに子供たちは国、州、自治体に対する個人としての義務についてほとんど教えられていない。

(8) フッタライトの共同生活は遊技場、スポーツ、……その他様々なコミュニティの活動の障害となる。フッタライトの所有地が広がるほど、自治体のその他の市民の責任が重くなる。[14]

委員会のレポートは、もしフッタライトが現在の土地所有を拡大することが許可されれば、フッタライトのコロニーが存在する自治体にとって問題はますます深刻化すると結論づけた。委員会はフッタライト・コロニーがカナダの言語、慣習を受け入れる用意ができるまで、現在の規制は継続すべきであり、市民としての責任、負担、義務を負わない人々は州のあらゆる権利を主張する資格はないというアルバータ州自治体協議会連合（the Alberta Association of Municipal Districts）の結論に同意した。[15]委員会はフッタライトの土地購入に対して制限を加えるべき状態が未だに継続しているため、新たな制限を設けることによって、フッタライトの特定地域への集中的な膨張を避けるべきであるという勧告を州議会に提示した。委員会の勧告を受けて、議会はフッタライトに対するフッタライト土地制限法を通過させ、一九四七年五月一日からこの法律を施行した。

三　アルバータ州フッタライト土地制限法の廃止までの軌跡

一九四七年成立のフッタライト土地制限法の骨子は次の三点である。第一に、フッタライトのコロニーから四〇マイル以内の土地購入は禁止する。第二に四〇マイル以上離れて姉妹コロニーを設立する時、購入面積は六四〇〇エーカー以下とする。第三に、コロニーが土地を購入する前に、候補の土地は退役軍人土地法（the Veterans Property Act）の規定の下で六〇日間競売にかけられなければならない。[16]この新法は完全な土地売買の禁止ではないが、上記のような非常に厳しい制限条項が存在するために、現実的にはフッタライトのアルバータ州南部でのさらなる膨張は不可能になった。このため新しい耕作地の候補としては、アルバータ州北部への移住か隣接するサスカチュワン州への移住が現実的選択肢となった。事実、一九五〇年代に、両地域へフッタライトは姉妹コロニーを設立したため、土地制限法は皮肉にもフッタライトのカナダでの分散に大きな役割を果たした。また、国境を越えて、隣接するモンタナ州にも姉妹コロニーが広がった。

一方厳しい四〇マイル制限条項を避けるためにフッタライトは一九五三年ころから法律の盲点を突き始めた。コロニーが地主と賃貸契約を結び、リース形式で耕作農地を拡大した。またフッタライト共同体の一員に個人として地主と土地売買の契約を結ばせ、土地を購入して、実際には共同体の土地として使用する方法も使った。さらに、フッタライトの一員が土地所有者と共同で株主となって農業事業を経営する会社を起こし、実際にはフッタライト共同体が土地を利用するケースも出てきた[17]。このため一九五〇年代後半になると、再度フッタライトへの州民の不安と不満が高まってきたため、一九五八年にアルバータ州政府はコロニーの現状とフッタライト土地法に関する問題点を調査するフッタライト調査委員会（the Hutterite Investigation Committee）を設置した。フッタライト調査委員会は五七にも及ぶ関係団体と個人から意見聴取を行った。これにはコロニーへの現地調査とフッタライトの人々からの意見の聞き取りも含まれていた。多くの団体がフッタライトの膨張を恐れていた。例えば、ニューデイトン（New Dayton）地区農協代表はフッタライトへの制限がなくなればレスブリッジ地域の数千の農家が放逐されて、自動車、ラジオ、テレビ、電化製品、食品、広告分野などの市場が消滅するだろうと警告した[18]。

一九五九年にまとめられたフッタライト調査委員会のレポートは四六ページにも及ぶ包括的なフッタライト問題の研究調査書であった。委員会はアルバータ州の農業のためには、フッタライトへの土地規制の存続の必要性を認めながらも、フッタライト共同体の特徴を踏まえた次のような結論を提示した。

フッタライトのように強い社会的団結を示す宗教セクトの同化には時間と忍耐を必要とする。何世紀にも及ぶフッタライトの人々への様々な制限は彼らの統合への過程を進めるよりも、むしろ後退させたと思われる。過去において、この州で発生している問題の解決は違ったアプローチが必要である。問題解決のために自由裁量権を持ち、協議でき、提言できる能力を備えた委員会の設置が答えとなるであろう[19]。

フッタライト調査委員会の提言を受けて、一九六〇年にフッタライト土地制限法が改正された。そしてフッタライトの土地問題を集中的に取り扱うフッタライト土地監督局（the Communal Porperty Control Board）が設立された。裁量権を与えられた監督局はフッタライトからの土地購入の申し込みを受けると、次の三点をガイドラインとして、公共の利益を鑑みて、土地購入の認可をした。第一に、平均的な規模の自治体にはコロニーは二カ所以上設立しないこと。第二に、コロニー間は少なくとも一五マイル以上の距離があること。第三に、自治体の耕作可能な土地のうち、五パーセント以下にフッタライトの土地所有が収まること[20]。認可の手続きとして、フッタライトが土地売却者と交渉を終えて、新しいコロニーの設立を土地監督局に申請すると、土地監督委員会（the Communal Property Control Committee）が公聴会を開き、関係者の意見とガイドラインを考慮して、コロニー設立の是非をアルバータ州内閣に勧告する。委員会の勧告を受けて、内閣が是非の最終決定を行う。しかし、土地監督委員会による公聴会がしばしばフッタライトの膨張に反対する農家やビジネスパーソンの不満のはけ口となり、激しい口論が展開された。例えば、ワーナー（Warner）町にフッタライトが酪農地を申請した時、激怒した約三〇〇名の住民が公聴会に押し寄せ、もし認可されれば、自分たちは「必要ならカナダの法律を破る」用意があるとまで言い切った。フッタライトに対する反感が公聴会であまりにも露骨に表れ、敵意むき出しの議論が展開されたため、一九六二年に公聴会制度が廃止された[21]。アルバータ住民の敵対的意見にもかかわらず、土地監督委員会がフッタライトの土地申請を否決したケースはほとんどなく、フッタライトの姉妹コロニーは増加していった。これはフッタライト側がガイドラインの判定基準をよく認識して土地申請を行ったためである[22]。

一九六〇年代に入ると、フッタライトにとって、好ましい社会的風潮が現れた。第二次世界大戦以後ヨーロッパからの移民が増加し続けていたために、エスニック集団の権利に対する認識が一般に広がり始めて、マイノリティ・グループに対するカナダ社会の雰囲気が変化した。特に一九六三年から連邦政府の与党となった自由党が国家政策として文化多元主義を全面に押し出したために、少数派民族集団への同化主義の押しつけは弱まり、エスニック集団に対する非寛容な態度は容認されがたくなった。さらに、アメリカ合衆国がベトナム戦争へ本格的に介入すると、若者たちが兵役を拒否するために、国境を越えてカナダに逃れてきたため、良心的兵役忌避者に対する認識も強まった。一方高度に管理下された社会の息苦しさや疎外感から逃れようとする若者を中心としたカウンター・カルチャーから生まれた共同体生活への関心も高まった。アルバータ州の有力紙、*The Calgary Herald* と *The Edmonton Journal* もフッタライトに対して好意的社説を掲載するようになった[23]。このような社会的雰囲気のなかで、フッタライトはアルバータ州住民から同胞農民として少しずつ受け入れられるようになってきた。フッタライト土地監督委員会の前委員長E・F・ブリーチ（E. F. Breach）は一九七〇年に「コロニーの膨張と関連する問題は過去五年間でかなり減少した」と述べている。一方フッタライト住民もコミュニティの会合に参加したり、コミュニティ・ホールの建設に労働力を提供したりすることなどによって、近隣住民と関係を深めてコミュニティへの積極的な関わりを持ち始めた[24]。

このような雰囲気のなか、一九七一年にピーター・ロッヒード（Peter Lougheed）率いる進歩保守党が州の政権についた。ロッヒードはフッタライトへの土地制限法を疑問視していた。特に一九六六年に制定され一九七一年に改正されたアルバータ州人権法に抵触する可能性があるため、州政府は同年五月に議会選抜委員会（the Select Committee of the Assembly）を設立してフッタライト土地制限法の有効性を再調査することになった。一九四七年および一九五八年の調査と同様に、委員会は様々な関係団体や個人から情報を収集した。この時代においても、フッタライトに対する制限を要求する団体が未だに多数を占めていた。選抜委員会はフッタライトとアルバータ経済の関係を調べるために、フッタライトの農業経営を資産、支出、収入などの計数を詳細に分析することによって、その実態を明らかにした。そして、フッタライト農家は他の農家、農業関連のビジネス、地方自治体、州、連邦政府に十分な歳入をもたらし、カナダ社会に貢献している健全な農業経営を行っていると結論づけた。[25]

一九五八年のフッタライト調査委員会はフッタライトのカナダ社会への統合を模索することをその主題としていたが、一九七二年の議会選抜委員会はカナダ社会とフッタライトとの協調と共存を推進することを主張した。委員会はフッタライトに関する広範な研究、調査を終えて、最終的に「アルバータ州に設立されたコロニーは、ある種の経済的農業パターンの変化はもたらしたが、地域社会に著しい悪影響を与えている事実はない」と述べ、「現在の土地制限法を廃止するべきである」と述べた。[26] さらにフッタライトと住民との理解と協力を推進するための連絡官制度（Liaison）の設置を勧告した。フッタライトに関連する問題が起こった時、連絡官（liaison officer）がフッタライト、関係住民、政府間の連絡役になり、三者に問題解決のためのアドバイスを与える役割を担うことになった。議会選抜委員会は、調整役としての機能を持ち、問題解決に貢献できるフッタライト問題に精通した連絡官が、土地制限法の廃止の後では必要不可欠であるとの結論に達していた。フッタライト側もアルバータ州長老委員会を設置して、連絡官と協力して問題解決にあたることを選抜委員会の委員との会合で確約していた。[27]

議会選抜委員会のレポート内容が明らかになると、抗議運動も活発化した。例えば、コロニーに対する敵対的意見を持つバルカン（Vulcan）町の住民約三〇〇名がエドモントン（Edmonton）の州議会に押し寄せ、抗議のデモを行った。[28] また地元新聞も選抜委員会のレポートを一面に大きく取り上げ、詳細に内容を論じる記事を掲載した。そして、フッタライト制限法の廃止に賛成、反対の立場の住民の意見を掲載した[29]。州住民の賛否のなか、州議会は議会選抜委員会からの勧告を受けて、一九七三年にフッタライト土地制限法は廃止して、将来の問題解決のための連絡官制度を正式に発足した。ここにフッタライトは土地購入に関してアルバータ州で初めて自由な選択権を得ることになった。

おわりに

アルバータ州のフッタライト土地制限法の成立から廃止までの軌跡はフッタライトに対する時代の雰囲気をよく表している。同時に周辺住民のフッタライトへの不信感も明確に表れている。彼らは、フッタライトのカナダ社会からの分離主義、不当な土地獲得競争、急激な人口膨張率などを理由として、フッタライトの集中的な土地取得に対する制限を訴え続けてきた。一九七三年のアルバータ州におけるフッタライト土地制限法の廃止以後も、カナダ全土で見ると、フッタライトへの土地制限を求める声は弱まっていない。特に、カナダ経済が不況に陥り、農業での生計が困難な状況になると、フッタライトを非難する声が高まる。例えば一九八八年一月一八日号*West Report*は「フッタライトの恐怖」という特集記事を組み、コロニーが個人経営の農家を脅かしていると思われる実態を克明に取り上げ、問題がマニトバ州、サスカチュワン州、アルバータ州で再燃している現状を報告している[30]。しかし彼らが直接に他の農家を苦しめているのであろうか。大草原地帯では不可欠な大規模農業の経営を行うだけの資本と労働力がない小規模経営農家の不安定な経済基盤こそが好不況の波に翻弄される根本的原因であるのではないだろうか。カナダのような文化多元主義を標榜する国であっても、経済的対立がマイノリティ・グループと周辺住民との間で起こる時、フッタライトのような特異な集団はスケープゴートにされやすい。フッタライトの土地問題は今後も経済的不況時には再燃するだろう。冷静な判断でフッタライトの土地問題を解決できるかどうかは、生活様式や価値観が異なる少数派グループと共存できる社会的受容度がカナダ社会でさらに深まり、そして広がることが必要である。その意味では時間は要しても、多元的な文化の共存を広く深く人々に理解させることこそが、フッタライトの土地問題の抜本的解決策かもしれない。

謝辞

第12章は、筆者が一九九八年度帝塚山学園在外研究の許可を得て、カナダのビクトリア大学で研究した成果の一部である。ここに記して深謝を表したい。

注

（1）Leo Driedger, *Multi-Ethnic Canada: Identities and Inequalities* (Tront, Oxford, New York: Oxford University Press, 1996), 165.

（2）フッタライトの歴史に関しては、John A. Hostetler, *Hutterite Society* (Baltimore and London: The Johns Hopkins University Press, 1974), 3-135. 日本語における文献は、榊原巌『殉教と亡命　フッタライトの四百五十年』（平凡社、一九六七年）。

（3）法律の内容を考えて、あえて意訳を試みた。

(4) John A. Hostetler and Gertrude E. Huntington, The *Hutterites in North America* (Forth Worth, TX: Harcourt Brace College Publishers, 1996), 22-24.

(5) *Ibid.*, 32-36.

(6) Karl A. Peter, *The Dynamics of Hutterite Society* (Edmonton, Alberta: The University of Alberta Press, 1987), 45.

(7) Hostetler and Huntington, 51-53.

(8) Peter H. Stephenson, *The Hutterian People: Ritual and Rebirth in the Evolution of Communal Life* (Lanham, MA: University Press of America, 1991), 71.

(9) David Flint, *The Hutterites: A Study in Prejudice* (Tronto: Oxford University Press, 1975), 92-93.

(10) *Ibid.*, 109-110.

(11) *Ibid.*, 110-111.

(12) William Janzen, *Limits on Liberty: The Experience of Mennonite, Hutterite, and Doukhobor Communities in Canada* (Toronto: University of Toronto Press, 1990), 68-69.

(13) *Ibid.*, 69-70.

(14) Province of Alberta, *Report of the Legislative Committee regarding the Land Sales Prohibition Act, as amended.* (1944), 5.

(15) *Ibid.*, 5-6.

(16) *Ibid.*, 7.

(17) Province of Alberta, *Report of the Hutterite Investigation Committee* (1959), 16-17.

(18) Janzen, 71.

(19) *Report of the Hutterite Investigation Committee* (1959), 46.

(20) Howard Palmer, "The Hutterite Land Expansion Controversy in Alberta," *Western Canada Journal of Anthropology* 2 (July 1971), 31.

(21) *Ibid.*

(22) Flint, 114-115.

(23) Palmer, 41.

(24) Province of Alberta, *Report on Communal Property* (1972), 8.

(25) *Ibid.*, 21-25.

(26) *Ibid.*, 10.

(27) *Ibid.*, 33.

(28) Flint, 116.

(29) 例えば、"Hutterites: both sides of the story," *The Calgary Herald*, November 10, 1972. や "Hutterite Act may soon die, but old fears linger on," *The Calgary Herald*, November 18, 1972. などは一面でフッタライト問題を詳細に論じている。

(30) "The Hutterite scare: Tough times rekindle fears that colonies threaten the family farm," *Western Report*, January 18, 1988, 18-26.

第13章

フッタライトとアーミッシュの類似性
――忌避とゲラッセンハイトの観点から――

はじめに

フッタライトとアーミッシュ[1]はともに一六世紀の宗教改革から生まれた再洗礼派を源流とする宗教共同体のセクト集団であり、現在北米にフッタライトは約四万人、アーミッシュは約一八万人の人口を有していると推定されている。北米には再洗礼派から生まれたキリスト教集団としてフッタライト、アーミッシュ以外にもメノナイト各派、ブレザレン・イン・クライスト（Brethren in Christ）、チャーチ・オブ・ザ・ブレザレン（Church of the Brethren）などが存在する。しかしフッタライトとアーミッシュは現代の北米社会を忌避するという側面で最も顕著なグループである。そして両グループは再洗礼派諸派のなかで北米社会への同化という観点から最も遠くに位置する保守派であり、中世の再洗礼派のなかで生まれたゲラッセンハイト（Gelassenheit）という概念を現在も生活全般の規範とする特異で異質な共同体を形成する宗教集団である。言い換えれば、再洗礼派の遺伝子を最も濃密に保持するグループがフッタライトとアーミッシュであると言えるだろう。

フッタライトとアーミッシュはヨーロッパを発祥の地とするが、もはやヨーロッパには在住せず、アメリカ合衆国とカナダで宗教共同体を形成して今日まで自らのアイデンティティを維持することによって活力ある生活を保持してきた。フッタライトとアーミッシュはともに再洗礼派から生まれた宗教集団であるため、宗教理念における共通点は多いが、特に両グループを際立って特徴づけるものとして、外部社会を忌避することとゲラッセンハイトの遵守がある。第13章では再洗礼派を起源とする両グループの特徴をこれらふたつの宗教理念から考察して、フッタライトとアーミッシュの類似性を明らかにしたい。

一　フッタライトとアーミッシュの起源と現状

法王レオ十世がサン・ピエトロ大寺院改築の費用調達のために発行した免罪符に対して、ルターは一五一七年に九五箇条の提題を発表して、レオ十世を激しく批判し、新約聖書を信仰の基盤とする宗教改革運動の流れを作った。この潮流はドイツ南部やスイスに急激に広がった。スイスではツヴィングリが宗教改革者として、聖書中心的な思想を唱えて教会改革を断行し、チューリッヒ教会を公式にプロテスタント教会に変えた。しかしツヴィングリの幼児洗礼の容認などの現実路線に反対した急進派はより厳密な聖書主義者の立場を取り、カソリック教会はもちろん、プロテスタント教会も容認していた幼児洗礼を聖書にその論拠なしとして否定し、一五二五年一月に信仰を確信した後にのみ行われる成人洗礼を実行した(2)。彼らは洗礼を再度行う人々として再洗礼派（Anabaptist）と呼ばれるようになった。再洗礼派の人々はイエス・キリストの「山上の垂訓」（マタイによる福音書5－7）[3]に範を求め、真の信仰者の集まりからなる自発的な兄弟愛に基づいた自由教会の形成を目指した。再洗礼派は中世カソリック教会の抜本的改革を要求した人々であり、彼らの主張は幼児洗礼の否定、絶対的平和主義、教会と国家の分離（したがって彼らの政府官職への参加の否定）など当時の権力者（国家および教会）の側から見れば、自分たちの存在意義を脅かす非常に危険で過激な思想と映った。したがって、再洗礼派の人々はスイス、ドイツ、オーストリアの各地で狂信的な異端者として迫害され、弾圧され続けて、数多くの殉教者をだした。

フッタライトはその迫害のさなか、一五二八年にヤコブ・フッターを指導者としてモラヴィアで誕生した。迫害を避ける旅路の途中で、彼らはすべての持ち物を地面に広げたマントの上に置いて、生き延びるために、それらを共有することを誓った。共有財産を管理するための監督者も選ばれた[4]。これが今日まで続くフッタライトの際立った特徴である私有財産制の否定、共同財産制の始まりである。フッタライトは初代キリスト教会の例に倣い、真のキリスト者はすべてを分かち合う（使徒言行録2・44、45、4・32－35）という信条を教団の支柱として、他の再洗礼派グループとの相違を明確にした。フッタライトはコロニー（集落）を形成して生産、消費双方を含む財産共有制を実践する宗教共同体を作り上げたが、その誕生以来ヨーロッパ各地で迫害を受け、その定住地をモラヴィアからスロバキア、北ハンガリー、ルーマニア、ロシアへと移動した。その間、迫害と繁栄の時期を繰り返し財産共有制を一時廃止した時期もあったが宗教共同体としてかろうじて生き残った。最終的に一八七四年に宗教的自由を求めてヨーロッパ大陸を離れ、三兄弟団からなる数百名のフッタライトがアメリカ合衆国のダコタ準州の南部（現在のサウスダコタ州）へ移住した。しかし第一次世界大戦時の一九一七年に同胞のフッタライトの若者が兵役忌避のため投獄され、拷問同然の取り扱いを受け死亡した事件を契機として、大多数のフッタライトは兵役忌避を確約し、開拓農民の労働力を必要としていたカナダ政府の招きでカナダに移住した。サウスダコタ州は一九三〇年代の大不況期にフッタライトの勤勉な労働力を期待して、コロニーを団体法人として認める法律を通過させたので、一部のフッタライトは再度アメリカ合衆国に戻った(5)。

北米でのフッタライトは農村部の辺境にコロニー（約六〇人から一六〇人くらいまで）を作り、教会を中心とした宗教共同体のなかで生活している。フッタライトは外部社会を堕落した罪の世界と見なしているため、できるかぎり世俗社会の影響を遮断する閉ざされた自給自足型、自己完結型を目指す共同体を形成する。しかし、北米社会のなかでは、フッタライトであると同時にアメリカ人やカナダ人としての権利、義務を負う。したがって彼らが共同体の生活基盤を確立するためには、やはり外部社会とのある程度の交流が必要となる。各コロニーは独自の経済活動を行うが、一般に広大な土地を利用した大規模農業および酪農を展開している。彼らは外部の市場に生産物を供給して利潤を上げ共同体生活の経済基盤を強固にしている(6)。北米移住以後、フッタライトの人口は増え続けて、二〇〇〇年の統計では、カナダのアルバータ州、サスカチュワン州、マニトバ州、ブリティッシュ・コロンビア州に計三〇九のコロニー、アメリカ合衆国のモンタナ州、ノースダコタ州、サウスダコタ州、ミネソタ州、ワシントン州に計一一六のコロニーが存在し、推定約四万人のフッタライトの人々が財産共有制の共同体生活を営んでいる(7)。

アーミッシュも再洗礼派の流れをくむ宗教セクト集団である。再洗礼派は一五二五年の結成の後、弾圧されながらも地下運動としてドイツやオランダに広がった。オランダではメノー・シモンズが一五三六年に再洗礼派に加わり、彼の卓越した指導の下で教義が探求されて、再洗礼派が再組織化された。そして後年スイス、オランダ双方の再洗礼派の流れを統合するメノナイト派が誕生する。[8] 一方、スイス地方では厳しい当局の迫害を受けて多数の再洗礼派の人々は山奥に逃げ込み農業を糧として生活を続けたが、一六〇〇年代の後半から再度の弾圧を逃れるために現在のフランス領のアルザス（Alsace）地方へ移住する者が増えてきた。スイスからアルザス地方に移った若き再洗礼派の指導者ヤコブ・アンマンはスイス兄弟団の緩んだ宗教生活上の規律を再生させるために不信仰者に対する忌避、社会的追放の厳密な実施、正餐式の年一回から二回への変更、および正餐式の一部としての「洗足」の導入をベルン（Bern）、アルザス、プファルツ（Pfalz）地方の他の指導者に要求した。指導者のなかにはアンマンの改革が急激すぎて現状に合わず、受け入れられないと主張する者も現れた。その代表者がハンス・ライスト（Hans Reist）であった。ライストは激しい迫害の最中にアンマンの厳格な忌避の実施を行えば、教会員が動揺して、教会自体が混乱に陥ることを恐れた。アンマン対ライストの論争は結局決裂して、厳格派のアンマンに従う人々は一六九三年にスイス再洗礼派から離脱して、指導者アンマンの名前の由来からアーミッシュとして、独自のアイデンティティを保持することになった。[9] アーミッシュはその成り立ちからして、再洗礼派の教会教義を厳密に実践することを心がけた。特に「この世的なもの」の忌避の概念を中心に据えて、日々の生活全般にこの戒律を当てはめた。

ヨーロッパでの迫害に終止符を打つために、アーミッシュは宗教的な受難者の受け入れに積極的であったクエーカー教徒、ウィリアム・ペンが統治するアメリカのペンシルベニアへと一七三〇年代の中ごろから移住を開始した。これらのアーミッシュが現在のペンシルベニア州バークス郡、チェスター郡、ランカスター郡などに定住してアーミッシュのアメリカ合衆国での繁栄の基礎を築いた。一八一五年ころからアルザスやドイツのヘッセンに残っていたアーミッシュがアメリカの開拓奥地に向かい、現在のオハイオ州、インディアナ州、イリノイ州、カナダのオンタリオ州辺りに定住地を構えた。アメリカ移住以後、アーミッシュの人口は増加の一途をたどり二〇〇〇年現在で、全米二五州とカナダのオンタリオ州に約一八万人のアーミッシュの人々が約一二〇〇の教会区を形成して暮らしている。(10) アーミッシュは個々の家族が生活上の基本単位となっており、私有財産制を認めているが、彼らの基本的生活範囲は教会区にあり、この教会区内の集団がアーミッシュの宗教共同体であり、日々の生活を営む中心となる。生活の糧となるアーミッシュの職業は農業が主体であったが近年は土地価格の高騰と人口増加のために、農業以外の職業選択の幅が広がり、自営業者や大工、比較的大きな製造業を営む者などが現れている。(11)

二 「この世的なもの」の忌避

フッタライトとアーミッシュはともに「この世的なもの」を忌避することを宗教上の信条としている。「この世的なもの」の忌避とは新約聖書の「コリント人への第二の手紙」(6・14)での「あなた方は、信仰のない人々と一緒に釣り合わないくびきにつながれてはなりません。正義と不法とにどんな関わりがありますか。光と闇に何のつながりがありますか」という教理を文字通り解釈して、自分を取り巻く社会の世俗的なものを避ける態度と行為を表す。一五二七年に再洗礼派で最初に採択された信仰告白文『シュライトハイム信仰告白書』（Schleitheim Confession of Faith）の第四条には「わたしたちは隔離についても意見が一致した。それは悪魔がこの世にうえつけた悪しき者、また邪悪からの隔離である。ただそれによってのみ、わたしたちはかれらと交わりをもったり、かれらとともにその滅びへと落込んだりすることがないであろう……わたしたちにとっては主の誡名は明らかである。主はわたしたちが悪しき者から隔離されるようにと命じておられる[12]」とはっきりと世俗の忌避の実践を主張している。フッタライトもアーミッシュもヨーロッパにおいて厳しい弾圧、迫害を受けて、火あぶり、石打ち、水責めなどの残酷な方法で処刑され続け、大量の殉教者を出した歴史があるため、彼らの記憶には、自分たちを取り巻く社会は常に邪悪な危険に満ちているという認識が刷り込まれている。またその記憶を忘れないために、フッタライトは説教礼拝で繰り返し殉教者の歴史を語り、アーミッシュは極刑に処せられた信仰者の証言集『殉教者の鏡』（*the Martyrs Mirror*）を座右の銘として読み、礼拝で殉教者の書いた賛美歌『アウスブント』（*Ausbund*）を歌う。

世俗との忌避と関連する重要な概念に教会戒律（Ordnung）を破った同胞に対する破門（Excommunication）と忌避追放（Shunning）がある。スイス兄弟団から離脱しアーミッシュが誕生した理由のひとつが破門と忌避追放の実践であった。フッタライトもアーミッシュ同様に破門と忌避追放の措置を実施している。フッタライトとアーミッシュは教会戒律を生活全般の規範として受け入れている。この教会戒律がフッタライトとアーミッシュの宗教的生活全体を規定する暗黙のルールであり、両グループの文化的自立の基礎となるものである。例えば、フッタライトは穏やかな飲酒は認めているが、アーミッシュは飲酒を禁止している。フッタライトはコンピュータの使用を仕事上に関しては認めており、アーミッシュは認めない。両グループともテレビは禁止している。このように両者の教会戒律の適用基準は異なるが[13]、教会戒律は一般社会で言えば遵守すべき慣習や法律に当たると考えてよいだろう。洗礼を受けた者が教会戒律を破る時、教会員の全会一致で破門が言い渡され、忌避追放の措置が待っている。忌避追放を受けた者は教会および教会員に対して正式に悔い改めないかぎり、教会内の集団から自分の家族も含めて完全に無視されることになる。フッタライトの場合はコロニーを去らなければならない。これは非常に緊密で穏やかな人間関係を結び、自己のアイデンティティも同化させていたまさしくその集団から追放されることを意味し、忌避追放を受けた者は耐えがたい精神的苦痛と疎外感を持つことになる。また、経済的にも緊密なネットワーク内で日々の生活を送っていた者が共同体から離脱させられれば、いかに生計を立てればよいのか途方にくれてしまうであろう。したがって、破門と忌避追放は両グループの文化基盤を存続させるための強力な社会制御の役割を果たす。破門を受けた者が教会に対して悔い改め、教会がその謝罪を受け入れれば、グループに復帰することはできる。「この世的なもの」を忌避する概念が両グループ内で十分に浸透しているために、フッタライトやアーミッシュは破門と忌避追放によって外部社会に放逐されるという恐怖心を持つ。そのため破門と忌避追放が社会制御措置として有効に機能して、フッタライトとアーミッシュの文化的存続を支えるひとつの重要な制度となっている。

フッタライトは世俗との忌避を実践するために人里離れた地域に意図的にコロニーを作る。彼らの共同体は自給自足的な自己完結型であるため、アーミッシュと比較すれば周辺社会との接触は限定されている[14]。一方アーミッシュの生活基盤は教会区を中心として、宗教共同体を形成しているが、外部社会の隣人のなかに混じっているため、フッタライトのように完全に外部から閉じられた共同体内で生活しているわけではない。そのため、教会戒律で忌避の実践を明確にしないと、済し崩し的にアーミッシュのアイデンティティが失われる恐れがある。馬車の使用、厳密な服装規定、テクノロジーの限定的使用、職業選択の幅などをアーミッシュが慎重に教会戒律で規定をするのも、いかに世俗的なものとの関わりを避けながら、個人としてアーミッシュが生計を立てていけるかを考慮する必要があるためである[15]。例えば、アーミッシュが自動車に乗りはするが、運転せず、一二ボルトの電気を使用するが電力会社からの家屋への一一〇ボルトの電力供給を拒絶し、電話を使用はするが、電話線を家庭内に入れないのは自動車、電話、電気などの文明の利器それ自体を悪と見なしているのではなく、それらの広範囲な使用が近隣の「この世的なもの」との接触の機会を増し、ひいては「つり合わないくびき」をともにして世俗世界へ堕落することを恐れるからである。「この世的なもの」の忌避という観点のみから見れば、フッタライトの財産共有制のコロニーは有利な点が多いために、アーミッシュほど教会戒律の改定に神経質になる必要はないようである。例えば、コロニー内の生産活動を最大限に効率よくするために、フッタライトは最新の農業機械やトラクターなどを購入して、生産性の向上を目指している[16]。コンピュータも導入している。これらの機械はあくまでも彼らの経済活動をよりスムーズに遂行するための道具であり、共同体の管理下では、これらの機器が悪用される可能性が少ないためにその使用をフッタライトは許可している。一方、テレビに関しては世俗からの悪影響を恐れて、フッタライトもアーミッシュもその使用を禁止している。

フッタライトとアーミッシュは世俗の忌避をできるかぎり実践しようとするが、現実には両者とも外部社会との接触やつながりなしには日常の生活を営んでいくことはできない。そのためある程度の文化的妥協は必要となるが、彼らのアイデンティティの崩壊を招きかねない外部社会からの影響には断固として反対する。したがって、フッタライトとアーミッシュには教育、土地問題、税金、政府の規制などをめぐって周辺社会と様々な軋轢や係争が生じてきた歴史がある。(17)

三　ゲラッセンハイト

フッタライトとアーミッシュの重要な宗教概念にゲラッセンハイトがある。(18) この言葉は様々な解釈が可能であるが、両グループの場合、神の意志に対する「服従」「従順」「謙虚」などと言えるだろう。ゲラッセンハイトは、まさしく、あからさまな個人主義の逆の概念と捉えることができ、フッタライトやアーミッシュが日々生活していくうえでの基本的態度を表す言葉である。ゲラッセンハイトは再洗礼派のなかから生まれた概念であり、キリスト者は神の意志に従うために自己中心的な願望や、自己の意志を捨て去ることが必要であるという考え方である。

中世の再洗礼派たちは新約聖書に記されたイエス・キリストの生活、教え、死から神の摂理を理解しようとした。すなわち彼らはキリストの言動こそがこの世に対する神の啓示であると解釈した。(19) 聖書に記されたキリストは王宮ではなくベツレヘムの貧しい馬小屋に生まれ、自ら弟子の足を洗い、その人生を通して、謙虚、従順、他者への愛を貫いていると再洗礼派の人々は考えた。有名な「山上の垂訓」のなかで「しかし、わたしは言っておく。悪人には手向かってはならない。だれかがあなたの右の頬をうつなら、左の頬も向けなさい」（マタイによる福音書、5・39）や「しかし、わたしは言っておく。敵を愛し、自分を迫害するもののために祈りなさい。あなたがたの天の父の子となるためである」（マタイによる福音書、5・44、45）と語るイエスの姿からは、自己の意志を達成するために他者を力で操る全能で強権的な神のイメージはない。弟子ユダの裏切りを知りながら、十字架の上で苦しみながらも、神の意志に従い死を受け入れたイエスはまさしく自らを犠牲にして人類を救うという殉教者の姿を現している。すなわち再洗礼派にとって、聖書におけるキリストは、全能の力で敵をねじ伏せる救世主ではなく、従順や謙虚さを通して救いの力を発揮する神の子なのである。再洗礼派はこのイエス・キリストの言動に見る神への「従順」「謙虚さ」こそが従うべき指針であると考えた[20]。

再洗礼派の考えでは、ゲラッセンハイトは神の意志に対する従順を意味するため、神の意志の前に己の意志を捨て去る、すなわち自我を捨て去るということをも意味する。事実、初期の再洗礼派の多くは、当局の権力ではなく神への従順を貫いたために、火あぶり、石打ち、水責めなどの残酷な刑で命を落としており、彼らの殉教が神の意志に対する従順というシンボリックなイメージにもなっている。神が人々に自我を捨て、神への従順を求めているならば、同胞間の秩序はこの「従順」「謙虚さ」「服従」などを原則として動くはずであると初期の再洗礼派は考えた。したがって、神への従順は宗教共同体を構成する他者への従順にも当てはまる。当然ながら、ここでの他者の意味は信仰を同じくする同胞の意味であり、つり合わない外部の人々のことではない。信仰をともにする同胞からなりたつ共同体や、年配者、両親への従順もこの観点から考えると自然であり、再洗礼派の日常生活はゲラッセンハイトの概念を中心として営まれるようになったと言ってよいだろう。

ゲラッセンハイトが日々の生活を営むうえでの基本的態度となると、フッタライトとアーミッシュの日常生活における目標は自己の達成や自己満足よりも共同体の一員として同胞とともに、緊密で慈愛に満ちた贖罪を可能にするような理想的な共同体を作り上げることになるだろう。フッタライトの財産共有制共同体はともに分かち合って生きるという兄弟愛をその根本原理として、日常生活のすべての面に共同体指向が貫かれている。一方、アーミッシュは私有財産を認めているが、彼らの生活も教会区内の相互扶助的な共同体を中心として営まれており、教会を精神的支柱とする共同体指向であることに変わりはない。そして共同体全体として神の救済を受けられるように、ゲラッセンハイトの実践によって日々の生活を律することがフッタライトにもアーミッシュにも重要となる。同じように聖書至上主義を標榜する根本主義（Fundamentalism）のキリスト教徒が神との個人的関係の成立を強調して「我信ずる、故に救われたり」とする新生の告白体験を決定的な特徴とするのに対して、フッタライトやアーミッシュは救済の希望を持ちつつも日々の暮らしのなかで、神の意志に対して従順なる態度をとり、最後の審判は神のみが知るという謙虚な姿勢を保つ。したがって、自己を主張したり、プライドを示したり、自己達成をしようとするようなまさに個の確立に不可欠な概念、さらには資本主義の発達に不可欠であった個人主義的特徴こそが神に対する最大の罪とフッタライトやアーミッシュには映る。(21)

再洗礼派の教えを厳密に受け継ぐフッタライトやアーミッシュがゲラッセンハイトを規範として日

常生活を営むと、北米の外部社会と大きな価値観の相違が生まれてくるのは当然である。そして日常生活の様々な面で、外部の人間にとっては何気ない事柄がフッタライトやアーミッシュにとっては重要な意味を持つケースが出てくるが、ここではゲラッセンハイトの実践例として、指導者のくじ引きでの選択、絶対的平和主義と非暴力主義の実践、高等教育への懐疑を検討してみよう。

フッタライトとアーミッシュは自らの宗教共同体の精神的支柱となる教会の牧師をくじ引きで選ぶ。牧師の職が空席となると、共同体のメンバーは数名の候補者を推薦する。そして彼らのなかから、くじ引きによって最終的に牧師が選ばれる。くじ引きで共同体の核となる聖職者を選択する方法は最終選択を人間の投票という多数決による権力に任せるのではなく、くじ引きで表された神の意志に共同体のメンバーすべてが従うことを意味する。したがって、牧師の選択という重大な決定事項が共同体の人間関係の強弱のみで遂行されることを排除する。そして、くじ引きによる神の選択に対して教会構成員全員が謙虚になって従うというゲラッセンハイトの論理が共同体全体に行き渡る。

ゲラッセンハイトの実践例として最も分かりやすい例はフッタライトとアーミッシュの絶対的平和主義と非暴力主義の実践であろう。軍事的な力や暴力を誇示して、何らかの目的なり目標を達成する方法は「謙虚な態度」の実践からは最も遠い位置にある。この非暴力主義の貫徹のため、フッタライトとアーミッシュは良心的兵役忌避者の立場を取り続けている。同様にフッタライトもアーミッシュも自らの権利を守るために裁判を利用することをよしとしない。裁判で争うことによって、他者を力で恫喝するくらいなら、自らの権利を放棄することが正しい道であると彼らは考える[22]。

高等教育に対する彼らの疑念もゲラッセンハイトの観点から考えると理解できる。フッタライトやアーミッシュは空虚な理論や抽象的な概念ではなく、事実に基づき生活に密着した知恵や対面的な体験を重視するために、高等教育で学ぶ専門的な分析的思考能力の向上を必ずしも重要であるとは考えない。むしろ、高等教育で受ける知識の偏りや理論と理屈が理性重視の個人の自我を呼び覚ましたり、自己達成の喜びを教えるのではないかと彼らは恐れる。我々外部の人間から見れば高等教育への懐疑は自己実現の可能性の芽を摘む非人間的な態度と思われるかもしれない。しかし、フッタライトやアーミッシュの目から見れば、高等教育のなかで芽生える自己肯定的態度やプライドこそが最も避けるべきものなのである。したがって、両グループが高等教育を慎重に忌避することはゲラッセンハイトの観点から見れば当然の帰結であると思われる。

おわりに

フッタライトとアーミッシュの類似性を外部社会を忌避することとゲラッセンハイトの観点から考察してきたが、彼らに共通する宗教理念から生み出される価値観は現代社会の価値観から離反しており、フッタライトとアーミッシュの宗教共同体は現代社会に対する対抗文化を形成している。彼らは現代人の価値について様々な疑問を投げかける。個人の自立が自由と幸福をもたらすという説に対して、安定的な共同体の網の目があればこそ個人は安全と満足を得ると彼らは考える。人間の理性の力を基盤とした科学主義と高等教育への信頼よりも彼らは何世代にもわたって受け継がれた人間の知恵を尊重する。様々な価値と信念は同等に有効であるという多文化主義的な考えに対して、道徳的相対主義は聖書から得られる真実への可能性を否定し、貴重な伝統を損なうと彼らは考える。フッタライトやアーミッシュの基本的理念である外部社会の忌避とゲラッセンハイトの実践は確かに高等教育、個人の自由と自立、職業の選択、個人の能力とその達成感など、進歩を前提としてきた現代社会が必要とする価値観を重要なものとは見なさず、教会と共同体への従順を求める。フッタライトとアーミッシュが北米文化のなかで自分たちのアイデンティティを失わずに強固な文化基盤を築いて繁栄してきた背後には、カナダやアメリカ合衆国の宗教的マイノリティに対する柔軟な受け入れ姿勢があることも事実である。しかし、フッタライトやアーミッシュが近代化の波にさらされながら、共同体の崩壊を防ぎ、人口を順調に増加させて活力のあるコミュニティを形成してきた軌跡には彼らの強固な価値観の保持があり、現代社会が抱える疎外感、孤独、ニヒリズム、アノミー（anomie）などの問題点に対するアンチテーゼを示しているように思われる。

注

（1）本書、第1章注（3）を参照。
（2）『キリスト教大辞典』（教文館、一九六〇年）、一〇五三ページ。
（3）第13章の聖書の引用は、『聖書　新共同訳』（日本聖書協会、一九九二年）による。
（4）John A. Hostetler, *Hutterite Society* (Baltimore: The Johns Hopkins University Press, 1974), 15-16.
（5）日本人によるフッタライトの歴史研究は、榊原巌『殉教と亡命　フッタライトの四百五十年』（平凡社、一九六七年）。
（6）フッタライトの経済活動に関する草分け的研究は、John W. Bennett, *Hutterian Brethren: The Agricultural*

Economy and Social Organization of a Communal People (Stanford, CA.: Stanford University Press, 1967), 162-241. 経済的基盤が十分に確立した後、コロニーの人口が増加しすぎると（約一五〇から約一六〇人）、branching-out（分村）と呼ばれる方法で新コロニーを建設して、ふたつのコロニーに分かれる。

（7）Donald B. Kraybill and Carl F. Bowman, *On the Backroad to Heaven: Old Order Hutterites, Mennonites, Amish, and Brethren* (Baltimore & London: The Johns Hopkins University Press, 2001), 31. 48-51.

（8）C. J. Dyck, ed., *An Introduction to Mennonite History* (Scottdale, PA.: Herald Press, 1981), 105-108.

（9）坂井信生『アーミシュ研究』（教文館、一九七七年）、五七－六九ページ。

（10）Kraybill and Bowman, *On the Backroad to Heaven*, 104-105.

（11）近年におけるアーミッシュの農業以外の職業への進出に関しては、Donald B. Kraybill and Steven M. Nolt, *Amish Enterprise: From Plows to Profits* (Baltimore: The Johns Hopkins University Press, 1995).

（12）坂井信生『アーミシュ研究』、四五ページ。

（13）Kraybill and Bowman, *On the Backroad to Heaven*, 36. 221.

（14）フッタライトの場合、外部社会のビジネスパーソンや関連分野の行政担当者との交渉はコロニーの財政全般を取り扱う総支配人が主に担当する。フッタライトの若者たちが近隣の町や都市に出かけることもあるが、外部の一般人との接触はかぎられている。

（15）Donald B. Kraybill, "War Against Progress: Coping with Social Change," in Donald B. Kraybill and Marc A. Olshan ed., *The Amish Struggle with Modernity* (Hanover: University Press of New England, 1994), 35-50.

（16）John A. Hostetler and Gertrude E. Huntington, *The Hutterites in North America*, third ed. (Philadelphia: Temple University, 1996), 45-46.

（17）例えば、フッタライトのカナダのアルバータ州における土地購入に関する周辺社会との軋轢については、本書第12章を参照。アーミッシュの政府の政策に対する反対運動については、本書、第2章を参照。
（18）ゲラッセンハイトの概念に関する最も包括的な考察は、Sandra L. Cronk, "Gelassenheit: The Rites of the Redemptive Process in Old Order Amish and Old Order Mennonite Communities" Ph.D. diss., University of Chicago, 1977.
（19）John L. Ruth, "America's Anabaptist: Who They Are?," *Christianity Today*, October 22, 1990, 25-26.
（20）Robert Friedmann, *Hutterite Studies* (Goshen, Ind.: Mennonite Historical Society, 1961), 82-85. Peter H. Stephenson, *The Hutterian People: Ritual and Rebirth in the Evolution of Communal Life* (Lanham, MD.: Univeristy Press of America, 1991), 26-29.
（21）文化人類学者、ガートルード・E・ハンチントン（Gertrude E. Huntington）がフッタライトの研究のためにフィールドワークを行い、家族とともにコロニーに移り住んでフッタライトと同じ生活をした時、最も困難な経験は個人主義的価値観を放棄して、ゲラッセンハイトの概念を受け入れることであったと述べている。John A. Hostetler and Gertrude E. Huntington, *The Hutterites in North America*, 142. ドイツ人のフリーランス・ライター、ミヒァエル・ホルツァハ（Michael Holzach）が一年間フッタライトとともにコロニーで生活した体験記、*The Forgotten People: A Year Among the Hutterites* (Sioux Falls, S. Dak.: Ex Machina, 1993) にも自我や自己達成の気持ちを抑えて服従の精神に身を任すことがいかに困難かを示す場面がたびたび出てくる。例えば二四七ページ。
（22）しかし、近年は支援者の援助で、裁判で決着をつけるケースも多くなってきた。例えば、アーミッシュに関しては大河原眞美『裁判から見たアメリカ社会』（明石書店、一九九八年）一〇三－一四六ページ。フッタライトも自分たちの存続に関わる重要な問題では弁護士を雇い裁判で争うことがある。例えば、所得税の問題に関する顛末については、William Janzen, *Limits on Liberty* (Toronto: University of Toronto Press, 1990), 272-285.

第14章

フッタライトとアーミッシュにおける テクノロジーの受容範囲

はじめに

フッタライトとアーミッシュ[1]はともにヨーロッパの一六世紀の宗教改革時代に生まれた再洗礼派[2]を源流として誕生したが、ヨーロッパ各地での厳しい迫害を逃れるためにアーミッシュは一八世紀初頭から、フッタライトは一九世紀後半から北米に移住した宗教集団である。現在（二〇〇三年）北米にアーミッシュはアメリカ合衆国を中心として約一八万人、フッタライトはカナダを中心として約四万人の人々が独自の宗教共同体を形成して生活している。両派は再洗礼派の教えを基盤としているため宗教理念上の共通点は多い。彼らは厳密な聖書主義者の立場を取り、成人洗礼の実行、絶対的平和主義、政教の分離、「山上の垂訓」を範とする自発的な兄弟愛に基づくキリスト者の集まりとしての宗教共同体の形成などを特徴とする。特に「この世的なもの」を忌避することとゲラッセンハイトの実践においては著しい類似性がある[3]。

フッタライトとアーミッシュが北米において実践している生活パターンには両派の明らかな相違点が現れている。アーミッシュは個々の家族が生活上の基本単位となっており、私有財産制を認めている。彼らの基本的な生活範囲は教会区にあり、この教会区内のアーミッシュの集団が宗教共同体を形成して、教会戒律（オルドゥヌンク）を遵守して日々の暮らしを営んでいる。フッタライトとは違い、彼らの教会区は一般のアメリカ人の生活範囲と隣接したり、交わったりしている場合も多々存在している。その一方フッタライトは農村部の辺境に外部社会とは断絶したコロニー（集落）を作り教会を中心とした宗教共同体のなかで生活をしている。彼らは私有財産制を認めず、すべての所有を分かち合う共有財産制を実践している。私有財産制を基本とした家族を中心とするアーミッシュの生活とコロニーでの共有財産制を基本とするフッタライトの生活とでは、北米社会のなかで特異な宗教集団としてアイデンティティを保持して暮らしていく環境に大きな相違が生まれてくる。特に、日々進歩する外部社会のテクノロジーの技術をどの程度受け入れるかは、彼らの経済活動や外部の社会との関連、ひいては彼らの生き残り戦略おいて重要な意味を持つ。第14章では、フッタライトとアーミッシュにおけるテクノロジーの受容範囲に焦点を当て、両派のテクノロジーに対する考え方、利用方法を紹介して、テクノロジーに対するフッタライトとアーミッシュの相違点を考察する。[4]

一　フッタライト・コロニーにおけるテクノロジーの受容範囲

フッタライトはその起源からして財産共有制を実践しており、その点で他の再洗礼派のグループと際立った違いを示している。一五二八年にモラヴィアで誕生したフッタライトは幼児洗礼を認めないなど、時の権力者から過激分子と見なされ迫害を受け続けたが、逃げまどう旅路の最中に、同志のすべての持ち物を地面のマントの上において、初代キリスト教会の例に倣い真のキリスト者はすべてを分かち合う（使徒言行録2・44–45、4・32–35）と誓った。彼らの財産を監督するための監督者も選ばれた。これ以降、一時共有財産制を否定した時期も存在したが、フッタライトは財産共有制を教団の核になる信条として今日まで維持している。そして、財産共有制を実行可能とするためにコロニー（約六〇人から一六〇人あたりまで）を形成している。

では、そのコロニーと財産共有制を中心としたフッタライトの北米での生活はどのようなものであろうか。コロニーは農村部の辺境に立地しているが、集落の物理的形態は北米に点在する各コロニーすべてが類似している。集落の中心に食堂を配し、その周りに各家族の宿舎が囲むような形で建っている。各宿舎は一般的に四家族が住めるように区切られて、設計されている。その外側に幼稚園、学校（教会を兼ねる場合もある。その場合説教礼拝は学校の建物内で行われる）、作業場などが点在する。広大な農場、牧畜地などがさらにその外側に広がり、大規模農業や牧畜などを経営している。[5]辺境の地にコロニーを建設する理由は土地を安価に購入できるという経済的理由も重要であるが、フッタライトが周辺社会から影響を受けずにコロニー内でできるかぎり自己完結型、自給自足型を目指す宗教共同体を運営するためである。この点でフッタライトは外部社会との忌避の実践においてアーミッシュよりも徹底していると言えるだろう。しかし、彼らはアメリカ人やカナダ人として生活するのであるから、周辺社会と完全に遮断して自分たちの共同体だけで自給自足することは、現実の経済状況からはありえない。やはりコロニー全体として農業や牧畜で生計を立てるうえで外部社会とのある程度の経済的交流が必要となる。また、児童はカナダやアメリカ合衆国の教育制度を受け入れなければならないので、コロニー内に学校を設置して教師を外部から招いて義務教育を行っている。日常はドイツ語を使っているので、子供たちが英語を習得して、外部社会の情報を得る唯一のチャンネルがこの義務教育である(6)。

コロニー内の組織機能は非常に明確化している。北米に点在する各コロニーはそれぞれ独立した共同体であるが、各コロニー内の組織内容は非常に似ている。コロニーがひとつの教会組織であり、ひとつの社会組織であり、ひとつの生産と消費双方を含む経済組織として機能する。共同体の最高責任者の牧師、牧師を補佐する牧師補、コロニーの財政責任者の総支配人、現場の最高責任者の農事頭、各職場の責任者の班長などが洗礼を受けた男子の教会員から選ばれる。生産物の出荷や消費財の購入のために外部社会の関係者と接触して交渉する役割は総支配人、農事補などの幹部が担う。共同体の経済的収支決算は総支配人が責任を持つ。またドイツ語教師が五歳から一五歳までの子供たちにフッタライトとしての教育と規律に責任を負い、フッタライトの伝統的価値観を徹底して教え込む。これら、牧師、牧師補、総支配人、農事補、ドイツ語教師が共同体の最高決定機関、評議会(Counsel)を形成する。通常、二、三人の長老が評議会に加わる。共同体の重要問題は洗礼を受けた男子教会員全員で討議して、最終的に投票で多数決にて決定する。女子は衣食住に関する家事が中心の仕事になり、輪番制で与えられた仕事をこなす。料理長が女子のリーダーであり、女子の仕事全般に対する指導、指示をする。牧師や総支配人の妻が料理長になるケースが多い。洗礼を受けた女子教会員には投票権がない。しかし、親族男子(特に夫)への影響力は強く、間接的ではあるが、重要な組織内の決定事項への関わり合いはあると言える。共同体メンバーの役割分担は明確に指定されており、各メンバーがなすべき仕事内容もはっきりしている(7)。

このような組織体を維持するためにフッタライトは経済活動を行い、生計を立てなければならない。フッタライト・コロニーでは子供も含めて構成員全員が働くことになる。コロニーでは大規模農業と牧畜が収入を支える中心となるが、コロニーを維持するあらゆる分野の仕事を構成員に割り振る。近年は農業以外の生産分野にも進出しているコロニーも存在する。ではフッタライトの価値観から仕事はどのように捉えられているのであろうか。彼らは生産活動に附随する仕事と宗教生活を二元化している。仕事はあくまでも、宗教共同体を維持するための必要不可欠な活動であり、それ以下でもそれ以上でもない。すなわち、農業を特別な天職と見なして、額に汗を流して土を耕し、自然の恵みから収穫を得るというようなロマンチックな職業観を持っていない。邪悪な外部社会の影響を逃れるための手段として已むなく農業や牧畜を営むという仕事を生きるための必要悪と捉えることもない。仕事を通じて宗教共同体を共有財産制の下でいかに発展させるかに彼らの関心がある(8)。仕事をすることによって共同体に貢献することは重要視されるので、フッタライトは仕事をきわめて実用的な観点から見つめているように思える。したがって、生産活動としての仕事の捉え方は近隣農業従事者と極端な差異はないと言えるだろう。

このような仕事の捉え方から生産活動をする場合、テクノロジーに対する価値観も功利的なのものになるのではないだろうか。フッタライトは共同体全体と構成員個人に対するテクノロジーの受け入れには厳格な線引きをしている。コロニーの経済的生き残りのために採用する技術革新に対してはフッタライトの教会戒律に明確な規定はなく、共同体のためになるなら、受け入れはきわめて容易である。フッタライトが最新の農業機器を使って競争力のある大規模農業を展開していることは周知の事実であり、近隣農業従事者のきわめて手ごわい競争相手となっている。(9)北米に移住してから、農業生産の向上に役に立つテクノロジーや、共同体全体の生活改善に影響を与えるテクノロジーの導入は積極的に行われてきた。農業用の耕運機、大型トラクター、自走式コンバイン、自動干草積載機、干草結束機、自動脱穀機などは言うに及ばず、トラック、四輪駆動車、コンピュータ、ファックス、コピー機、携帯電話も多くのコロニーで広範囲に使われている。化学肥料や殺虫剤なども広く用いられている。(10)女性の働く分野でも全自動式の大型洗濯機と乾燥機、最新式大型パン焼き器などが備わり、ステンレス制キッチンには様々な料理器具が揃えられているコロニーが多い。(11)

最近のフッタライト農業の特徴はその多角経営にあるが、その一例として、ミネソタ州スプリング・プレリー・コロニー（Spring Prairie Colony）で行われている鶏肉の出荷の様子を参考にいかに仕事の自動化が進行しているかを見てみよう。(12)フライ用の若鳥を処理するためにベルト・コンベヤーで逆さ吊りされた若鳥が解体される。責任者が電気ナイフで鳥の首を次々と切り胴体部が下部のベルトコンベヤーで移動する間に数名のフッタライトが各部を解体用ナイフで切り分け自動的に洗浄して、袋に詰める。以前なら共同体の構成員全員で一日がかりで行ったこの仕事が、現在では数名の男子と二十数名の女子が三時間以内に仕事を終える。一四〇〇羽の鶏が解体されフリーザーに入れられて出荷を待つ。生産性における効率の追求はフッタライト共同体では日常的な事柄であり、この考えが共同体の経済的な健全性を維持して、大規模農業経営における彼らの経済的な強さを保っている。

このようにコロニー全体の生産性向上のためには、最新の機器を導入することに躊躇をしないフッタライトではあるが、技術革新が個人の使用範囲に及ぶと事態は一変する。フッタライトは個人レベルではアーミッシュ同様、宗教上の理念としてゲラッセンハイトを守る行動様式を取らなければならない。従順、質素、倹約、簡素などの概念は個人の私的領域では重要な価値基準である。外部社会の不必要な個人への情報を管理するために娯楽を提供するテレビ、ラジオは禁止されている。共同体内の構成員の物質的平等は特に重要で、個人レベルでは物質主義を否定して個人の贅沢や個人の豊かさを認めていない。財産共有制を基本としながら経済格差がフッタライトの間に生まれれば、激しい軋轢が構成員の間で生じて、共同体生活は崩壊に向かうだろう。フッタライトは技術革新によってメンバー間の個人的差異が生じることを最も恐れている。これは情報格差に関しても同様である。所有物格差とともに情報格差も問題視されるので、今後仕事上コンピュータを頻繁に使いコンピュータ・リテラシー（computer literacy）に長けた者とそうでない者の差異が顕著化した時、共同体内の対応がどのようになされるかという問題がある。実際、コンピュータにおける共同体全体と個人の使用という境界線が日々の生活でフッタライトによって遵守されているかどうかは分からない。しかし、原則としてコンピュータは共同体全体の生産性向上や情報提供のために使用するのであり、個人の娯楽や個人的情報収拾のために使用することは禁止されている[13]。自動車の個人使用も禁止されている。これらの機器は当然ながら共同体の所有物として購入されている。外部社会との接触が少なく、彼らの住む環境が物理的に隔離されているためにコンピュータ、自動車などを共同体内で管理することは難しくないし、個人使用の違反者も見つけやすい。すなわち、フッタライトの場合、テクノロジーの進化に対して共同体全体としては経済的生き残りを目指して前向きに対応するが、個人レベルではフッタライトの伝統と宗教理念を優先して共同体内の平等と調和を乱さないために、個々の技術革新にチェックが入る。そのため共同体全体と個人としてのテクノロジーの使用に明らかな二重基準が存在していると言えるだろう。

二　アーミッシュ教会区におけるテクノロジーの受容範囲

アーミッシュはフッタライトと異なり私有財産制のもとに個々の家族が生活上の基本単位となり、二五世帯から四〇世帯程度までからなる教会区をひとつの宗教共同体として基本的な生活文化圏を形成している[14]。教会区には、通常一人の牧師、二人の説教者、一人の執事がくじ引きで選ばれる。牧師は教会区内のアーミッシュの精神的支柱であり、正餐式、洗礼式、結婚式、葬儀などの儀式を司る。説教者は牧師の補佐役として、あらゆる儀式において牧師を手助けする。執事は教会での儀式の執行の準備のみならず、教会員全般の生活上の世話を任されている。アーミッシュは教会堂を持たずに、二週間ごとの日曜日に、教会員の家屋で説教礼拝が行われる。毎年二回正餐式が行われるが、正餐式の前に牧師の聖書解釈とアーミッシュの伝統的な生活習慣に基づき、教会員全員の合意を得て、教会戒律が確認される。この教会戒律がアーミッシュの宗教上のみならず、日々の生活全般の規範となるルールである。したがって彼らの生活圏内に位置する州や郡の法律や条例とアーミッシュの教会戒律が著しく乖離する時、アーミッシュは教会戒律をより重んじるので、外部社会との摩擦が生じることがある[15]。教会戒律はアーミッシュの社会やアイデンティティを保持しているような事柄、例えば、アーミッシュによる子供たちへの教育、離婚の否定、馬車の使用、服装規定の遵守、公職への着任拒否、戦争参加拒否などに関しては断固として変化を認めない。しかし、外部社会の急激な変容に対応したり、経済的生き残りを可能にするために、教会戒律を変えざるを得ない場合は、牧師を中心にして慎重に教会員全員で協議された後、変更点が確認される[16]。

この教会戒律の基本的考え方の中心にある概念がゲラッセンハイトである[17]。ゲラッセンハイトとは神の意思に対する「従順」「服従」などを意味し、自我や利己心を抑えて、救済の希望を胸に秘めて死にいたるまで神への従順な態度をとる。ゲラッセンハイトと相反する考え方に自己主張、自己達成、プライドなど個人主義的社会や資本主義社会では必要不可欠な概念があり、これらの概念を拒否することがアーミッシュにとっては非常に重要である。釣り合わないくびきにつながれてはならない（コリントの信徒への手紙二6・14－17）という意味、すなわち、外部社会を忌避することがなぜ必要かはこの点からも明らかである。ゲラッセンハイトの従順の概念は両親、年配者、共同体、教会にも反映される。例えば、アーミッシュにとっては自己達成よりも共同体の一員として贖罪を可能にするような理想的コニュニティを作ることが優先する。ゲラッセンハイトを遵守することは、アーミッシュの生活全般に影響を及ぼしている。アーミッシュはプライド、自我の確立、「大きいことはいいことだ」などとは逆の従順、謙虚、簡素、倹約、質素などの価値観を重要視するため、これらの価値観が生活全般のライフスタイルに影響してくる。

では、基本的理念としてゲラッセンハイトを遵守して、日々の生活では教会戒律を守るアーミッシュにとって、日進月歩で変化する外部のテクノロジーにどのように対処してきたのであろうか。

アーミッシュのイメージとして、よく使われる常套句に「近代文明を拒否して自給自活の生活を営む人々」があるが、これは明らかに誤解である。彼らの簡素な衣服や交通手段としての馬車の使用などから、アーミッシュはテクノロジーを拒絶しているような印象を与えているかもしれないが、彼らはテクノロジーそのものには善悪の認識を持っていない。アーミッシュが個々の技術革新の導入を検討する時は、ゲラッセンハイトを基本としたアーミッシュの文化的アイデンティティがその技術の導入によって悪影響を受けないかどうかを厳重に吟味して、テクノロジーの使用に対して意識的な取捨選択をする。そのため、外部社会から見ると複雑で矛盾に満ちたアーミッシュのテクノロジーの受容範囲が現れる。

アーミッシュのテクノロジーにおける取捨選択の具体的例を挙げて、何が基準となってある科学技術は忌避され、別の技術は受け入れられるかを見てみよう。アーミッシュは外部社会との接触を広範囲かつ頻繁にするテクノロジーに対しては厳しい忌避の姿勢で臨んでいる。自動車の所有、電力会社からの家屋への電力の供給、電話の家庭内への備えつけはまさしくこの範疇に入る。自動車の所有を許可すれば、アーミッシュの外の世界との接触は飛躍的に広がりアーミッシュとしての生活圏が危機に瀕する。自動車のスピード感に慣れれば、彼らの日常のゆっくりした生活のリズムも壊れる。さらに、同胞内の均一性を重視し、目立つことを避ける傾向にあるアーミッシュにとって高価で高性能の車を所有することは優越感と虚栄心の反映と受け取られ、アーミッシュの価値観からは最も逸脱する。家庭内の電話はアーミッシュ間のコミュニケーションをよりよくすると考えることもできるが、実際にはアーミッシュ間でゴシップ話が頻繁に電話を通して広がったため使用が禁止された。さらに、教会の長老たちはアーミッシュが大切にする対面的会話が少なくなることも恐れた。このため、アーミッシュが電話の使用を導入した時期は黙認されていたが、問題点が明らかになったため、家庭内の電話は教会戒律で禁止となった[18]。電気の家庭内への導入は外部社会の無尽蔵な情報提供を可能にする電気製品（テレビ、ラジオ、コンピュータ）の購入につながり、著しく異なる価値観を持つ社会からの有り余る情報によってアーミッシュ的思考法が麻痺させられる恐れが十分にある。外的社会の情報にさらされ続ければ、アーミッシュ的価値観の崩壊は時間の問題である。自動車、家庭内の電話、電気はアーミッシュの文化的アイデンティティ崩壊への危険性を著しく高めるため、教会戒律によって厳格に禁じられている。

しかしアーミッシュは自動車、電話、電気そのものを邪悪なものと見なしているわけではない。自動車の所有は禁じているが、自動車の使用は禁じていない。自動車の所有による無制限な自動車の使用を禁じてはいるが、必要最小限な自動車の使用は認めている。例えば、急患を病院に運ぶためや緊急の用事や仕事で自動車を必要とする場合は、アーミッシュ以外の知人の車やタクシーなどに乗る。また近年は多くのアーミッシュ教会区において仕事上での電話の使用は認められている。したがって家屋の外に電話用の小屋を建て、ビジネス用に電話を使っている農業経営者たちがいる。また小さな店舗を経営するアーミッシュの仕事場には仕事用の電話が設置されていることが多い。電気の使用も電話の使用とよく似ている。電力会社からの家庭への電気は無尽蔵で様々な機器へのエネルギー源になるため禁止されているが、バッテリーからの電力は限界があるため禁止されていない。ランカスター郡のようなアーミッシュ観光地でアーミッシュが計算機を使っているところを見て驚く観光客は多い。

では、どのようなテクノロジーならば、ゲラッセンハイトの概念から逸脱せず、教会戒律内にとどまるのであろうか。一般的にアーミッシュのライフスタイルの変化刷新は経済的報酬を伴う場合が経済的性格を伴わないものよりも教会戒律の変更の認知を得やすい。一九七〇年代から一九八〇年代にかけて、アーミッシュ人口の稠密なペンシルベニア州ランカスター郡、オハイオ州ホームズ郡、インディアナ州エルクハート郡などでアーミッシュの人口増加と農地の減少によって多くのアーミッシュは経済的生き残りをかけて職業を農業から他の職業へと選択せざるを得なくなった[19]。彼らは家具店、玩具店、キルト小売店、鍛冶屋、金物屋、馬車修理店などの家内工業的な小規模な店舗を経営したり、従業員数二〇名くらいまでの小規模な製造業を立ち上げたり、独立自営型の建設業者や大工として働いたり、近隣の工場に労働者として勤める者も出てきた。このような状況において、テクノロジーの受容範囲の緩和が顕著に認められた。製造業や家内工業の店舗での動力源として一二ボルト直流バッテリーをスターターとするディーゼルエンジンを備えつけて、そのシャフトからの動力からエアーコンプレッサーを回して高圧空気をタンクにためて、空力用や油圧用に改造された機械類を使うことが一般的になった。これにより電力会社からの一一〇ボルトの電力を使わずに、圧縮空気や油圧を使って旋盤、メタルプレス、溶接機、ドリルなどの製造業に必要な機械類をアーミッシュは使用することが可能となった。小売業に必要なキャッシュレジスターも一二ボルトのバッテリーから変圧器を使って一一〇ボルトの交流を発生させて使っている。アーミッシュが経営する土産物屋やキルト店ではキャッシュレジスターが普通に使われている。電力会社からの一一〇ボルトの電線を家屋へ引き入れることは教会規律によって禁じられているが、上記のような電力代替システムを考案することにより、テクノロジーを限定的に使用してアーミッシュは職業選択の幅を広げ、アーミッシュの事業を展開している。そして、この経済的生き残り策を可能にするテクノロジーの限定的使用を教会長老者たちは問題視しないで黙認している。

農業におけるアーミッシュのテクノロジーの受容範囲も自営業のケースと似ている。自動車の代わりに移動手段として馬車をアーミッシュが使用することにより、彼らは教会区を中心とした管理が可能な小さな生活範囲でゆったりとした時間軸の下で暮らすことが可能になる。そして馬車の使用はアーミッシュのアイデンティティを確立するのに不可欠なものになっている。同様の論理が農場での馬の利用にも当てはまる。馬を動力源として使うことによって、農場の規模を無制限的に広げることは不可能になるし、馬の使用によって農作業は極端に効率を上げることができない。すなわちアーミッシュの農場においては極端に機械化された農場にはないスローペースを維持する必要がある。元来、アーミッシュの農場は家族を労働力とした小規模な労働集約型の農業経営が多い。例えばペンシルベニア州ランカスター郡では一九八〇年代、九〇年代の地価高騰のため、アーミッシュ農場が分割されて売買されたため、農場の広さが三〇エーカーあたりにまで減ってしまったアーミッシュ農家も多い[20]。このような広さの農場に、大型農機具を導入すれば、アーミッシュの農場での仕事が激減する。さらに大型の農機具購入のためにはかなりの借金をしなければならないだろう。アーミッシュは額に汗して大地を耕す農地でのゆったりした仕事をアーミッシュ的生活方法として好ましく感じている。自然の恵みを得て作物を収穫して、日々の暮らしを送ることはアーミッシュにとってまっとうな生き方である。[21] このような観点から、アーミッシュは農場において馬の代わりの動力としてのトラクターの使用を禁止した。[22] アーミッシュ農場の特徴は馬の使用とそのペースであり、馬がアーミッシュ農業のシンボルとなっているのである。しかし、農場でも機械化をすべて拒否しているわけではない。自走式コンバインやトラクターを使う非アーミッシュの農家との生産性の著しい格差を縮小するために、小型の農機具の使用は認められている。すなわち、馬に取りつけられた農機具は使用していいのである。牧師の一人はアーミッシュ農場での外部から見れば不思議な農機具の使用法について質問された時、「馬で引っ張れるなら、その機具を所有できます」と語っている。[23] アーミッシュはこの点を応用して馬に取りつけた刈り取り機、干し草結束機、肥料拡散機、種まき機などを使用している。自走式の大型コンバインなどは使えないため、極端な効率性は求められないが、機械化がまったく拒否されているわけではなく、テクノロジーの限定的使用は農業分野でも適用されている。

三　テクノロジーに対するフッタライトとアーミッシュの相違点

アーミッシュとフッタライトはこの世の忌避とゲラッセンハイトの遵守において著しい類似性があるにもかかわらず、テクノロジーの受容範囲には際立った差異がある。アーミッシュは技術革新に対して厳しいチェックを行い、アーミッシュの社会と文化的アイデンティティを保持できる範囲で自覚的にテクノロジーの技術を取捨選択してきた。特にゲラッセンハイトの観点から逸脱するようなテクノロジーを意識的に避けてきた。フッタライトは共有財産制を基本としてコロニーに宗教共同体を作っているため、組織全体としてコロニーの経済を成り立たせる必要がある。そのため、経済活動に必要なテクノロジーの受け入れには積極的で最新の技術革新の成果を多角的農業分野などに導入して周辺の農業従事者に対して競争力をつけてきた。トラック、コンバイン、トラクター、四輪駆動車、コンピュータ、ファックス、コピー機、大型洗濯機、大型乾燥機などコロニー全体の生活水準の向上と経済力強化のために必要なテクノロジーは積極的に導入されてきた。ではなぜアーミッシュ教会区とフッタライト・コロニーにこのようなテクノロジーの受容範囲の差異が生まれてくるのだろうか。

第一に、アーミッシュとフッタライトの組織の緊密度の差と社会制御の違いが影響していると思われる。アーミッシュの教会区における共同体はゆるやかな組織体を形成している。牧師は指導者として教会員に対して強い権限を持っているが、教会員の意見を取りいれて重要事項の決定を行う。教会員の交わりは頻繁に行われるが上下関係はなく、非中央集権的組織体であり、縦のつながりより、横のつながりが強い。外部社会の接触もフッタライトに比べて頻繁で、外的情報も入りやすい。そのため、逆に教会戒律で厳しくテクノロジーの限定を規定しないと、個々のメンバーのなかでアーミッシュの文化的アイデンティティを逸脱、崩壊させられるような技術革新が容易に忍び込む恐れがある。例えば、アーミッシュ・コミュニティ内にアーミッシュ経営の店舗が数多く開店していれば、観光客を含めて外部の人々との接触は多くなる。比較的大きな製造業を経営する場合、物品の購入や受け渡しのために外部市場の人々との情報交換も必要になるだろう。さらに、収益を上げるためには、ある程度は外部の市場論理に馴染むようになる。非アーミッシュ経営の工場や店舗で働く場合、外部社会の価値観に合わせて、仕事をしなければならない。このように、近年アーミッシュ・コミュニティ内の職業が多様化して階層格差が現れてきている。例えば、ペンシルベニア州ランカスター郡では、大きく分けて、事業家、労働者、農民の三つの階層が存在するようになった(24)。このような変化が起こっているなかで、テクノロジーの使用が厳しく制限されなければ、さらにアーミッシュ内の社会階層の格差が広がりアーミッシュ文化は崩壊につながるだろう。そのため、アーミッシュライフを維持するためには、厳しいテクノロジーの限定的使用が必要となる。アーミッシュの指導者層がゲラッセンハイトの観点を強調して新たな技術革新に対して注意深く監視の目を注いでいる理由はここにある。一方、フッタライト共同体は緊密な組織体を形成しており、仕事上の命令系統も縦形である。各構成員の役割分担も明確化している。例えば、一日の仕事内容に関して牧師と総支配人がなすべき仕事量を決定して班長に伝える。班長は自分の仕事分野のメンバーになすべき仕事内容を伝えて、仕事の割当てをする。コロニー全体がひとつの組織として機能しているので個人として、アーミッシュほど仕事上の個人裁量がないように思われる。これはテクノロジーの使用においても私的な自由裁量が少ないことを意味するのではないか。したがって、逆説的ではあるがコロニー全体の生活向上のためにテクノロジーを積極的に受け入れても、テクノロジーの個人への悪影響は限定される。そして、物理的な外部社会との隔離状態では個人レベルにおけるテクノロジーの逸脱的使用のチェックも容易であるので、個人のテクノロジーの使用はゲラッセンハイトの論理に則り、自己満足を拡大したり、謙虚さや質素さを損なうような範囲に及ぶことは許されない。

第二に、アーミッシュとフッタライトの生活スタイルでのテンポの違いが挙げられる。アーミッシュは元来、家族中心の小規模農業を職業として生活の糧を得ていた。自然のリズムに合わせて生活していたため、近代文明の特徴であるスピード、効率性などに特別な重要性を感じていなかった。近年は職業の多様化により、時間的制約を受けるアーミッシュも増えてきているが、基本的なアーミッシュのライフスタイルは穏やかで、ゆっくりしたテンポを特徴とする。このライフスタイルを守るために、交通手段としての馬車の使用、馬を動力源とする農作業などが存在する。スピードや効率性を上げるためのテクノロジーはアーミッシュライフのテンポとは合わない。この点からも彼らは自動車、コンピュータ（情報の迅速化）などの近代文明の利器に疑いを持っているのだろう。一方フッタライトの生活リズムは朝の食堂の鐘での起床の合図から始まり、朝食、昼食、夕食（幼稚園以下の子ども、五歳から一五歳までの子ども、一五歳以上の大人は別々の時間帯に食事をする）の鐘の合図、仕事の始まりや終わりを知らせる鐘の音など、時間が厳しく管理されている。(25) 一日のスケジュール、一週間のスケジュールがきっちりと決まっており、そのスケジュールにそって、フッタライトの人々はきびきびと行動する。この時間感覚がまったく一変するのは、仕事の後で毎日全員で祈りを捧げる教会での時間であり、日曜日の説教礼拝の時間である。この神聖な時間帯は時間が連続するゆっくりとしたテンポになる。しかし、その他の世俗上の時間は仕事も含めて細かな時間帯に小さく分けられており、フッタライトはきわめて効率的な時間の使い方をする。この観点から考えると、フッタライトの日常における時間の概念はテクノロジーに伴う合理性、スピード、効率性に馴染みやすいと言えるのではないだろうか。実際、広大な農場を最新の機械を使って効率よく小麦などの穀物を収穫しなければ、収穫期の短いカナダの秋にフッタライトは適応できなかったであろう。

第三に、経済規模の差がある。アーミッシュは家族が生活基盤の中心であり、家族における家計の収支を合わせることが必要になる。家族による小規模農業経営がアーミッシュの従来の生活を支えていた。職業の多様化のためアーミッシュ製造業を営むアーミッシュ経営者も出現してきたが、アーミッシュの従業員数が二〇人くらいまでの規模である。小規模な家内工業的な店舗は家族で経営されていることが多い。したがってアーミッシュ経営者はテクノロジーの限定的な利用で十分に採算の合うレベルで事業を展開している。事実、経営規模の拡大は様々な「目立つ」要因が増えるため、ゲラッセンハイトの観点からすると最も避けなければならない危険な領域に近づくことなる。事業を展開するアーミッシュ経営者は事業規模を大きくしすぎないことを常に考えている。[26]一方、フッタライトの家族はフッタライト共同体に貢献する重要な構成要素ではあるが、共有財産制を基本とするフッタライト共同体全体でフッタライトの経済を支えている。したがって構成員約一〇〇人前後の団体がひとつの組織をスムーズに動かし、近隣の農業経営者に負けないような経済活動を展開することが必要である。さらに、人口がコロニー内で増えて約一五〇から一六〇人以上になるとブランチングアウト（branching-out〈分村〉）と呼ばれる新コロニーの建設計画を実行してふたつのコロニーに分かれなければならない。したがって、コロニーが成熟する時期の建設一〇年目あたりから新コロニー建設に伴う費用をためるために、十分な経済収益を出す必要がある。[27]そのためにも、経済的にフッタライト共同体は強靭な競争力を持ち続けなければならない。フッタライトが大規模な農業経営を多角的に行いフッタライト共同体を維持して収益を出すためには、技術革新に大きく後れをとることはできない。一〇〇人前後の運命共同体を経済的に維持発展させるためには、積極的に技術革新を導入することが経済的生き残りの作戦上どうしても必要である。

おわりに

フッタライトとアーミッシュが外部社会との関わりにおいてどの程度文化的に変容してきたかについては本章では直接的には論じていないが、少なくとも外部社会からのテクノロジーの受容に関してはダイナミックな動きがあったことは明白である。アーミッシュはテクノロジーを限定的に取捨選択して使うことにより、アーミッシュライフの特徴を浮き上がらせている。自動車、家庭内での電話、電気の使用禁止などにより、アーミッシュは外部社会との境界線を明確にしてアーミッシュ共同体の価値観の枠を越えないようにしている。その一方、アーミッシュのアイデンティティに対する影響が少ない技術革新に関しては、教会も関知せず黙認して受け入れてきた。フッタライトはコロニー内の共同体がひとつの緊密な組織として機能するので、共同体全体の生活改善や経済的競争力強化のためには、積極的に新しいテクノロジーを採用してきた。コロニーの存在する場所が辺境にあるため外部社会との接触を限定されているので、フッタライトは技術革新に附随する文化的影響力をまともに受ける機会は少なく、テクノロジーの積極的な受け入れは組織の機能性の向上に十分なメリットを与えているように思える。一方、個々のフッタライトに関するテクノロジーの使用はアーミッシュほどではないが限定されている。これは、個人レベルのテクノロジーの使用になると、アーミッシュ同様宗教理念としてのゲラッセンハイトに基づいた価値基準が優先されるために、服従、従順、簡素、質素、倹約などの概念からかけ離れたテクノロジーの私的な使用はありえない。例えば、私的に自動車、コンピュータなどを使うことは許可されない。この点でフッタライトはテクノロジーの受容に二重基準を設けている。

今後、急激な技術革新、特にコンピュータを中心とした情報速度の飛躍的な拡大期を迎えて、アーミッシュとフッタライトのテクノロジーの受容が現在までのようにうまく処理できるかどうかは分からない。例えば、携帯電話から最新の外部情報を簡単に取り入れることができるようになると、個々のアーミッシュやフッタライトが秘密裏に携帯電話を使って外部情報を手に入れることは難しくない。アーミッシュとフッタライトがどのように今後の技術革新に対応するのかは予断を許さない。

注

（1）アーミッシュは北米への移住以後、変化刷新の受容範囲をめぐって、分裂を繰り返し、数多くの分派が存在する。自動車を保有する進歩派のビーチ・アーミッシュから近代文明の利器をほとんど受けつけない超保守派のネブラスカ・アーミッシュまでアーミッシュという名のもとに一様に語られる傾向にあるが、第14章では、保守的傾向が強い旧派アーミッシュの平均像を取り上げている。フッタライトはアメリカ合衆国とカナダに三グループが存在している。これらの三グループは同じ教義と組織を持つが、グループ内での同族結婚を行い、他のグループとの結婚は認めない。そのため三グループで変化刷新に対する受け入れ方も少し違った面がある。しかし、三グループでフッタライト教団を設立して教義における統一性を維持しているので、アーミッシュに比べれば、均一性が保たれている。

（2）宗教改革時代における再洗礼派の誕生に関しては Werner O. Packull, *Hutterite Beginnings: Communitarian Experiments During the Reformation* (Baltimore: The Johns Hopkins University Press, 1995). が詳しい。

（3）本書、第13章を参照。

（4）第14章で外部社会という場合、アーミッシュやフッタライトから見た社会すなわちアメリカ合衆国やカナダの一般人が暮らしている社会を指す。

（5）John A. Hostetler and Gertrude E. Huntington, *The Hutterites in North America* (Forth Worth, TX: Harcourt Brace College Publishers, 1996), 22-24.

（6）John A. Hostetler, *Hutterite Society* (Baltimore: The Johns Hopkins University Press, 1974), 218-219.

（7）Hostetler and Huntington, *The Hutterites in North America*, 32-36.

（8）John W. Bennett, *Hutterian Brethren: The Agricultural Economy and Social Organization of a Communal People* (Stanford, CA: Stanford University Press, 1967), 199-201.

（9）このため、近隣農業者からフッタライトのコロニー増加に対して常に政府の規制を求める運動が継続的に展開されてきた。例えば、William Janzen, *Limits on Liberty: The Experience of Mennonite, Hutterite, and Doukhobor Communities in Canada* (Toronto: University of Toronto Press, 1990), 60-84.

（10）Donald B. Kraybill and Carl F. Bowman, *On the Backroad to Heaven : Old Oder Hutterites, Mennonites, Amish, and Brethren* (Baltimore : The Johns Hopkins University Press, 2001), 36.

（11）Karl A. Peter, *The Dynamics of Hutterite Society* (Edmonton, Alberta: The University of Alberta Press, 1987), 203-204.

（12）Nichole Aksamit, "Today's Hutterites do more than farm to stay afloat", *The Forum*, November 17, 1999.

（13）コンピュータの使用状況はコロニーによってかなり違うようである。一部のコロニーでは個人使用を認めたり、ホームページを設けたりしている。Kraybill and Bowman, *On the Backroad to Heaven*, 248.

（14）Kraybill and Bowman, *On the Backroad to Heaven*, 110.　アーミッシュは教会区に教会堂を持たず、二週間ごとに持ち回りで教会員の家屋で説教礼拝を行う。このため、家屋で収容しきれないほどアーミッシュの人数が増えた時は、その教会区をふたつに分割する。

（15）本書、第2章を参照。

（16）Donald. B. Kraybill, "Introduction: The Struggle to Be Separate," Donald B. Kraybill and Marc A. Olshan ed., *The Amish Struggle with Modernity* (Hanover, NH: University Press of New England, 1994), 5.

（17）ゲラッセンハイトの概念が旧派アーミッシュと旧派メノナイトのコミュニティ内をコントロールする力の源泉になっているとする説は、Sandra L. Cronk, "Gelassenheit: The Rites of the Redemptive Process in Old Order Amish and Old Order Mennonite Communities" Ph.D. diss., University of Chicago, 1977.

（18）アーミッシュの電話に関する二〇世紀以降の取り扱いの顛末は Diane Zimmerman Umble, "Amish on the Line: The Telephone Debates," Donald B. Kraybill and Marc A. Olshan ed., *The Amish Struggle with Modernity*, 97-111.

（19）アーミッシュの職業選択の実態に関して、ペンシルベニア州ランカスター郡については、Donald B. Kraybill and Steven M. Nolt, *Amish Enterprise: From Plows to Profits* (Baltimore: The Johns Hopkins University Press, 1995). オハイオ州ホームズ郡については、Henry Troyer and Lee Willoughby, "Changing Occupational Patterns in the Homes County Ohio Amish Community," in Werner Enninger ed., *Internal and External Perspectives on Amish and Mennonite Life I* (Essen:Unipress, 1984), 92-118. インディアナ州エルクハート郡、ラグレンジ郡については、Thomas J. Meyers, "Population Growth and Its Consequences in the Elkhart-LaGrange Old Order Amish Settlement," *Mennonite Quarterly Review* 65 (July, 1991), 308-321.

（20）John A. Hostetler, *Amish Society*, Fourth Edition (Baltimore: The Johns Hopkins University Press, 1993), 120.

(21) Donald B. Kraybill, *The Riddle of Amish Culture*, Revised Edition (Baltimore: The Johns Hopkins University Press, 2001), 238-240.

(22) 土地が肥沃でない中西部に住むアーミッシュは経済的理由から農業規模を大きくするためにトラクターの農場での使用を認めているところも存在する。例えば、William E. Thompson, "The Oklahoma Amish: Survival of an Ethnic Subculture," *Ethnicity*, vol.8 (1981), 480-481.

(23) Kraybill, *The Riddle of Amish Culture*, Revised Edition, 229.

(24) Ed Klimuska, "Are Amish dividing into farm, business classes?" *Lancaster New Era*, July 19, 1993.

(25) Hostetler and Huntington, *The Hutterites in North America*, 27-29.

(26) ペンシルベニア州ランカスター郡のアーミッシュ経営者の一人はアーミッシュの伝統的価値観とビジネスの拡大のジレンマを次のように語っている。「仲間は私がビジネスを大きくすることを貪欲さの印と見ている。彼らは私が量を制限することに満足していないと思っている。量の多さが気になるのだ。旧派アーミッシュは大きなビジネスをしないことになっている。私はちょうどボーダーライン上にいる。少しラインを越えているかもしれない。アーミッシュの基準では大きすぎるだろう。仲間はこんなに大きなビジネスマンになった私のことを悪く言う。だから今はこれ以上拡大できない」。Kraybill, *The Riddle of Amish Culture*, 264.

(27) Hostetler and Huntington, *The Hutterites in North America*, 51-53.

あとがき

筆者が初めてアーミッシュという言葉を聞いたのは、一九七七年の上智大学外国語学部英語学科での松尾弌之助教授（当時）のアメリカ文化史の授業であったと記憶している。当時、松尾助教授は米国国務省通訳を経て、ジョージタウン大学（Georgetown University）博士課程（アメリカ史）を修了して、母校の上智大学に奉職して二年目ではなかったかと思う。授業の合間の雑談で松尾先生は「ワシントンD.C.の政治まみれになっていると、くさくさして、そんな時は二時間ほどかけて家内とペンシルベニア州のランカスター郡に行くのですよ。アーミッシュという人々が伝統的な農業を糧として、近代文明をできるだけ避け、平和で牧歌的な生活をしているのを見るとほっとするのですよ」という言葉を聞いた時、アーミッシュが近代文明を避けて生きているとは何を意味するのかと非常に知的好奇心を喚起させられた。アーミッシュという言葉がなぜか筆者の耳に残った。

その後、上智大学時代の一年目（筆者は京都大学工学部化学工学科を一九七五年三月に卒業しているので上智大学には編入で入った）の一九七七年の一一月に実用英語検定一級、通訳案内業試験（現在の通訳案内士試験）に合格し英語を使って本格的に仕事を始めた。東京大学受験英語専門塾の講師、通訳ガイドの仕事、通訳の真似事などの仕事をこなす傍ら、四谷にあったサイマル・インターナショナルの同時通訳の学校に通い、そのうえ上智大学の授業を受けてもいたので、非常に多忙であった。そうやって英語漬けの毎日を送っていたが大学を卒業する段になっても自分の英語力が本物であるという自信がどうしても持てなかった。そこでアメリカの大学院で一年でも二年でも武者修行をすれば自分の英語が本物かどうか分かると思い、当時のニッセル神父、エバレット神父、松尾先生にアメリカの大学院の推薦状を書いてほしいとお願いしたのである。松尾先生は「どうせ行くなら、上智大学と同じイエズス会系のジョージタウン大学かボストン・カレッジ（Boston College）がよいでしょう。小坂君ならボストンのほうが向いていますよ」とご教示下さった。一九八〇年の三月の卒業と同時にアメリカに渡り、西海岸の諸都市を放浪したのち、コロラド州立大学（Colorado State University, Fort Collins）の夏期講座を受けて、九月にボストン・カレッジ大学院のアメリカ研究プログラム専攻に入学した。アドバイザーはアメリカ社会史とアメリカ女性史を専門とするジャネット・ジェイムズ（Janet W. James）教授になっていただいた。一年目は授業の厳しさと膨大な宿題に苦しんだが、何とかまずまずの成績で終わった。二年目からは二種類の奨学金をボストン・カレッジからいただいたので、生活がずいぶん楽になった。おんぼろの中古車まで購入したのでアメリカ生活にも慣れ、ずいぶん勉強も楽にこなせるようになった。二年で修士課程を修了し、歴史学部の博士課程アメリカ史専攻に入って一年を終えた段階で、両親の強い要望もあり、帰国を決意した。幸い、筆者の英語力も飛躍的に向上した。

一九八三年の夏に日本に戻るとすぐに同志社女子大学の岡野久二学長（当時）に秋期から同志社女子大学の非常勤講師と帝塚山短期大学の非常勤講師ができるように取り計らっていただいた。その翌年の一九八四年四月から帝塚山短期大学に専任講師として奉職した。当時の帝塚山短期大学は非常に魅力的な女子大学で聡明な女子学生が多数存在し、またお嬢さん学校でもあったので華やかな雰囲気に満ち溢れていた。しかし、一方で大伴公馬学長（当時）率いる短期大学においては教員はしっかり研究することが最優先事項であった。そのうえで教育に力を入れて学内業務もこなすことが求められていた。筆者は文芸学科の英米文芸専攻に属していたが、一年目から当時の帝塚山短期大学のカナダプログラム（英米文芸専攻の学生を六カ月間、カナダのバンクーバー郊外のコキットラム（Co-quitlam）市にホームステイさせコキットラム・カレッジで勉強させるというプログラム）に全面的に関わることになった。素晴らしいプログラムではあったが一九八七年度に惜しまれながら終了した。引き継いで一九八九年度からアメリカ合衆国のペンシルベニア州アレンタウン（Allentown）市にある女子大学シダー・クレスト・カレッジ（Cedar Crest College）と提携し、約一カ月間、夏休みに短期大学の英米文芸専攻の女子学生たちを留学させるプログラムが始まった。

一九八五年に公開（アメリカは二月、日本は六月）されたサスペンス娯楽映画である『刑事ジョンブック　目撃者』（主演　ハリソン・フォード）は舞台がアーミッシュの人々の多数定住しているペンシルベニア州ランカスター郡であり、同映画により日本でもアーミッシュの存在が一般に知られるようになった。当然、筆者も映画を見た。筆者は一九九〇年の夏に引率として初めてアレンタウン市に着任したのであるが、そこから車の運転により約一時間三〇分ほどでアーミッシュが住むランカスター郡に行けることが分かった。ここに、一九七七年の松尾先生の言葉以来、頭のなかに引っかかっていたアーミッシュが筆者の目の前に出現し、研究対象にしようと決意した。

まず、引率の合間を見て、ランカスター郡にその年の夏何度も通い、アーミッシュがどのような生活をしているのかを観察した。また、現地のインフォメーションセンターやメノナイト歴史協会（Mennonite Historical Society）に通い、アーミッシュ関連の書籍をできるかぎり購入した。またメノナイト歴史協会が斡旋するメノナイトの個人ガイドに、筆者が運転する車に同乗してもらい、本物のアーミッシュ村の説明を受けるというガイドツアーにも、数回参加した。さらに、アーミッシュ関連の二次資料の学術論文の収集を始めた。幸いなことに、シダー・クレスト・カレッジはもとより、アレンタウン市にある近隣のミューレンバーグ・カレッジ（Muhlenberg College）にはマイクロフィルムに大量の様々な論文集が保存されており、費用はかかったがアーミッシュ、メノナイト関連の論文を大量に入手することができたのであった。

日本に帰国して本格的なアーミッシュ研究に着手した。当時、日本でのアーミッシュ研究は意外なほど少なく、アーミッシュの簡単な概説書やアーミッシュの料理本やキルト本は多数存在していたものの、先行研究としては九州大学教授（当時）の坂井信夫氏の概説書『アーミシュの社会と文化』と学術研究書『アーミシュ研究』しかなかった。坂井氏の『アーミシュ研究』は徹底的に読み込み、一九九二年三月に筆者初のアーミッシュ関係の学術論文「旧派アーミッシュの近代化への対応と生き残り戦略」を『帝塚山短期大学紀要第29号』に発表した。以後、毎年アーミッシュ関連の論文を帝塚山短期大学紀要などに発表してきた。

一九九二年以後、毎年ペンシルベニア州ランカスター郡には研究調査に赴き、研究の幅と深さを広げていった。一九九二年夏、一九九五年夏に学生の付き添いで、シダー・クレスト・カレッジに赴いた折には現地調査とともに、一次資料の収集やアーミッシュの人々へのインタビューも開始した。関係大学も近隣郡のリーハイ大学（Lehigh University）、モラヴィア兄弟団系のモラヴィアン大学（Moravian College）へも足を延ばし、さらなる資料収集を行った。

一九九三年度から一九九七年度まで五年間は帝塚山学園特別研究費の助成を毎年受けたおかげでペンシルベニア州ランカスター郡のみならず、オハイオ州ホームズ郡、インディアナ州エルクハート郡、ラグレンジ郡でも研究調査を行うことができた。一九九八年度は帝塚山学園在外研究の許可を得て、カナダのビクトリア大学で、アーミッシュと同じく再洗礼派に属するフッタライトの研究を始めた。帰国後、二〇〇〇年度からは帝塚山大学人文科学部に移籍が決まり状況が一変したが、その後も三本の学術研究論文を発表した。

二〇〇〇年度から観光英語関連の授業を持ってほしいという要請があり、観光英語分野の研究も始めることとなった。二〇〇七年四月初旬には松岡博帝塚山大学学長（当時）から文部科学省のＧＰ関連の「社会人の学び直しニーズ対応教育推進プログラム」への申請依頼があり、急遽「英語による奈良観光ガイド人材養成プログラム」を作り上げたところ、応募件数三一五件のなかの一二六件のひとつに採択されてしまった。その年の秋から、そのプログラムを実施することになり、プログラム実施責任者かつ科目担当者として、フルに活動することになりアーミッシュやフッタライト研究どころではなくなった。プログラムは三年間の期限を無事終えて、幸い成功を収め、文部科学省からも高い評価を得た。さらに大学側や社会人などからのプログラムの継続を求める強い声に応えるために、私学振興財団からの援助を受けて四年間プログラムを継続した。翌年度の二〇一四年からは文学部の新学科、文化創造学科の教授として着任することが決まっていたので、このあたりで再洗礼派、特にアーミッシュ研究の集大成本を出版する必要があると決心した。

二〇一六年一二月現在、筆者の一四本のアーミッシュやフッタライト関連の論文や一次資料を読み返していると、論文執筆当時の光景が甦る。膨大な資料を日本に持ち帰り、論文執筆のために夏休みや春休みには自宅の書斎にこもり、まだ子供たちが小さいにもかかわらず一切一緒に遊んでやらず、悶々と論文構成を練っていたころが懐かしい。

また、当時撮ったアーミッシュ関連の一〇〇〇枚以上の写真を今回の論文集出版のために整理していると、現地調査での苦労を思い出す。ペンシルベニア州ランカスター郡は何度も通いつめ、郡内をレンタカーで走り回ったために、現在の勤務地の奈良市よりも当時は現地の地理に詳しかったかもしれない。インディアナ州のラグレンジ郡では、シップシワナ町で日曜日に山奥に入り、アーミッシュ定住地があるはずだと目星をつけて、走り回ったがまったく見つけられず途方に暮れてしまったこともあった。あきらめずに必死に走り回っていると遠くからユニゾンの美しい讃美歌が聞こえてきて、アーミッシュの人々が教会（と言ってもアーミッシュの大きな家屋であるが）の建物から出てきたときの感動は忘れられない。今回もその時の写真を裏表紙に掲載してある。オハイオ州ホームズ郡では一刻も早く現地に着こうと高速道路に乗ったのはよかったが降り口を間違ってしまったためにパニックに陥り、まったく違った町に入り込み、方向音痴の筆者が必死の思いで引き返したのも、今となっては懐かしい思い出である。

本書の作成に関しては様々な人々にご恩をいただいた。

最初にアーミッシュ、メノナイトの人々にお礼を申し上げたい。筆者のアポイントメントなしの突撃の現地取材に応じてくれたアーミッシュ、メノナイトの方々には特に感謝の念を表明したい。大部分のアーミッシュの人々には、沈黙という形や明らかに拒否するという言明で現地取材を断られたが、一部の方々は日本から来た変わった研究者が図々しく話しかけるのを面白がってくれたのか、快く取材に応じてくれた。ここに改めて深謝する。

本書の出版に当たっては数々の方々のご恩抜きには到底に不可能であった。最初に筆者が奉職している帝塚山学園、帝塚山大学に深謝したい。長年にわたり本研究を時間的にも、金銭的にも援助していただき感謝の念を禁じ得ない。また本書の出版に際し、快く応じていただいた明石書店の大江道雅社長と、細かな点にいたるまで親切丁重にご教示いただいた編集担当の岩崎準様に厚くお礼申し上げる。

筆者のボストン・カレッジ時代のアドバイザー、故ジャネット・ジェイムズ教授には特に感謝したい。ジェイムズ教授からは博士号を得てから帰国するように再三指導を受けていたし、公私にわたり親しくしていただいた。博士課程途中で帰国することになった時、日本で困らないようにと親切丁重な推薦状をボストン・カレッジの同僚教授二人と書いていただき、送り出していただいた。アメリカに戻って必ず博士号を取るとジェイムズ先生と約束していたが残念なことに帰国後四年の一九八七年にジェイムズ先生は急死した。その時のショックはいまだに鮮明に覚えている。ジェイムズ教授には筆者が研究者となる骨格を作っていただいたと思っている。帰国にあたってジェイムズ先生からは本格的学術論文を一年に一本は書きなさいという忠告をいただいた。ジェイムズ教授は駄作なら出さないほうがよいとも言われた。彼女のアドバイスは忠実に守っているつもりである。

数え上げればきりがないほどのご恩を様々な方々から受けてきて、今の自分がある。亡くなった父、母にも深く感謝したい。筆者の幼児期から好き放題にさせてくれ、京都大学卒業後、一年足らずで会社を退職する際にも文句も言わずに受け入れてくれた。そのうえ、上智大学に編入することも許してくれボストン・カレッジ大学院に入学することも認めてくれた。最後になるが、妻敏子の長年にわたるサポートには心から感謝したい。我が儘な夫を陰から日向から全面的に支え続けてくれた三〇年間の彼女の苦労は計り知れない。ここに妻敏子に深謝し、本書を彼女に捧げたい。

自宅書斎にて　二〇一六年一二月

小坂幸三

付記　本書の刊行に際して、平成二八年度帝塚山学園学術研究出版助成金を受けた。関係諸氏に感謝申し上げる。

初出一覧

第1章　旧派アーミッシュの近代化への対応と生き残り戦略—ペンシルベニア州ランカスター郡の場合—『帝塚山短期大学紀要第29号』、平成四年三月

第2章　旧派アーミッシュの政府政策への対応と反対運動『帝塚山短期大学紀要第30号』、平成五年三月

第3章　アーミッシュ、メノナイト諸派の系図—ペンシルベニア州ランカスター郡の場合—『Helicon　第18号』、平成五年九月

第4章　旧派アーミッシュにおける福祉の概念—アメリカ社会保障制度との対立を例として—『帝塚山短期大学紀要第31号』、平成六年三月

第5章　旧派アーミッシュと農地利用問題—ペンシルベニア州ランカスター郡の場合—『Helicon　第19号』、平成六年九月

第6章　ペンシルベニア州ランカスター郡における旧派アーミッシュの高速道路建設反対運動『帝塚山短期大学紀要第32号』、平成七年三月

第7章　旧派アーミッシュと区域規制—ペンシルベニア州ランカスター郡における事例研究—『Helicon 第20号』、平成七年九月

第8章　アーミッシュ・ビジネスの展開—ペンシルベニア州ランカスター郡の場合—『帝塚山短期大学紀要第33号』、平成八年三月

第9章　アーミッシュ女性像の変化—ペンシルベニア州ランカスター郡の場合—『帝塚山短期大学紀要第34号』、平成九年三月

第10章　旧派アーミッシュ3大定住地における観光産業の発展とその影響『帝塚山短期大学紀要第35号』、平成一〇年三月
第11章　アメリカ合衆国におけるアーミッシュ・スクールの確立とその展開『帝塚山大学人文科学部紀要第16号』、平成一六年一一月
第12章　フッタライトと土地購入問題―カナダ、アルバータ州を例として―『Helicon　第24号』、平成一二年三月
第13章　フッタライトとアーミッシュの類似性―忌避とゲラッセンハイトの観点から―『帝塚山大学人文科学部論集第93号』、平成一四年三月
第14章　アーミッシュとフッタライトにおけるテクノロジーの受容範囲『帝塚山大学人文科学部紀要第12号』、平成一五年三月

【著者略歴】

小坂　幸三（こさか・こうぞう）
1952 年京都市に生まれる。
1975 年京都大学工学部化学工学科卒業
1980 年上智大学外国語学部英語学科卒業
1982 年ボストン・カレッジアメリカ研究プログラム専攻修士課程修了（M.A.）
1982 年ボストン・カレッジ歴史学部博士課程アメリカ史専攻入学
1983 年ボストン・カレッジ歴史学部博士課程アメリカ史専攻退学
1998 年 4 月～ 1999 年 3 月ビクトリア大学（カナダ）文化人類学部客員研究員
現在、帝塚山大学文学部教授

【主要英語論文】

"The Reform Movement in the Progressive Era: A Historiographical Essay," *Helicon* 10, 87-97.
"The Social Consequences of the Automobile in the 1920's American Society: A Case Study from *Middletown," Helicon* 11, 75-85.
"A Social Background of *the Grape of Wrath*: The Great Migration to California," *Helicon* 15, 33-39.

近年は、文部科学省委託事業「社会人の学び直しニーズ対応教育推進プログラム」「英語による奈良観光ガイド人材養成プログラム」の立案者および総合実施責任者などとして観光英語関連分野などで活躍。

アーミッシュとフッタライト
近代化への対応と生き残り戦略

2017年 3月 25日 初版第1刷発行

著 者 小 坂 幸 三
発行者 石 井 昭 男
発行所 株式会社 明石書店

〒101-0021 東京都千代田区外神田6-9-5
電 話 03(5818)1171
Fax 03(5818)1174
振 替 00100-7-24505
http://www.akashi.co.jp

組版/装丁 明石書店デザイン室
印刷/製本 モリモト印刷株式会社

(定価はカバーに表示してあります) ISBN978-4-7503-4501-7

Photo©Kozo Kosaka

JCOPY 〈(社)出版者著作権管理機構 委託出版物〉
本書の無断複写は著作権法上での例外を除き禁じられています。複写される場合は、そのつど事前に、(社)出版者著作権管理機構(電話03-3513-6969、FAX 03-3513-6979、e-mail: info@jcopy.or.jp)の許諾を得てください。

法廷の中のアーミッシュ

国家は法で闘い、アーミッシュは聖書で闘う

大河原眞美［著］

◎四六判／上製／280頁　◎2,800円

宗教的慣習に基づき厳格な生活を守り続けるアーミッシュ。しかしアメリカ社会の変化とともに従来の厳格な生活から逸脱するアーミッシュの若者も出始めている。アーミッシュのコミュニティで起きた事件や裁判を通してアメリカ社会における新しいアーミッシュ像を描く。

【内容構成】

プロローグ　マイノリティとしてのアーミッシュ
第一章　アーミッシュについての先行研究
第二章　アーミッシュの宗教
第三章　アメリカの市民宗教
第四章　アーミッシュの言語
第五章　教育事件
第六章　馬車事件
第七章　環境事件
第八章　アーミッシュの不可解なこと
第九章　アーミッシュをやめるということ
第一〇章　サミュエル・ホクステトラー事件
エピローグ　アメリカとアーミッシュの展望

〈価格は本体価格です〉

アメリカの歴史を知るための63章【第3版】
エリア・スタディーズ 10　富田虎男、鵜月裕典、佐藤円編著　◉2000円

イギリスの歴史を知るための50章
エリア・スタディーズ 150　川成洋編著　◉2000円

ドイツの歴史を知るための50章
エリア・スタディーズ 151　森井裕一編著　◉2000円

ロシアの歴史を知るための50章
エリア・スタディーズ 152　下斗米伸夫編著　◉2000円

スペインの歴史を知るための50章
エリア・スタディーズ 153　立石博高、内村俊太編著　◉2000円

メソアメリカを知るための58章
エリア・スタディーズ 130　井上幸孝編著　◉2000円

アメリカ先住民を知るための62章
エリア・スタディーズ 149　阿部珠理編著　◉2000円

アメリカのヒスパニック＝ラティーノ社会を知るための55章
エリア・スタディーズ 52　大泉光一、牛島万編著　◉2000円

新時代アメリカ社会を知るための60章
エリア・スタディーズ 119　明石紀雄監修　大類久恵、落合明子、赤尾千波編著　◉2000円

カリフォルニアからアメリカを知るための54章
エリア・スタディーズ 103　越智道雄　◉2000円

ニューヨークからアメリカを知るための76章
エリア・スタディーズ 102　越智道雄　◉2000円

大統領選からアメリカを知るための57章
エリア・スタディーズ 97　越智道雄　◉2000円

超大国アメリカ100年史　戦乱・危機・協調・混沌の国際関係史
松岡完　◉2800円

映画で読み解く現代アメリカ　オバマの時代
越智道雄監修　小澤奈美恵、塩谷幸子編著　◉2500円

アメリカ福音派の歴史　聖書信仰にみるアメリカ人のアイデンティティ
明石ライブラリー 151　青木保憲　◉4800円

アメリカの黒人保守思想　反オバマの黒人共和党勢力
上坂昇　◉2600円

〈価格は本体価格です〉

物語 アメリカ黒人女性史（1619-2013）
絶望から希望へ　岩本裕子　◉2500円

アメリカ黒人女性とフェミニズム　ベル・フックスの「私は女ではないの?」
世界人権問題叢書[73]　ベル・フックス著　大類久恵監訳　柳沢圭子訳　◉3800円

アメリカの奴隷制と黒人　五世代にわたる捕囚の歴史
明石ライブラリー[115]　アイラ・バーリン著　落合明子、大類久恵、小原豊志訳　◉6500円

アメリカのろう者の歴史　写真でみる〈ろうコミュニティ〉の200年
ダグラス・C・ベイントン、ジャック・R・ギャノン、ジーン・リンドキスト・バーギー著　松藤みどり監訳　西川美樹訳　◉9200円

民衆のアメリカ史【上巻】　1492年から現代まで
世界歴史叢書　ハワード・ジン著　猿谷要監修　富田虎男、平野孝、油井大三郎訳　◉8000円

民衆のアメリカ史【下巻】　1492年から現代まで
世界歴史叢書　ハワード・ジン著　猿谷要監修　富田虎男、平野孝、油井大三郎訳　◉8000円

肉声でつづる民衆のアメリカ史【上巻】
世界歴史叢書　ハワード・ジン、アンソニー・アーノブ編　寺島隆吉、寺島美紀子訳　◉9300円

肉声でつづる民衆のアメリカ史【下巻】
世界歴史叢書　ハワード・ジン、アンソニー・アーノブ編　寺島隆吉、寺島美紀子訳　◉9300円

アメリカ歴史地図
マーティン・ギルバート著　池田智訳　◉4800円

まんがで学ぶアメリカの歴史
ラリー・ゴニック著　明石紀雄監修　増田恵里子訳　◉2800円

神の国アメリカの論理　宗教右派によるイスラエル支援、中絶・同性結婚の否認
上坂昇　◉2800円

オバマ「黒人大統領」を救世主と仰いだアメリカ
越智道雄　◉2800円

オバマを拒絶するアメリカ　レイシズム2.0にひそむ白人の差別意識
ティム・ワイズ著　上坂昇訳　◉2400円

アメリカを動かすスコッチ＝アイリッシュ
21人の大統領と「茶会派」を生みだした民族集団
越智道雄　◉2800円

リンカーン　うつ病を糧に偉大さを鍛え上げた大統領
ジョシュア・ウルフ・シェンク著　越智道雄訳　◉3800円

アメリカのエスニシティ　人種的融和を目指す多民族国家
アダルベルト・アギーレ・ジュニア、ジョナサン・H・ターナー著　神田外語大学アメリカ研究会訳　◉4800円

〈価格は本体価格です〉

アメリカ人種問題のジレンマ　世界人権問題叢書
オバマのカラー・ブラインド戦略のゆくえ
ティム・ワイズ著　脇浜義明訳　◉2900円

民衆が語る貧困大国アメリカ　不自由で不平等な福祉小国の歴史
スティーヴン・ピムペア著
中野真紀子監訳　桜井まり子、甘糟智子訳　◉3800円

アメリカのベトナム人　祖国との絆とベトナム政府の政策転換
古屋博子　◉6000円

アメリカ先住民ウェスタンショショニの歴史
世界人権問題叢書40
スティーブン・J・クラム著　齊藤省三訳　◉4600円

国勢調査から考える人種・民族・国籍
オバマはなぜ「黒人」大統領と呼ばれるのか
青柳まちこ　◉3800円

ブラジルのアジア・中東系移民と国民性の構築　「ブラジル人らしさ」をめぐる葛藤と模索
世界人権問題叢書95
ジェフリー・レッサー著　鈴木 茂、佐々木剛二訳　◉4800円

アメリカ多文化教育の再構築　文化多元主義から多文化主義へ
松尾知明　◉2300円

格差社会アメリカの教育改革　市場モデルの学校選択は成功するか
明石ライブラリー111
F・M・ヘス、C・E・フィンJr.編著
後 洋一訳　◉5500円

アメリカ多文化教育の理論と実践　多様性の肯定へ
世界人権問題叢書69
ソニア・ニエト著　太田晴雄監訳
フォンス智江子、高藤三千代訳　◉9500円

トランスナショナル・ネーション　アメリカ合衆国の歴史
イアン・ティレル著　藤本茂生、山倉明弘、吉川敏博、木下民生訳　◉3100円

現代アメリカ移民第二世代の研究　移民排斥と同化主義に代わる「第三の道」
世界人権問題叢書86
アレハンドロ・ポルテス、ルベン・ルンバウト著
村井忠政訳　◉8000円

日系アメリカ移民 二つの帝国のはざまで　忘れられた記憶 1868-1945
東 栄一郎著　飯野正子監訳　飯野朋美、小澤智子、北脇実千代、長谷川寿美訳　◉4800円

ハワイの日本人移民　人種差別事件が語る、もうひとつの移民像
世界人権問題叢書55
山本英政　◉2800円

日系アメリカ人強制収容と緊急拘禁法
人種・治安・自由をめぐる記憶と葛藤
和泉真澄　◉5800円

アボリジニで読むオーストラリア　もうひとつの歴史と文化
青山晴美　◉2200円

オーストラリア先住民の土地権と環境管理
世界人権問題叢書84
友永雄吾　◉3800円

〈価格は本体価格です〉

インド地方都市における教育と階級の再生産 高学歴失業青年のエスノグラフィー
世界人権問題叢書90 クレイグ・ジェフリー著
佐々木宏、押川文子、南出和余、小原優貴、針塚瑞樹訳 ◉4200円

世界の先住民環境問題事典
ブルース・E・ジョハンセン著 平松紘監訳 ◉9500円

アラブ・イスラエル紛争地図
マーティン・ギルバート著 小林和香子監訳 ◉8800円

イスラーム世界の挫折と再生 「アラブの春」後を読み解く
内藤正典編著 ◉2800円

変革期イスラーム社会の宗教と紛争
塩尻和子編著 ◉2800円

欧米社会の集団妄想とカルト症候群
少年十字軍、千年王国、魔女狩り、KKK、人種主義の生成と連鎖
浜本隆志編著 柏木治、高田博行、浜本隆三、細川裕史、溝井裕一、森貴史著 ◉3400円

キリスト教・組織宗教批判500年の系譜
ラス・カサスから現代まで 河野和男 ◉3000円

宗教社会学 宗教と社会のダイナミックス
メレディス・B・マクガイア著 山中弘、伊藤雅之、岡本亮輔訳 ◉3800円

同性愛と同性婚の政治学 ノーマルの虚像
アンドリュー・サリヴァン著
本山哲人、脇田玲子監訳 板津木綿子、加藤健太訳 ◉3000円

同性愛をめぐる歴史と法 尊厳としてのセクシュアリティ
世界人権問題叢書94 三成美保編著 ◉4000円

女性たちが創ったキリスト教の伝統
聖母マリア マグダラの聖マリア ビンゲンのヒルデガルト アシジの聖クララ アビラの聖テレサ マザーテレサ……
テレサ・バーガー著 廣瀬和代、廣瀬典生訳 ◉5800円

女性はなぜ司祭になれないのか カトリック教会における女性の人権
世界人権問題叢書53 ジョン・ワインガーズ著 伊従直子訳 ◉2800円

ヒトラーの娘たち ホロコーストに加担したドイツ女性
ウェンディー・ロワー著 武井彩佳監訳 石川ミカ訳 ◉3200円

兵士とセックス 第二次世界大戦下のフランスで米兵は何をしたのか？
メアリー・ルイーズ・ロバーツ著 佐藤文香監訳 西川美樹訳 ◉3200円

イギリスの歴史【帝国の衝撃】 イギリス中学校歴史教科書
世界の教科書シリーズ34 ミカエル・ライリー、ジェイミー・バイロン、クリストファー・カルピン著 前川一郎訳 ◉2400円

ビッグヒストリー われわれはどこから来て、どこへ行くのか
宇宙開闢から138億年の「人間史」
デヴィッド・クリスチャンほか著 長沼毅日本語版監修 ◉3700円

〈価格は本体価格です〉